英国高齢者福祉政策研究

福祉の市場化を乗り越えて

山本惠子

法律文化社

目　次

序　章 ……………………………………………………………………………………1
　1　本研究の視角……1
　　　　福祉国家の歩み　　市場化の光と影　　国 - 地方の行財政関係の危うさ
　2　押し寄せる高齢化の波と財政削減……4
　　　　人口動態の変化　　ケアラー（介護者）の抱える問題　　懸念される高齢者福祉の費用負担
　3　研究の方法……8
　4　用語の使用について……9
　5　本研究の構成……10

第Ⅰ部　英国における高齢者福祉政策の史的展開

第1章　コミュニティケア改革以前の高齢者福祉政策 ……………15
――初期福祉国家時代の高齢者福祉
　1　第二次世界大戦前後から1970年代までの高齢者福祉政策……15
　　　――福祉国家の幕開けとその後の展開
　　　　戦中・戦後期から1950年代の高齢者福祉政策　　1960年代における高齢者福祉政策の動向―計画アプローチ時代の到来　　1970年代における高齢者福祉政策の動向―揺らぎ始めた福祉国家の基盤
　2　1980年代における高齢者福祉政策の動向――忍び寄る市場化……20
　　小　括　　24

第2章　1990年代の高齢者福祉政策 …………………………………26
――コミュニティケア改革の実施
　1　社会福祉の市場化アプローチ――背景と実施……26
　　　　市場化の背景　　コミュニティケア改革の推進と準市場の導入
　2　自治体福祉行財政における構造的な変化……29
　　　　コミュニティケア改革に伴う公行政の変容　　コミュニティケア改革の財源　　ブレア労働党政権の誕生と福祉改革

3　事例研究：1990年代から2000年におけるキャムデンのコミュニティ
　　　　ケア改革の実態……33
　　　　　1993年調査　　1995年調査　　2000年調査
　　小　括　40

第Ⅱ部　高齢者福祉行財政の構造

第3章　高齢者福祉政策における中央−地方関係……45
　　1　中央−地方関係の捉え方――政府間関係の理念型……45
　　2　高齢者福祉財政の現状……51
　　小　括　　55

第4章　高齢者福祉における規制行政……57
　　1　福祉国家から規制国家へ……57
　　2　規制行政とベストバリュー，包括的業績評価制度，包括的地域
　　　　評価制度……59
　　3　最低基準（ナショナルミニマム）と社会的ケア査察委員会……63
　　　　在宅ケアの最低基準　　施設ケアの最低基準　　社会的ケアの査察
　　4　高齢者のための全国サービス・フレームワーク……71
　　　　高齢者のための全国サービス枠組み　　事例1：ショップ・イン・ア・
　　　　ボックス—ノッティンガムシャーの社会的企業　　事例2：ブライトン
　　　　とホーヴの高齢者協議会
　　5　ケアの質査察委員会……75
　　　　福祉の規制機関　　規制の手法と権限　　査察の実績　　利用者・市民
　　　　の参加　　事業者の格付け　　市場の監視　　CQCの財政　　CQCの
　　　　提起した社会的ケアの問題　　CQCの評価　　福祉の規制行政のまとめ
　　小　括　　84

第Ⅲ部　高齢者福祉の市場化，地域化，連携化

第5章　準市場と高齢者福祉……89
　　1　準市場の理論的検討……89
　　　　準市場の概念規定　　準市場への慎重論
　　2　ルグランの「選択と競争モデル」……92

　　　　　　準市場の「選択と競争モデル」　　ルグラン準市場論の批判的検討──福
　　　　　　祉の視点から
　　3　コミッショニングと契約……95
　　　　　　ケンドールとナップらによるコミッショニングの分析　　競争と規制の
　　　　　　調整システムとしてのコミッショニング　　社会サービス査察庁と監査
　　　　　　委員会によるコミッショニングの分析
　　4　介護事業者の実態とその考察……102
　　　　　　介護事業者の経営　　介護施設の倒産　　2014年介護法と介護事業
　　5　準市場をめぐる議論の整理……107
　　小　括　109

第6章　中央-地方関係からみた地域エリア協約(LAA)の考察……112
　　1　地域再生をめぐる中央と地方の行政協約……112
　　　　　　公共サービス協約　　地方公共サービス協約　　中央と地方の行政協約
　　　　　　をめぐる議論の整理
　　2　LAAの実施……115
　　　　　　LAAの導入　　「より健康なコミュニティと高齢者」からみたLAA
　　　　　　LAAをめぐる議論の整理
　　3　LAAの事例検証……119
　　　　　　ハックニーの事例から　　ニューハムの事例から　　LAAの考察
　　　　　　デービスの国家論からみたガヴァナンス
　　小　括　131

第7章　福祉と医療の財政的連携・統合……134
　　　　──合同財政とプール予算などの検討
　　1　医療と福祉の協働の略史……134
　　　　　　戦後から1970年代へ　　転換期の1990年代
　　2　合同財政の創設とその運用……138
　　　　　　合同財政の創設の背景──医療と福祉のねじれた関係　　合同財政の目的
　　　　　　とその仕組み　　合同財政の規模とその効果
　　3　プール予算の創設とその運用……144
　　　　　　プール予算の創設とその背景　　プール予算の目的とその仕組み
　　　　　　プール予算の構成と予算額　　プール予算の評価・監査体制　　監査委
　　　　　　員会による評価　　事例からみるプール予算の運用状況
　　4　合同財政とプール予算の比較……151
　　　　　　制度創設の背景　　制度の目的　　資金の運用　　全体的な評価

5　最近の動き……156
　　保守党の削減政治の始動　　ベター・ケア基金―医療ケアと社会的ケアの連動策
小　括　158

第8章　高齢者福祉とローカル・ガヴァナンス……161
1　ローカル・ガヴァナンスとは何か……161
　　ガヴァメントからガヴァナンスへ　　重層的なガヴァナンスの構造
2　高齢者福祉とサービスの利用者参画……163
3　事例研究：自治体高齢者福祉におけるローカル・ガヴァナンスの展開……166
　　――ロンドン・ハマースミス＆フラムの参加アプローチ
　　ハマースミス＆フラムの高齢者福祉の現状と課題　　ハマースミス＆フラムの参加アプローチ
小　括　174

第9章　高齢者福祉の費用負担……176
1　高齢者福祉の費用負担をめぐる政策提案の流れ……176
　　労働党政権時代の政策提案：サザーランド報告『高齢者に敬意を込めて――長期的ケア権利と責任』　　ワンレス報告　　緑書『ともにつくるケアの将来』　　白書『ナショナル・ケア・サービスの構築』　　保守党・自民党連立政権時代の政策提案：『ケアとサポートの財源検討委員会』報告―ディルノット報告　　2014年介護法による費用負担の取り決め
2　福祉サービスの利用料金論……191
　　費用負担に関する政策提案の検討　　費用負担をめぐる政治イデオロギーの対立―新自由主義 vs 社会民主主義
3　介護の費用負担の分析……195
　　介護の財政スキーム　　ハンコックらの研究調査の検討
小　括　203

第10章　高齢者福祉の社会的企業化……206
1　研究目的と研究方法……206
　　文献研究　　インタビュー調査
2　ケース研究――社会的企業トパーズの事例分析……208
　　ランベスでの高齢者の生活問題　　自治体戦略としてのコーポラティブ・カウンシル　　トパーズの組織と活動　　行政委託契約
3　考　察……213
　　福祉国家再編と高齢者福祉　　福祉国家再編下のランベスの政治環境

　　　　　委託契約書の分析　　高齢者福祉の社会的企業化
　　4　考察から得られた知見……218
　小　括　219
　補論1　事例紹介……219
　補論2　社会的企業の評価とその手法……224

終　章　福祉の市場化を乗り越えて……233
　　1　福祉の市場化に関する議論の整理……233
　　　　福祉の市場化はどのように広がったのか　　市場化論の展開　　高齢者福祉における準市場の評価
　　2　英国高齢者福祉の到達点……240
　　3　憂慮すべき緊縮政治……243
　　4　福祉国家の変容と新たな福祉多元主義……245
　　　　福祉国家と民営化・市場化　　新しい福祉多元主義―注目されるミューチュアルと社会的企業
　結語：福祉の市場化を乗り越えて　249

参考文献……253
あとがき……267
索　　引……269

序　章

1　本研究の視角

　本研究は英国の高齢者福祉を支える行財政のあり方を問うている。福祉国家の変容の下で，どのように高齢者福祉は福祉多元主義，市場化との折り合いをみせてきたのか。中央と地方の関係の変化からどのような影響を受けてきたのか。国と地方の財政負担，利用者の負担はどのように変化しているのか。これらの問題への考察を行っている。
　国民の福祉について国家がその責任を負うことは自明である。しかし行財政との関係で捉えた場合，国の相対位置は変化し始めており，高齢者福祉の責任は基礎自治体へと移行している。基礎自治体が高齢者を含む住民に社会福祉の権利を保障するためには，安定的な財源，住民参画による行政運営，そして客観的な制度運営の評価が必要となる。本研究では，高齢者政策と行財政との関係を分析するが，市場化を志向し，大幅な増税を忌避する英国を考察の対象として，自治体機能の変化，民間とのパートナーシップ，自治体と高齢者をはじめとする住民との関係を考察していく。キーワードは，福祉国家，市場化・準市場，国と地方の行財政関係，高齢者福祉の費用負担である。

1．福祉国家の歩み

　第二次世界大戦のさなか，英国福祉国家をデザインしたのはベヴァリッジである。『社会保険および関連サービス』，『自由社会における完全雇用』，『ヴォランタリー・アクション』の三部作は，「揺り籠から墓場まで」の生活保障の理想像を描いてみせた。『社会保険および関連サービス』の社会保障計画では，3つの前提――児童手当，包括的保健およびリハビリテーション，雇用の維持――が福祉国家の基礎要件であることを示し，公共サービス（教育，医療ケア）の普遍主義を導いた。戦後の福祉国家の建設過程では，社会保険の責任

は中央政府に，福祉サービスの責任は地方政府に置かれたが，ベヴァリッジ自身は『ヴォランタリー・アクション』では社会連帯や国民の自発性を説いた（大前 1975)[1]。

その後1960年代から福祉国家の拡張期を迎えるが，社会的な不平等は再生産されてきた。完全雇用の維持は貧富の格差を広げ，特に1971年に制度化された家族所得補足（Family Income Supplement）にいたっては当時の「ワーキングプア」の問題に対応する制度であった。福祉国家は人々に幸福をもたらすものと期待されたが，福祉国家の拡張期において高齢者を含む貧困者は増大していた（小谷 1977)[2]。

福祉国家を発展させる際，コストの増大は避けられなかった。英国での「大きな政府」への批判は福祉の拡充の足かせとなっていった。さらにその後，ケインズ理論の雇用政策にもほころびがみられた。緊縮財政を迎えた現在では，経済社会の変容や生活必需品の変化により排除や不平等の問題がより重くのしかかっている。

政権の座にある保守党政府は，今もなお直営に固執する地方自治体を痛烈に批判しており，特に地方の社会福祉予算が多すぎるとして財政カットを断行している。高齢者福祉でみれば，その支出削減の影響はすでに現れており，福祉の財政不足は改善する見込みはない。そのあおりを受けた民間組織の経営は危機的でさえある。

福祉国家の反省として，現行の社会保障制度では社会問題の予防は不十分ではないのか，サービス給付を受けることで，利用者の依存的な生活様式が固定化しているのではないか，福祉国家の提供する給付とサービスに国民からも疑念が出ている。

2．市場化の光と影

市場化は何をもたらしたのか。市場は，私たちが個々の消費者であることを常に教えてくれる。市場化がもたらす競争と選択は，消費者の望むサービスを豊富にするという論理がある。これは福祉にも当てはまるというのが福祉の市場化論である。シーボーム改革以来大きな転換を促したコミュニティケア改革は，どのような変化を地方自治体と住民にもたらしたのだろうか。英国では，

1993年頃までは，ほぼすべての地方自治体がサービスを直接供給していた。この時期から地方自治体は直接的な供給者から，サービスを計画的に調達するコミッショナーまたは規制者へと変化し，供給者は民間を中心として劇的に増えていった。コミュニティケア改革は準市場化の導入をねらいとしたが，その実施によりサービスの拡充がみられたのは確かである。市場化は消費者主義を通じて，福祉の普遍主義をもたらしたのである。これは日本の介護保険制度と共通する。[3]

現在，地方自治体との契約では，営利系の民間組織が競争で優位な位置を占めるに至っている。地方自治体は在宅サービスを購入するが，民間営利セクターからの購入割合は実に8割に達している。ケアホームと呼ばれる介護施設でもほとんどが民間の所有になっている。ただし，ケアの質が劣悪であるとの報告が何件かある。最悪のケースでは，入居者の尊厳は守られず，侮蔑的ともいうべき処遇がなされている。メディアは施設での虐待事件を報じ，国民からの非難が沸き起こっている。ケアワーカーの働く条件はどうであろうか。その労働環境は厳しい。この実態はポリー・トインビーの『ハードワーク』で描かれた（トインビー 2005）。[4]

市場化との関連で，ダイレクト・ペイメント（Direct Payment）[5]およびパーソナライゼーション（Personalisation）[6]が注目される。この2つは，サービス受給のニーズがあると認められた人に対して直接的なサービスを支給する代わりに現金を給付する制度である。日常生活における自律，すなわち「選択」と「コントロール」を重視するもので，ニーズに合致するものであれば，原則的に違法なもの以外は制限がない。パーソナライゼーションは，ストレングスと選好（preference）のモデルと理解することができ，当事者個人中心（person centered）のサポートを見事に実現させている。ここでも，選択やコントロールを最大限に発揮できるように配慮した結果，ニーズを持つ者は消費者となり，ケアとサポートは商品化されている。これを私たちはどのように評価すればよいのだろうか。

3．国－地方の行財政関係の危うさ

英国の地方自治体は財源の多くを政府からの補助金等に依存しており，財政

上の自立性はきわめて限られている。地方自治体の収入で大きな割合を占めるのが中央政府の交付金で，各自治体への交付金は各地域の持つ資産や物価水準，行政需要などを基準にしている。高齢者福祉もこの手法で査定される分野の1つであるが，中央の資金的な監視の対象となっている。この交付金が大幅に削減されているのである。付け加えると，この交付金は政策目的の補助金ではなく，一般財源であるために地方の意思が反映される。当然，地方自治体は他の費目に使うことが可能である。その意味で地方制度の動向も目が離せない。

　高齢者福祉と財政は，どのような関係にあるべきなのだろうか。高齢者福祉が財政を誘導できる道筋はどこにあるのか。この問いで重要になるのが，政策決定における公共性の広い認知（cognizance）の仕方である。

　社会福祉はそれ自体地域志向を持っており，当事者を中心とした（person-centred）福祉を追求する際にステークホルダー（関係当事者）の意思決定への参画が重要になる。その意味で，ローカル・ガヴァナンス（local governance）という統治モデルが鍵となる。地域における新たなローカル・ガヴァナンスの構築では，誰が参加し，誰が意思決定をするのかという集合的な意思決定のあり方が地域運営を決することになる。つまり，地方自治体や供給者がサービスのアカウンタビリティ（応答的財政責任）を負うのは当然として，その民主的な運営をめぐって住民や利用者も地域内の協議に参加していく方向性が求められてくる。

2　押し寄せる高齢化の波と財政削減

1．人口動態の変化

　高齢化とその社会的影響について，英国で有力な民間団体 Age UK が発行する *Later Life in the United Kingdom*（November 2015）が関連データをまとめている。それによれば，英国では65歳以上の高齢者は1,140万人存在する。以下は同報告書からの引用で，英国の高齢化のペースは日本よりは遅いものの，2040年には約4人に1人は65歳以上の高齢者となると予測されている。また65歳以上の一人暮らしの高齢者は350万人で，65歳以上人口の36％に当た

る。そのうち約70％は女性である（Age UK 2015）。英国においても高齢化は着実に進んでおり，介護サービスの供給は需要に追いついていない。

　財政事情が深刻である。社会福祉支出は2010年以来，実質ベースで7億7,000ポンドの額が削減されているのが懸念される。緊縮財政の影響として，2012年で地方自治体の85％が要介護認定基準を「重度（substantial）」に設定し，地方自治体のうち2％が「最重度（critical）」に限定している。要介護認定基準のガイドラインは国が定めているが，もはや地方自治体は国基準よりも緩和した基準を採用しなくなっている。この結果，介護を受けている9万9,000人の高齢者が今後，自治体の提供する介護サービスの資格を失うことになるという。緊縮財政が猛威をふるっている。これをサービス利用でみてみると，2013/14年で，イングランドの在宅ケアで37万1,770人の高齢者が自宅でコミュニティベースのケアとサポートを受けている。予算削減による変化としては，2013/14年で，4万4,015人の高齢者がデイケアを利用し，2万2,615人が食事サービスを受けたが，この利用者数はいずれも前年度の半分に落ち込んでいる。介護ニーズを持つ280万人の高齢者のうち，実に90万人がフォーマルな公的サポートを受けていない（イングランドの65-89歳の高齢者）（Age UK 2015）。

　ちなみに高齢者の貧困については，160万人の年金受給者（全体の14％）は，住宅費控除後，週224ポンドの所得レベルにあり，貧困ライン以下で生活をしている。そのうち90万人（7％相当）は，中位所得50％以下の極貧の生活をしている（Age UK 2015）。

　このようなデータが示すのは，高齢者や障がい者の公的サービスが徹底的に削減されている現状である。成人社会的ケア（adult social care）の支出削減は深刻な影響を生み出しており，政府が財政赤字への取り組みを最優先していることを考えると，当面は状況が改善する見込みはない。様々な団体で状況が危機的だという話で持ち切りである。

2．ケアラー（介護者）の抱える問題

　要介護者の支援にはケアラーが必要になる。問題は，二人親家庭の減少，女性の就労の増加などである。家族のあり方が変化したため，家庭で公的なサービスの不足を補うことは困難になっている。ケアラーUKは，ケアラーの58％

が女性だと推計している。イングランドとウェールズでは，約140万人の65歳以上の高齢者が家族やパートナー等に無償のケアを提供されているが，イングランドでは7万7,635人がケアラーに特化したサービスを受けていない。介護離職の影響は経済に及んでおり，稼得の喪失として53億ポンドが国民経済から失われている。

家族の規模が縮小し，出産の年齢も遅くなっている。配偶者を除けば，小規模な家族ではケアラーになる人の数も減少する。労働市場へ参加する女性も増えている。このような人々にとって家庭で介護する時間はほとんどない。また，一人親の家庭も増えている。現代の社会変化が介護の営みに影響を及ぼしているのである。

こうした状況を考えれば，コミュニティケアを評価する際に問題となるのが，「有償ケア（paid care）」と「無償ケア（unpaid care）」とのギャップである。家族介護の負担の問題はいまだ解消されず，ケアラーを支える政策は優先度としては低い。依然として公的サービス全体は十分ではなく，要介護高齢者は家族，親族，友人によるインフォーマルな介護者に頼る部分が大きい。高齢者のケアがフォーマルとインフォーマルの複雑な要素を持つために，社会的ケアは公共政策の中で明確な位置づけを与えられていないのが現状である。むしろ公的な介護の地位は低く，英国では高齢者福祉の予算は限られたものにとどまっている。さらにはベヴァリッジ時代に予見できなかった問題として，孤立，排除の深刻化，そして慢性疾患や鬱病，糖尿病や肥満の増加などがある。

3．懸念される高齢者福祉の費用負担

「私は，年金受給者が自宅を売却することによってのみ，長期ケアを受けることができるような国で，子どもを育てようとは思わない。」これはトニー・ブレア元首相による労働党会議における演説である。公的介護サービス，特に施設を利用する際，一定基準の資産価値を有する持ち家所有者は，自宅を処分するというルールがある。これが英国社会で大きな社会問題になってきた。関心の的は，世代間の住宅財産の移譲にある。

高齢者福祉サービスとは別に，介助手当など現金移転も発達している。これは介護を営むケアラーへの援助である。実は，高齢者介護の半分近くは配偶者

が担っている。この点は先にも示唆したように，無償ケアの大きさを認識することが重要である。国の役割がより要望される一方で，個人や家族の役割も強く求められている。

最近では，緊縮財政のあおりを受けて，地方自治体は高齢者サービスの受給資格を厳格化している。このことはアセスメントに時間と労力を必要とするため，むしろコスト増につながっている。いったい，誰が介護の費用負担をするのか。まさしく英国の高齢者福祉には大きなジレンマがみられるのである。

高齢者福祉の現況について，ベレスフォード（Beresford, P.）が以下のように批判的な総括をしている。

> 将来，要介護高齢者はますます増加するが，介護財源は依然として不十分である。利用者にとって良質のサービスは不足しており，その原因はサービスを標準化，規格化しようとする行政手続きにある。サービスの「商品化」も進んでいる。医療と比較すれば，NHSが普遍的サービスである一方，社会的ケアは残余的（residual）なサービスとみられている。

(Beresford 2008 : 1-4)

高齢者福祉の展望であるが，言うまでもなく高齢者や介護者をはじめとするステークホルダーの政策の意思決定への参画が必要となる。これを実現するためには，財源中心からリソース中心へ，中央集権的なシステムから分散型ネットワークへの転換が必要である。生硬な表現をすれば，参加型民主主義をさらに発展させ，地方分権を推し進め，公共部門のアカウンタビリティを明らかにし，公私の関係をオープンなものにしていく必要がある。地域住民，高齢者の立場からは，高齢者福祉の実践の場をひとつの公共空間と捉えて，公共性の価値を高める運動も必要となる。[7] 市民社会の側から，社会的企業（social enterprise）が利用者主導を運動テーマにし，高齢者向けの技能習得と学習に関わる機会をつくり出している。柔軟な新しい構造，社会に潜在的に存在する高齢者パワーを利用していく方向が少しずつ実践されている。

本研究の目的は，英国の高齢者福祉政策の変容を研究テーマとして，国と地方の行財政関係を見据え，地方側の政策開発や民間との協働を発展させる自治体機能を考察することにある。コミッショニング（commissioning，包括的調達業

務）というサービスの調達に関する役割を取り上げることで，市場化アプローチを分析していく。なお，本研究における英国とは，主にイングランドに限定したものである。その理由は，スコットランドは国会を持ち，独自の法律を制定できる権限を有しており，ウェールズや北アイルランドも議会を持ち，イングランドの法律とは一定の距離を保つことができるからである。この相違は，イングランドと他の地域とでは社会福祉サービスの費用負担で対応が異なっていることからもわかる。

3　研究の方法

　研究方法は文献調査，資料分析，研究者および実務関係者のインタビュー調査で構成されている。第1に，本研究は福祉国家再編，国家と市場の関係，政府と地方自治体の政府間行財政関係，行政と民間の公私関係，ローカル・ガヴァナンスを追究することから，2次データとして文献調査で扱うのは福祉国家，公共財政，福祉ガヴァナンス，高齢者福祉政策に関する著書論文である。

　第2に，政府と自治体が公表した政策文書を扱うことでドキュメント分析を展開している。素材は公共サービス改革，高齢者福祉の政策方針，福祉サービスの市場化，コミッショニング，地域再生，医療と福祉の連携統合，費用負担に関する文書である。これらの分析作業を通じて，政策動向を把握している。

　第3に，福祉国家再編に伴う高齢者福祉政策の変容に関する1次データの収集方法として，半構造化されたインタビュー調査を実施している。その手法として，あらかじめ示した質問票に被調査者が自由に回答する聞き取り調査を採用している。1次データとして収集した情報や知見は個別性が高いが，検討する課題の本質をつかむことに有効である。

　また，私的研究会を通じて英国の研究者を招聘し，ゲストスピーカーから直接専門的な知識を得ている。その専門家はポーツマス大学名誉教授ノーマン・ジョンソン氏（Norman Johnson），シェフィールド・ハラム大学准教授ローリー・リドリーダフ氏（Rory Ridley-Duff），デュモンフォート大学教授ジョナサン・デービス氏（Jonathan Davies），ノーザンプトン大学准教授クリス・ダーキン氏（Chris Durkin），スキルズ・フォー・ケア研究所ジェームズ・クロス氏

(James Cross)，社会的企業トパーズ責任者ディー・ケンプ氏（Dee Kemp）である。またニューカッスル大学名誉教授マイケル・ヒル氏（Michael Hill）からは，立命館大学で招聘教授として連続講義をした際に，医療ケアと社会的ケアの情報や知見を得ている。

第4に，現地調査の方法はインタビュー調査で，対象者先は主にキャムデン（Camden），ウェストミンスター（Westminster），ハックニー（Hackney），ニューハム（Newham），ハマースミス＆フラム（Hammersmith and Fulham），ランベス（Lambeth）のロンドン特別区である。質問票は事前に被調査者にイーメール送信をしておき，約2時間の枠内で回答を得ている。この調査では当該自治体の政策実施状況を確認し，責任者としての所見を聴取している。

4　用語の使用について

英国では，日本語の「社会福祉」を意味する用語は時代とともに変化してきた。第二次世界大戦後では welfare services，1970年代以降のシーボーム改革期以降では personal social services, social services，最近では social care, social care services が使われている。これらの言葉はいずれも「社会福祉」を意味している。また第7章では「福祉と医療」という表現をしているが，ここでも福祉は「社会福祉」を意味している。これは先行研究での使用法を踏まえていることの結果である。このように本研究では統一的な用語使用をしていないことを断っておきたい。

次は，quasi-market という言葉である。それは市場に近い状態（nearly market）を意味し，筆者はかつて「擬似市場」という言葉を用いていた。最近になり，ジュリアン・ルグラン（Le Grand, J.）の翻訳書が相次いで出版された。1つは，郡司篤晃監訳（2008）『公共政策と人間―社会保障制度の準市場改革』聖学院大学出版会であり，もう一つは，後房雄訳（2010）『準市場　もう一つの見えざる手―選択と競争による公共サービス』法律文化社である。いずれの訳書も，邦訳タイトルに「準市場」という言葉を付していることから，「準市場」の方が読者になじんでいるという判断の下で，本書でも「準市場」を使用している。

5　本研究の構成

　本研究は 4 部構成になっている。第Ⅰ部は高齢者福祉政策の史的展開を扱っており，第二次世界大戦後に遡って高齢者福祉の変遷を述べている。考察の視点を，公私関係とケアバランスの変化に置いている。第 1 章「コミュニティケア改革以前の高齢者福祉政策」は，戦後期から1970年代まで，および1980年代における高齢者福祉政策の動向をカバーしている。第 2 章「1990年代の高齢者福祉政策」は，福祉国家の市場化の背景，自治体機能の変化，サービスの管理体制の変化を考察している。

　第Ⅱ部「高齢者福祉行財政の構造」は，高齢者福祉行財政における中央 - 地方関係を論究している。第 3 章「高齢者福祉における中央 - 地方関係」は，中央 - 地方関係の捉え方，高齢者福祉の福祉財政，高齢者福祉政策と料金を考察している。第 4 章「高齢者福祉における規制行政」は，規制行政とベスト・バリュー制度，規制行政と社会的ケア査察委員会，高齢者のための全国サービス・フレームワークを述べている。

　第Ⅲ部「高齢者福祉の市場化，地域化，連携化」は，本研究での主要論文（3 本）をなしている。第 5 章「準市場と高齢者福祉」では，社会福祉の市場化とその後の展開を検討している。地方行政の機能がコミッショニングの導入によって戦略部門に集中し，サービス供給を官民の競争に任せつつも，調整機能を果たすために準市場に介入する態様を明らかにしている。同時に，準市場が競争的な環境での契約という次元から，ステークホルダーを巻き込んだ協約へと進展している実態を考察している。主な考察の項目としては，競争と規制を鍵概念として，(1)準市場の理論的な検討，(2)購入者／供給者の分離に伴うコミッショニングの検証，(3)契約レジームと供給者との関係となっている。また社会福祉制度の運営の要諦として，地域の参加型民主主義に触れている。第 6 章「中央 - 地方関係からみた地域エリア協約（LAA）の考察」では，中央 - 地方関係の視点から LAA の構造，「より健康なコミュニティと高齢者」，ハックニーとニューアムの LAA を考察している。そこではナショナル - リージョナル - ローカルのマルチレベルのガヴァナンスが貫かれており，地方自治体に

は信賞必罰の形態がとられている。こうした条件を考慮して，高齢者と健康の不平等について検討している。また，中央政府と近隣地域との間に位置するリージョンの課題に触れている。第7章「福祉と医療の財政的連携・統合」では，医療と福祉の連携・統合への関心が高まっているが，国の医療制度と自治体福祉との分断状況があるために，両者の協働に影響を及ぼしていることを述べている。ここでは，1976年に創設された共同財政と2000年に創設されたプール予算の仕組みと実施後の展開を比較している。近年医療と福祉の組織改革が急速に進められてきたが，その結果は必ずしも意図したものとはなっていない。その理由についても言及している。

第Ⅳ部「高齢者福祉とローカル・ガヴァナンス，高齢者福祉と費用負担」では，高齢者福祉の視点から地域アプローチを考察している。第8章「高齢者福祉政策とローカル・ガヴァナンス」は，高齢者福祉政策とローカル・ガヴァナンスとの関係，地域アプローチと住民参画，利用者参画を論究している。第9章「高齢者福祉の費用負担」は，介護財源をめぐる公式文書を紹介し，その費用負担のあり方を論じている。第10章「高齢者福祉の社会的企業化」は，地方自治体からスピンアウトした社会的企業による高齢者ケアの「社会的企業化」について，ソーシャルワーカーの独立開業，ソーシャル・イノベーションに焦点を当てて，福祉ガヴァナンス，委託契約の視点から考察している。

終章においては，第1節は高齢者福祉を総括しており，高齢者福祉政策の変化，高齢者福祉の課題をまとめている。第2節は英国型高齢者福祉政策の特徴をまとめている。展望として，新しいローカル・ガヴァナンスの構築について述べ，それに伴う行財政構造の変革の必要性を述べている。

1) 福祉国家の創設と社会保障の変遷に関する歴史的省察に関しては，（大前 1975）を参照されたい。
2) 福祉国家体制における貧困問題に関しては，（小谷 1977）が詳しい。
3) 筆者は1990年代から現在まで，ロンドンを中心にしてソーシャルワーカーにヒアリングを行ってきたが，彼らが伝えてきたのは，福祉の市場化を通じてソーシャルワークが変質し，その専門性が稀釈化したという嘆きである。
4) 介護労働者の劣悪な労働環境と低い賃金に関しては，（トインビー 2005）が参考になる。
5) ニーズを認定された人にコミュニティケアサービスと同等の現金を支払い，自分が受けるサービスを組織することを可能にする制度。受給者には責任が付与される。

6) 個人予算（personal budget）は，現金支給ではなく，利用者がアセスメントを受けた後に，そのニーズに対応する予算を配分するもの。ダイレクト・ペイメントとして受け，自治体にサービスの調整を委ねて，それらを組み合わせることも可能。
7) 英国で国民への普遍性を代表する制度は国民保健サービス（National Health Service, NHS）である。すべての利用者は無料でアクセスすることができ，戦後定着している。医療の普遍化と無料の議論は，（ベヴァン 1953）で展開されている。

第Ⅰ部
英国における高齢者福祉政策の史的展開

　第Ⅰ部は高齢者福祉政策の史的展開を扱っており，第二次世界大戦前後に遡って高齢者福祉の変遷に触れ，コミュニティケア改革前の高齢者福祉政策の動向を述べている。考察の焦点を，戦後福祉国家の時代の高齢者福祉行政，高齢者福祉の市場化に至る前の行財政に当てている。実証的アプローチとしては，供給主体における公私関係と施設および在宅におけるケアのバランス (balance of care) の変化を検討している。第1章では，第二次世界大戦前後の高齢者福祉の動きとその後の福祉国家発展期の高齢者福祉政策について，第2章では，1990年代の高齢者福祉行財政を論述している。

第1章 コミュニティケア改革以前の高齢者福祉政策
——初期福祉国家時代の高齢者福祉

　本章では，コミュニティケア改革以前の時代における施設と在宅におけるケアのバランス，供給主体の福祉多元主義（Welfare Pluralism）における変化に焦点を当て，高齢者福祉の変遷を明らかにする。公私関係については，労働党政権時代では概ね直営主義を保持し，保守党政権時代では行政セクターが独占的にサービスを供給することに否定的であった。ここでは，第二次世界大戦前後から80年代の動向を説明し，高齢者福祉政策の転換点を述べることにする。

1　第二次世界大戦前後から1970年代までの高齢者福祉政策
——福祉国家の幕開けとその後の展開

1．戦中・戦後期から1950年代の高齢者福祉政策

　第二次世界大戦前は非営利団体の活動が中心であった時代である。1940年代の法律をみると，必ずしも高齢者の在宅サービスを権利として保障するという規定はなかった。サービスの供給は行政の任意裁量にとどまり，家族の支援を欠く高齢者に限定するものと理解されていた。その後も，高齢者サービスは国民扶助法に基づく救貧的な枠組みに影響されていった。行政に代わって，高齢者福祉に取り組んだのは英国赤十字協会，エイジコンサーンの前身である国民高齢者福祉委員会（NOPWC，現 Age UK），王立婦人ヴォランタリー・サービス（Women's Royal Voluntary Service, WRVS）といった現在でも有名なヴォランタリー組織である。これらの団体は小規模な施設，給配食（meals on wheels），昼食クラブ，友愛訪問などの先駆的なサービスを提供していた。[1]

　第二次世界大戦が終わると，福祉国家の時代を迎える。その過程で，国は公的サービスを中心とした供給体制を目指すこととした。社会福祉の運営では，分野ごとに中央省庁，広域自治体，基礎自治体による複雑な機構が形成されて

いった。公的扶助，医療，年金の社会保障の分野は中央政府の機関に移管され，教育をはじめ児童福祉，障がい者福祉等の分野でも自治体の施策運営に対する中央の指導は強化されていった。

高齢者福祉関係で注目すべきは，1946年国民保健サービス法（National Health Services Act 1946。以下，国民保健サービスをNHSとする）である。同法の制定により，地方の保健当局が疾病の予防，病人の介護，病後の介護を実施できるようになり（28条），高齢等の理由で援助を必要とする世帯には家事援助を実施できるようになった（31条）。また施設関係では，国民扶助法（National Assistance Act）が重要である。救貧法の廃止に伴い成立した国民扶助法は，所得保障政策においてナショナルミニマムとしての公的扶助に主眼を置いたものであった。同法も福祉サービスを規定しており，高齢者を含む社会的に不利な立場に置かれた者の「福祉を促進する」権限を地方当局に与えている（29条）。国民扶助法第Ⅲ部は施設の規定に関わるもので，第Ⅲ部施設（part Ⅲ accommodation）は高齢や障がいなどのために要介護になった者を処遇する義務を地方自治体に課している（21条）。地方自治体が運営する高齢者ホーム（registered home）はこの法律に基づいたものである[2]。

ミーンズらによれば，1950年代には大きな変化はみられないという。当時，新規の施設は建設されていなかった。その理由は，戦後の資本投資計画に対して政府は厳しい規制を設けていたからである。その結果地方自治体は，公的扶助機関を最大限に利用して，大規模な既存施設を活用しようとしていた。このような施設は良好な環境の下にあったものの隔離された場所にあり，その利用は制限されていた。一方，在宅サービスについても，1940年代と50年代が公共支出の抑制という時代であったため，政府は高齢者の在宅サービスの総合的な整備には消極的であった。高齢者福祉の一義的な責任は家族にあると理解されていた時代だからである。また国民扶助法は施設ケアに関して地方自治体に中心的な役割を与えていたが，在宅ケアには総合的な対策を実施する権限を自治体に認めていなかった。その結果，在宅サービスは障がいを持つ者に限定され，限られた権限しか認められなかった（Means, Morby and Smith 2002：49）。

また，NHS法が自治体福祉と関わるようになった時代である。同法の制定によって，地方自治体は食事やレクリエーションを提供する非営利セクターを

援助できるようになっていた。当時，まさに在宅ケアを支えたのはヴォランタリー団体であった。ただし，地方自治体は国民扶助法によって在宅サービスを提供するヴォランタリー団体に補助金を与えたが，政府は公的責任の下で在宅ケアを推進する政策を立てなかった。ここで費用徴収に触れると，サービスの利用ではミーンズテストを通じて料金負担を求められていた。1946年NHS法とその後の通達が，地方自治体にホームヘルプサービスの料金に関する裁量権を認めていたことは注目に値する（Means, Morby and Smith 2002：40）。

　1950年代の動向をまとめると，施設中心の政策がとられ，自治体の直営を中心としていた。また救貧法の名残りを持つ施設が使われていた。戦後人々の高齢者福祉観には救貧法のイメージが残っており，その払拭が後の時代の民営化政策の容認につながっていく。

2．1960年代における高齢者福祉政策の動向―計画アプローチ時代の到来

　1960年代の特徴は，施設改善への布石が打たれた時期であった。また1962年に，保健大臣イノック・パウエル（Powel, E.）が地方自治体に対して保健と福祉の長期計画を要請したのが注目される。保健省の指導にしたがって，地方自治体は当該地域の「病院計画」に基づいて病院管理委員会，住宅当局，地方医療委員会，民間団体と協議しながら，5か年または10か年計画の策定に着手した。この計画は社会福祉計画のさきがけである。このような状況の中で，1963年4月，「保健と福祉：コミュニティケアの開発（Health and Welfare — the Development of Community Care）」と題された「保健福祉10か年計画」が発表されることとなった。これは初期の医療福祉の行政計画である。この「保健福祉10か年計画」は先の「病院計画」を補完し，コミュニティケアの推進を企図していた。保健および福祉サービスの基盤整備では，高齢者集合住宅を拡充する必要があり，食事サービスや洗濯サービスの充実も政策項目として確認されていた。しかし計画には，財源の裏づけはなかった。[3]

　1962年に国民扶助（改正）法が成立したことも重要である。これにより，地方保健当局はヴォランタリー団体に提供を委ねていた食事やレクリエーションを自ら提供できるようになった。1968年には，保健サービスおよび公衆衛生法が成立するが，同法は高齢者向けの社会福祉サービスについて，直営または

ヴォランタリー団体を通じて提供する権限を地方自治体に与えた。そして地方自治体は，必要な場合にはサービス料金を徴収することも可能となった。[4]

1960年代では，施設関係で重要な動きがみられた。それはタウンゼント（Townsend, P.）の告発である。当時，一般に施設の不備が問題視されていたが，タウンゼントの著書 *The Last Refuge*（『最後の避難場所』）(1962) がセンセーションを巻き起こすことになった。同書は大著で綿密な調査に裏づけられた告発書であった。タウンゼントは低い水準の処遇だけでなく，施設職員にも疑問の目を向けていた。これには政府もすぐさま反応し，対応策として旧来の施設を改装し，レジデンシャルホーム（residential home）の建て替えを約束した。ただし政府の対応策では，NHSの老人病棟よりもレジデンシャルホームが安価であるとの判断もあったという批判もある。いずれにしても1960年代末には，新規のレジデンシャルホームが建設され，大規模な資本投資が行われていった。[5]

一方，在宅ケアは，ようやく拡大の兆しをみせ始めていた。1962年国民扶助（改正）法は，地方自治体による給配食サービスを認め，さらに1968年医療サービスおよび公衆衛生法は高齢者福祉を促進する総合的な権限を地方自治体に付与した。ホームヘルプサービスに注目してみると，それは1950年代から60年代に拡大をみせており，1961年には約25万世帯が在宅サービスを受けていた（MoH 1963：18）。ただし，ホームヘルプの整備では自治体間に格差が存在していた。ホームヘルプの料金については同法の29条が規定していた。最後に，給配食（meals on wheals）に触れておくと，この事業はもともとヴォランタリー団体が始めたものであった。1962年に成立した国民扶助（改正）法は地方自治体による給配食を認め，またヴォランタリー団体に対する援助の範囲も輸送手段，設備，土地，職員にまで拡大している。[6]

1960年代後半には画期的な動きがみられた。1968年にシーボーム委員会報告が出され，その中でコミュニティケアの充実および地方自治体内で「対人社会サービス（personal social services）」の創設が勧告された。ここで，改めて自治体による地域サービスの強化が提起されることとなった。シーボーム委員会報告は，社会福祉部（Social Services Department, SSD）を設置するなど重要な提案をしている。高齢者福祉関係では，①包括的サービスを重視し，包括的計画で

は多元主義の考え方が表明されている。②医療と福祉の連携を重視し，ニードの早期発見，医療と福祉の連携を課題としている。③入居施設に高い優先権を認めている。④監査制度は修正する必要性を認めるが，それには政府の支援が必要である。⑤高齢者が地域で生活を継続する場合，家族全体に支援をし，それが社会福祉部の責任であるなどを明記している。シーボーム報告を受けて，1970年に地方自治体社会サービス法が成立し，地方自治体は社会福祉部を設置することを義務づけられた。行政責任の下で家事援助，施設の入所，一般福祉，食事およびレクリエーション，ソーシャルワークによる支援などに責任を持つことになったのである（Report of the Committee on Local Authorities and Allied Personal Social Services, 1968, pp. 293-315）。

1960年代の動向をまとめると，施設の不足や不備が人々に広く認められる一方で，在宅ケアは拡大し始めていた。また，シーボーム委員会報告の公刊が新しい地方の社会福祉体制の到来を告げていた。

3．1970年代における高齢者福祉政策の動向—揺らぎ始めた福祉国家の基盤

1970年代の特徴はシーボーム改革の実施と高齢者福祉政策の新たな展開である。高齢者福祉においては依然として施設中心であり，自治体直営が維持されていた。社会福祉部の創設と対人社会サービスの形成が重要であるが，1970年代初期は公共サービスの拡大期であり，社会福祉も拡充した。この影響は高齢者サービスにもみられ，自治体立施設を増設する契機をつくり出した[7]。

高齢者福祉の展開では，1970年慢性疾患者および障害者法が重要である。同法により，1948年国民扶助法第29条の定めるサービスについて地方自治体はニーズを持つ者に周知するよう義務づけられ，地方自治体の提供するサービスの範囲も拡大された。さらに，1977年NHS法が成立しているが，精神障がいを持つ高齢者への福祉は同法に基づくようになった。ホームヘルプサービスは，1946年NHS法によりその提供は地方自治体の任意とされていたが，1971年の社会福祉部の創設を契機にして，ホームヘルプと在宅ケアは自治体の義務となった。サービスの料金化が進んだ時期であるが，社会福祉部の創設時にホームヘルプの料金政策が定められた[8]。

1970年代半ばからは，いわゆる「福祉国家の危機」の時期を迎えることにな

る。それまで比較的安定した英国経済の基調は一転し、低成長と失業問題に象徴される経済的混迷を深めることになった。政府および地方自治体の支出計画は削減され、自治体財政における自由度は狭められた。「福祉国家の危機」の底流には、福祉国家のコンセンサスの崩壊がある。その背景として、第1に、増大する福祉コストを国家が負担できるかが疑問視された。高齢者人口の増加が顕著になり、福祉・医療費の増大が見込まれる中で、石油危機を契機にして国家経済の停滞が明らかになったからである。第2に、福祉の官僚支配や専門職支配が進み、公共サービスの運営効率が悪化しているとの批判があったからである。

社会福祉の分野では、1976年に、「保健および社会サービスの優先策（Priorities for the health and social services）」が打ち出された。これを受けた形で、1977年には、「福祉の将来のあり方（The Way Forward）」という政府文書が発表され、在宅サービスの目標値と指針が示されていた[9]（Webb and Wistow 1986：99-114）。

1970年代の動向をまとめると、シーボーム改革に伴って児童福祉の充実とともに高齢者福祉が重視されるようになった。しかし70年代半ばから、「福祉国家の危機」を迎えることになり、財政状況はきわめて厳しくなった。ただし、コミュニティケアへの転換や民間セクターの重視は議論の段階にとどまっており、直営主義による高齢者福祉が依然として主流であった。

2　1980年代における高齢者福祉政策の動向――忍び寄る市場化

1980年代は90年代で展開されるコミュニティケア改革の露払いの時代である。1979年に「小さな政府」を旗印とするサッチャー政権が発足したが、いわゆるサッチャリズムの下で、社会福祉の分野にも様々な改革が断行されていった。一連のサッチャー改革は、第二次世界大戦後築き上げてきた福祉国家路線を転換させ、ネオリベラリズムの思想の下で新たな社会経済の基礎を築くというものであった。社会福祉では、政府は競争原理を導入し、準市場（quasi-market）を生み出そうとしていた。準市場の導入により、政府は地方自治体に民間企業の経営慣行をとり入れ、業績の向上を求めた。具体策としては優先事項

表1-1　対人社会サービスの法改正と政策文書

1964年	『キルブランドン報告』
1968年	『シーボーム報告』，身体障害者法
1970年	地方自治体社会サービス法
1971年	社会福祉部の設立。CCTESW, CQSW の設置
1976年	*Priorities For the Health and Personal Social Services* の公刊
1977年	*The Way Forward* の公刊
1978年	*The Future of Voluntary Organization*（『ウォルフェンデン報告』）
1980年	*Can Social Work Survive?* の公刊（Brewer and Lait）
	地方自治体に社会保障制度を活用した民間営利系施設への補助を認める。
1981年	*Care in Action*（DHSS）の公刊
1982年	*Social Workers; Their Roles and Tasks*（『バークレー報告』）
1983年	DHSSによりソーシャルワークサービス（SWS）をソーシャルワーク査察庁に改組。精神保健法。新しい権限と責任を'認可ソーシャルワーカー'に付与。
1984年	*Care in the Community*（DHSS）長期入院患者を地域へ帰すことを企図。認可施設法
1985年	施設ケアに社会保障制度の補助が認められているが，国の上限を課すことを決める。
1986年	身体障害者法
	精神保健法
	1986年児童法
1988年	『ワグナー報告』*Residential Care; A Positive Choice*
	Community Care; An Agenda for Action（『グリフィス報告』）
	Making a Reality of Community Care（監査委員会報告）
1989年	*Caring for People*（『コミュニティケア白書』）

出典：(Evandrou and Falkingham 1998：191) を筆者修正

の設定，費用対効果の追求などを通じて，マネージメントの改善，市場アプローチ，コミュニティケアへの転換を誘導した。

　1989年に政府は白書『人々のケア（*Caring for People*）』を通じてコミュニティケアの重視を宣言していたが，その担い手として民間営利セクターが注目され，営利事業者が参入し始めていた。施設関連では，1984年に認可施設法（Registered Homes Act）が先鞭をつけており，福祉施設やナーシングホームの登録に関する法令がまとめ上げられていた。[10]

　先にも触れたように，1980年代は営利事業者が介護市場に参入してくる時期

表1-2 高齢者人口と高齢者サービスの指標
（イングランドとウェールズ，1974=100） (単位:1000人)

	1974	1974	1976	1978	1980	1982	1984	1986	1988	1990
高齢者人口	6929.2	100	102.7	105.6	108.3	108.9	107.9	111.9	114.5	115.9
施設ケアの利用者	113.9	100	107.4	110.0	110.9	109.3	105.1	100.1	94.6	85.4
ホームヘルプ（常勤換算）	42.1	100	110.8	118.1	119.4	122.1	128.4	123.4	n/a	152.5
食事	38.330	100	110.6	105.0	107.6	111.8	109.8	97.2	114.1	127.2

資料:DoH (1996)
出典:(Evandrou and Falkingham 1998:219) を筆者修正

であった。年代順に政府文書をフォローすると，1978年の「ハッピィアー・オールド・エイジ（Happier Old Age）」，1981年の「グローイング・オールダー（Growing Older）」と「ケア・イン・アクション（Care in action）」で，高齢者の自立生活が政府目標となり，家族と近隣を含めたコミュニティによるケア，さらにヴォランタリー組織の活動を促進する政策案が打ち出されていた（**表1-1**参照）。

表1-2は高齢者人口と高齢者サービスの指標を示したものである。施設利用者をみると，1974年を100とすれば1990年は85.4へと大きな落ち込みをみせている。これに対しホームヘルプは，1974年を100とすれば1990年は152.5へと大幅な増加を示しているのがわかる。**表1-2**から，施設ケアからコミュニティケアへの転換がみてとれる。

営利系施設の動向に注目してみると，その数は1982年に4万9,900か所あったが，10年後の1991年には16万1,200か所へと急増している。しかも，高齢者用施設が大部分を占めていた。この背景についてミーンズらによれば，レジデンシャルホームとナーシングホームの経営者は，地方の政治家や地元新聞との強いパイプを利用して，民間施設組織を強化していた。[11]

これを財政面からみると，営利系施設の利用に際して社会保障補足給付が大きな役割を果たしたことが重要である。1980年代初期に補足給付の改正があり，社会保障制度を通じて利用者が料金を支払えるようになっていた。**表1-3**は施設への公共支出を示したものであるが，社会保障資金によるレジデ

表1-3 施設ケアへの公共支出（1994/95年物価水準）

(単位：100万ポンド)

	1977/78	1980/80	1985/86	1990/91
NHS高齢者病床	1,220	1,301	1,345	1,429
自治体立レジデンシャルホーム	956	1,307	1,059	1,076
社会保障資金によるレジデンシャルホーム・ナーシングホーム	18	42	840	1,846
合　計	2,195	2,380	3,244	4,351
社会保障費に占める割合（単位：％）	0.8	1.8	25.9	42.4

出典：(Evandrou and Falkingham 1998：236) を筆者修正

ンシャルホームとナーシングホームが100倍増という爆発的な増え方をしているのがわかる。なお，社会保障制度の改正の結果，民間セクターのレジデンシャルホームとナーシングホームを利用する低所得者にも費用徴収が適用されたが，この時点から高齢者の資産等の調査が行われるようになっている。

　サッチャー政権下のコミュニティケア政策は批判を逃れることはできなかった。そのため1986年に社会サービス担当大臣のファウラーは，グリフィス卿(Sir Griffith) に要請してコミュニティケアのあり方を検討させた。1988年にグリフィス卿は諮問文書『コミュニティケア　行動のための政策指針 (Community Care: Agenda for Action)』（通称『グリフィス報告』）を保健社会保障大臣に提出し，同年11月に政府はこれを大筋で受け入れた。これは白書『人々のケア (Caring for People)』（通称『コミュニティケア白書』）につながったという意味で重要な公式文書である。ただし，地方自治体への財政措置に関する提案において大幅な修正を受けている。同白書は，市場原理を容認するコミュニティケア改革を打ち出し，これに基づいて1989年11月に「NHSおよびコミュニティケア法 (National Health Service & Community Care Act)」が国会に提出され，翌1990年に成立している。

　白書『人々のケア』とあわせて，別の重要な報告書が政府を突き動かした。それは監査委員会報告『コミュニティケアの実現 (Making A Reality of Community Care)』で，現行制度に対する厳しい批判を盛り込んでいた。同報告は，退院後の精神障がい者に対する処遇問題や在宅と施設とのサービスの連続性や

優先策が欠如していることなど，多くの問題点を指摘していた。監査報告は，コミュニティケアの進展は芳しくないことを述べ，その原因と対策を明らかにしている。その論点としては，①コミュニティ・サービスの整備は遅れており，一部の地域ではNHSの長期施設の閉鎖に追いついていない。特に精神疾患を持つ者に対応できていない。②300万人以上が施設で暮らしているが，NHS施設の削減は営利系施設の拡充により相殺されている。③政府の政策は病院ベースのサービス（医療）から地方ベースのサービス（地方当局および保健当局）への転換を求めているが，財源において同様の転換を達成できる仕組みは不十分である。④補足給付を利用させる政策は，安易に営利系施設に資金を与えている。その結果，営利および非営利の施設が急速に増えている。⑤協働できない理由が多くみられ，そこにはプラスの誘因が欠落し，官僚主義的な障壁があり，際限のない会議に要する時間がみられる。⑥職員配置は不十分である。政府は，これらの指摘を受けて，コミュニティケア改革を目指すこととし，1990年NHSおよびコミュニティケア法を成立させた。こうして1990年代においては，福祉の混合経済（Mixed Economy of Care）またはパートナーシップ型福祉への転換が進むこととなった。

1980年代の動向をまとめると，サービス量は増加したものの，施設数は高齢者数の増加についていけず，その結果民間セクターの利用が著しく拡大していった。政府は民間の供給者からサービスを調達する方向性を見出し，また病院の長期入院患者を地域に帰すことを奨励したが，これも民間セクターへの需要をさらに喚起させることにつながった。『グリフィス報告』，『人々のケア』で，準市場が導入されることとなった。

【小 括】

本章の要点をまとめると以下の通りとなる。

第1に，第二次世界大戦前はヴォランタリー団体が多大な貢献をしていたが，戦後は地方行政が責任を担うことになった。根拠法は，国民保健サービス法や国民扶助法であった。

第2に，供給主体における公私関係では，戦後自治体直営主義へと移行し，施設および在宅のケアのバランスでは施設中心となっていた。

第3に，1980年代からは，高齢者人口の増加に伴って施設需要が高まった。

　第4に，1980年代末には，政府は民間供給者の増加による公私関係の変化に着目し，『グリフィス報告』，『人々のケア』を通じてコミュニティケア改革を国民に呼びかけ，市場化の政策に着手した。

1) ヴォランタリーの貢献に関する1940年代の情勢については，（ブルース 1984：463-480) を参考にした。
2) 国民扶助法の条文構成はパートⅣと補足となっており，社会福祉はパートⅢで規定されている。そのため，国民扶助法による施設はパートⅢと呼ばれた。
3) 社会福祉計画については，（山本 2003：75-91) が詳しい。
4) (Means, Morby and Smith 2002：30) を参照のこと。
5) (Means, Morby and Smith 2002：50) を参照のこと。英国の高齢者施設はレジデンシャルホーム（Residential Home，入居施設）と呼ばれる。老齢，障がい，アルコール・薬物依存，精神障がい等により，身体的機能の介助を含むパーソナルケアを必要とする者を，4人以上を定員として，生活の場を提供しながら，食事やパーソナルケアのサービスを提供する施設である（クレアレポートから）。
6) (Means, Morby and Smith 2002：29) を参照のこと。
7) 1968年に，シーボーム委員会は地方自治体社会福祉部の設置を勧告し，それまでの児童局と福祉局の統合を提案した。シーボーム報告は1970年地方自治体社会サービス法の中でほぼ完全実施された。専門的な児童サービスや，高齢者，障がい者，精神障がい者サービスについては，エリア基盤型の統括マネージャーが包括的な責任をとるというアプローチを想定していた。
8) (Means, Morby and Smith 2002：32) を参照のこと。
9) 1,000人の高齢者（65歳以上）に対し12人のホームヘルパー，1,000人の高齢者に対し週200食の供給という目標値を掲げていたが，この目標値は十分な供給量ではなかった。
10) 認可施設法について説明すると，制定の背景には，高齢者人口の増加に伴う施設需要の増加があった。認可施設法第1章は，民間セクターのレジデンシャルケアホームを規定しており，地方自治体で登録することを規定している。第2章は，民間セクターのナーシングホームは医療当局で登録することを規定している。民間セクターのレジデンシャルホームの登録と査察の手続きは，地方自治体が指示する規則で定めている。1984年に出された「施設生活　優れた取り組み（GP）規則（Home Life : A Code of Practice for Residential Care)」とも関連づけられている。この実務指針は，保健社会保障省が入居施設の基準と民間の営利・非営利系施設の認可について検討したものである。認可施設法は民間営利・非営利の施設に適用されたが，事業者の反応は自治体立のレジデンシャルホームにも適用すべきというものであった。なお，認可施設に関する規則は介護の原則に関する詳細を取り扱っており，社会的ケア，身体的特徴，個々のクライアント・グループのニーズ，職員，認可当局の役割を規定するものであった。
11) (Means, Morby and Smith 2002：58) を参照のこと。

第2章 1990年代の高齢者福祉政策
——コミュニティケア改革の実施

　本章は1990年代のコミュニティケア改革の実施過程を考察する。この時代は準市場が導入された時期である。その最大の特徴は購入者／供給者の分離（purchaser/provider split）とコミッショニングの試行であった。社会福祉部は，政府から社会保障予算の伸びを抑えるように要請されて，直営による供給を抑制し，それに伴って組織構造を大きく変えていった。1990年代における政府の課題は，利用者の自立，選択権の確立，良質のケアを促進することであった。転換期を迎えた福祉行財政の動きを検証していく。[1]

1　社会福祉の市場化アプローチ——背景と実施

1．市場化の背景
　1980年代以降，英国政治は福祉国家の機能の変化を強く求めていた。1980年代から始まった強制競争入札（compulsory competitive tendering）は，多くの行政分野で民間サービスを拡充させていた。1990年代に入ると，保守党政府は民営化をさらに推進し，地方自治体に新たなサービス供給方式や効率的な運営を要請した。その例が1991年の「市民憲章（Citizens Charter）」であり，官僚主義的なサービスを改め，国民を「顧客（customer）」として位置づけることで公共サービスの改革を進めていった。[2]

　行政運営に民間企業の経営理念や手法を取り入れる「ニュー・パブリック・マネージメント（New Public Management, NPM）」が導入されたが，その中身は業績重視と成果主義，顧客主義，ヒエラルキーの簡素化であった。社会福祉の分野でみると，政府は民間セクターの供給を拡大させ，同時に保健当局と福祉部との合同コミッショニングを促進し，連携のとれた総合的なサービス供給を図ろうとしていた。ただしサービス供給には地方間の差異があり，保健局との協働事業も遅々として進まなかったのが実情である。そのため政府は業績重視

の政策を打ち出して,中央の指導を強化していった。これは地方自治体への業績主義に基づくコントロールの始まりとみてよい。また1996年から,監査委員会と社会サービス査察庁（Social Services Inspectorate, SSI）は社会福祉部に対して合同レビュー（Joint Review）を行わせたが,これは規制行政の始まりであった[3]。

一方,地方自治体の動きをみると,コミュニティケア改革法の施行当初,多くの地方自治体は市場化アプローチには反対または消極的な姿勢であった。しかし実施後,地方自治体や福祉諸団体は次第に市場化に対して許容的になっていった。その理由は,(1)民間セクターによる供給は地域的に不均衡な形で展開され,事業は施設に集中していた,(2)利用者のニーズ,事業者の参入見込み,情報インフラに関するデータが不足していたからである。つまり,利用者の不満感を打破するために,社会福祉部は国の補助金を活用することでコミュニティケアを前に進める決断をしたのである。確かに特別移行補助金（Special Transitional Grant, STG）は財政に苦しむ自治体にとって魅力であった。特別移行補助金は,①使途が限定されており,コミュニティケア・サービスに支出すること,②社会保障移転では,その85％が民間セクターのサービス費に充当することとされていた。このようにして市場化に反対する自治体も,財政上の理由から準市場を推進せざるを得なくなったのである。地方自治体が市場化への姿勢を軟化させた背景には補助金誘導があり,自治体財政の弱さも反映されていた。中央－地方の財政関係からみて移転財源の使途は限定され,毎年支払われる新規の補助金にのみ適用された点をみておくことは重要である[4]。

2．コミュニティケア改革の推進と準市場の導入

社会福祉における準市場の導入は,1990年に成立し1993年に施行された「NHSおよびコミュニティケア法（NHS and Community Care Act）」（以下,1990年法）を通じて具体化された。

1990年法の骨子は,以下の通りであった。
①地方自治体はコミュニティケア・サービスの提供に関して非営利および営利の民間供給者と必要な取り決めを結ぶ権限を持つ。
②地方自治体は地区保健当局などの関係機関の意見を聴取したうえで,コミュ

表2-1 コミュニティケア改革の特徴

✓ 準市場の導入
✓ 1990年法の下で,社会福祉部はサービス調達の財源を負うこととなった
✓ サービス供給の中心からは後退した
✓ サービス提供の大部分を民間営利または非営利の事業者から購入することとなった
✓ 新しい体制は,準市場の特徴である購入者／供給者の分離として知られるようになった
✓ 福祉行政でも市場調査を開発し,契約文化を取り入れ,購入者／供給者の責任体制が組織にも取り入れられた
✓ 準市場により行政文化は刷新された

(筆者作成)

ニティケア計画を作成し,定期的に改定する。

③地方自治体はコミュニティケア・サービスの提供が必要と認められた者に対してニーズを判定し,その結果に基づいてサービスの決定を行う。

④地方自治体は不服関連手続きやコミュニティケア・サービスとして利用される公私の施設に対して,監査規定を設ける。

⑤地方自治体は精神障害者のケアプログラム関連の国庫補助に関する規定を設ける。

1990年法により,地方自治体は住民のニーズに基づいた必要なサービスを調達する責任を負ったが,サービスの供給については自治体自らが実施する必要はなくなった。直営主義の変更は歴史的な転換とみてよいだろう。代わって,地方自治体はサービスの購入機関に転じ,行政または民間のサービスの効果性,効率性を検討した上で,サービスを購入することとなった。この購入という行為が市場化を具現化するものとなっている。[5]

購入者／供給者の分離をもう少し述べると,1993年からコミュニティケア計画(Community Care Plan)が各自治体で策定公表されたが,その項目の中に購入者／供給者の分離,レジデンシャルホームとナーシングホームに関する民間セクターとの契約,アセスメントとケアマネージメント(Care Management)の実施が盛り込まれていた。コミュニティケア改革では地方自治体の条件整備(enabling)という役割が重視されたが,社会福祉部が関わる業務では,ニーズのアセスメント,サービス量の決定とその購入,サービスの供給体制の構築が重要であった。

2 自治体福祉行財政における構造的な変化

1．コミュニティケア改革に伴う公行政の変容

　コミュニティケア改革が地方自治体にもたらした影響を考察してみたい。これまで触れたように，社会福祉部はサービスの購入者として機能するようになり，ユニットコスト（unit cost）の提示を通じて，直営，民間営利または非営利のいずれかの供給者を選択することになった。社会福祉部内でも，購入者／提供者の分離を通じて機構再編が行われた。このような組織改革が自治体ソーシャルワーカーに大きな影響を及ぼしたのである。ソーシャルワーカーはニーズのアセスメント，サービスの購入とその費用管理，サービスの質のモニタリングという，新しい経営的な技術を習得することとなった[6]。

　ウイストウら（Wistow et al. 1992）は，コミュニティケア改革に伴う組織再編を調査している。彼らによれば，地方自治体における改革の姿勢には差異があり，10の組織編成パターンがみられたという。従来の体制を維持するところ，購入者／供給者の分離を図りながら同時に直営体制も維持するところ，民間に多くを委託するところなど様々であった（表2-2参照）[7]。

　ケアマネージャー（care manager）の役割を説明しておく必要がある。それはコミュニティケア改革の導入に伴って生まれた新たな職種で，サービス開始の決定を念頭に置いて，ニーズのアセスメントを行う。そこでは，ニーズ主導（needs-led）のアプローチをとる。サービスの予算管理に責任を持ち，ニーズのアセスメントが終了した時点で必要なサービスを購入することができる[8]。いわば，行政，供給者，ニーズを持つ者との仲介者という役割である。ケアマネージメントは社会福祉部の所管で，そのプロセスでは保健当局，住宅当局，サービス供給者を関与させることになっている。

　ケアマネージメントで求められるのは，介護の市場調査，費用推計，情報のとりまとめ，関係との連携という新しい技術である。このことは，福祉の職業体系に新たな専門職としてケアマネージャーが加わったことを意味している。この点について，デニーは以下のように述べている。

　　アセスメントの手法が費用計算の要素を含むものであれば，ソーシャル

表2-2　コミュニティケア改革に伴う自治体の組織再編成のパターン

a．現行の供給形態を継続しているところ。そこでは，運営，財源，活動の規制を変更する計画はない
b．購入者／供給者の分離にそった社会福祉部再編を進めながら，直営体制も継続しているところ
c．自治体サービスを運営するか，またはスタッフを外部から雇用するところ
d．地方自治体がある程度管理しながら，サービスを非営利のトラストに委託するところ。ただし，社会保障費の交付条件を満たしていく
e．ヴォランタリー組織（新規の組織またはすでに自治体と協働している組織）に名目価格でサービスを売却しているところ。そのヴォランタリー組織はサービス協定や契約を除いて，自治体から独立して活動している
f．民間営利の組織（新規の組織または自治体とすでに協働している組織）に名目価格でサービスを売却しているところ。その民間営利組織はサービス協定や契約を除いて，自治体から独立して活動している
g．ヴォランタリー組織または非営利の組織が新しいサービスを供給するよう奨励しているところ
h．民間営利組織が新しいサービスを供給するよう奨励しているところ
i．高齢者や精神的問題を持つ人々を対象にした施設ケアを含むサービスを保健当局に期待しているところ
j．NHSトラストを供給体制に組み込んでいるところ

資料：Wistow et al. 1992：25-46
出典：Means et al. 2002：133

　ワーカーは特別な医療，障がいの状態，地域住民の参加，個人や地域ネットワークに関わる，より広くて詳しい知識を持ちあわさなければならない（Denny 1998：203）。

　デニーが示唆するのは，コミュニティケア改革が自治体の構造変化を惹起し，福祉現場を変容させたことである。それは「福祉の混合経済（Mixed Economy of Care）」への転換だけでなく，地方自治体のエトス（ethos）も変えていったと考えられる。

2．コミュニティケア改革の財源

　コミュニティケア改革の財源をみておきたい。先にも触れたように，準市場を進める梃子の役割を果たしたのが補助金である。国から地方自治体に対して特別移行補助金が1993年から4年間交付された。これがコミュニティケア改革資金である。その後特別移行補助金は歳入援助交付金に統合され一本化された。特に特別移行補助金の「85％ルール」は自治体運営に大きな影響を及ぼしたとみてよいだろう。85％ルールは，民間セクターの活用を推進するために，

特別移行補助金の85％以上を民間セクターのサービス購入に当てることを規定したものである。コミュニティケア改革とこの補助金を通じて，自治体立の施設では閉鎖が相次ぎ，また民間事業者が少ない地方では85％ルールを活用するのに苦慮した。

当時の状況について，ミーンズらが興味深い指摘をしている。彼らによれば，人件費や交通費の面で費用効率の悪い在宅サービスよりは，大規模施設の方が多くの利潤を得ていた。そのため，民間の事業者は施設ケア市場への参入に積極的である反面，在宅ケア市場への参入には消極的であった。地方自治体が85％ルールを達成した後も，施設から在宅への移行が進まないという状況が生まれていた[9]。コミュニティケア改革の財源について，地方自治体は財源が十分であるとは考えていなかった。1993/94年には212万ポンドの資金を得ていたが，その後も充当財源の継続を危惧する地方自治体は多かった。ちなみに当時，ロンドンの特別区は補助金削減の重圧を政府から受けており，財政予測を立てることは困難であった。さらに介護病床を整備する際に，NHSトラストの決定に左右されるという事情もあった。コミュニティ改革を進めるに当たっては，財源の割当が過少と考える地方自治体もあった。

表2-3は，ロンドンの特別区における改革当初の2年間の財源不足（推計額）をミーンズらが示したものである。地方自治体は政府が示した補助金総額では住民のニーズを満たすことは無理と主張していた。それに対し，政府は提示した補助金の範囲内でコミュニティケア改革の運営は可能だと回答している。費用が逼迫すれば，地方自治体がニーズ主導のサービスを提供しようとしても，実際には資源主導（resource-led）のサービスとならざるを得ず，重度のニーズを持つ高齢者にサービスが優先される傾向がみられた（Means et al. 2002：146）。

3．ブレア労働党政権の誕生と福祉改革

1997年5月に政権の座についたブレア政権は「第三の道」を打ち出した。白書『社会サービスの現代化（*Modernising Social Services*）』はブレア政治の基本姿勢を示している。社会福祉の場面では，監査委員会，社会福祉部，他の機関から構成される合同レビューの情報を重視し，福祉サービスが個々のニーズ，

表2-3 レジデンシャルホームとナーシングホームの財源不足額（ロンドン・バラ）

(単位：人，100万ポンド)

	1年間の費用総額					
	1993/94		1994/95		1995/96	
	常勤換算職員数	コスト	常勤換算職員数	コスト	常勤換算職員数	コスト
ナーシングホーム	120	1.13	264	2.53	217	3.64
施設ケア	192	1.65	423	3.70	507	4.36
その他の成人—移転のケース	30	0.04	37	0.05	45	0.06
「待機名簿」のコスト	4	0.01	8	0.02	8	0.02
料金調整コスト		0.03		0.04		0.06
総　計		3.33		6.97		8.08
移転の見積もり		1.02		4.08		9.00
不足額		2.13		2.17		(0.02)

注：数字に整合性がないようにみえるが，ソーシャルサービス委員会報告からの直接引用である。
出典：Means et al. 2002：147

特に高齢者のニーズに応答的ではない実態を指摘していた。監査委員会もまた，利用者本位のシステムを構築するためにコミッショニングの改善を提案していた。このように自治体政策の中で，サービスの質と種類，運営における自治体間格差の是正を重要な課題とみなしていたのである。これに対し多くの自治体は，歳入援助補助金（Revenue Support Grant, RSG）が抑制される中で，サービスの財源調達や，保健当局および住宅当局との協働態勢といった課題に直面していた。

　ブレア時代の福祉改革の重要なポイントは市場原理の修正である。つまり，福祉における市場化を継承するものの，コミッショニングという規制によって市場原理を一定程度和らげようとしていた。保守党政府が業績評価とコスト低減を徹底したのとは異なり，労働党政府はサービスの質とアカウンタビリティの改善を求めたのである。政府は，規制を通じて利用者保護と質の高いサービスを確保し，質の管理については合同レビューの実施，社会ケア訓練協議会（General Social Care Council）の設立，登録制と規制手続きの強化，社会サービス査察庁への権限の強化に取り組んでいた。

　コミッショニングという業務を説明すれば，本来'調達'を意味する言葉で

ある。社会福祉部はサービス調達の責任を持ち，モニタリング，レビューのための制度枠組みを設けて，業績評価体制（Performance Assessment Framework, PAF）の下で合同レビューを推進していた。またベストバリュー（Best Value）というベンチマークはブレア時代の地方統制の中心をなすもので，政府の指示により，地方自治体は費用効果的で，かつ質の良いサービスを提供していることを証明する必要があった。これらの点は後段で検討する。

3　事例研究：1990年代から2000年におけるキャムデンのコミュニティケア改革の実態

ここでは事例研究として，ロンドンの特別区キャムデン（London Borough of Camden）を取り上げる。特定の自治体を通した定点観察として，1990年代から2000年におけるコミュニティケア改革の状況を考察していきたい。キャムデンを取り上げる理由は，ブレア政権下の福祉改革のパイロット自治体であったからである。同区は，労働党が議会を支配し，福祉行政を重視する自治体として有名で，高い水準のサービスを提供していた。キャムデンは，区域内では繁栄と貧困が混在し，福祉ニーズが顕在化している地区ではアフリカ系移民が多く，貧困者の数が多い。インナーロンドンのほぼ中央，テームズ川北部に位置しており，11平方マイルの面積にウェストエンドと商業中心地，3つの鉄道のターミナル駅と広い住宅地を抱えた地域である。1993年調査，1995年調査，2000年調査での対応者は社会福祉部長（当時）サイモン・ホワイト（Simon, W.）氏である。

1．1993年調査

筆者が初めてキャムデン調査を行ったのは1993年である。第1回調査では，白書『住民のケア』の衝撃が地方自治体に及び，余韻さめやらぬ時期であった。政府の要請を受けて，各自治体はコミュニティケア改革の作業を開始していた。改革の中心は社会福祉部業務の見直しで，医療ケアおよび社会福祉の2つの分野にわたってコミッショニングを進めていた。またキャムデンと隣接のイズリントンとの合同地区保健局および家族保健サービス局が協働を進めてお

り，1993/94年に最初のコミュニティケア計画の策定を行っていた。

社会福祉部の組織再編であるが，社会福祉部長ホワイト氏によれば，1993年当時では，成人課，児童家庭課，戦略・支援課の3つの課に分かれていた。成人課はコミュニティケアと深く関わる部署で，直営の形態を残した形で施設ケア，デイケア，家族ケアを含む一連のコミュニティケア・サービスを提供していた。この時期において，依然として直営が主流であった。サービスを拡充するために民間セクターと契約を開始しており，ニーズの判定員を配置して，ニーズアセスメントやケアマネージメントを始めていた。戦略・支援課については，利用者のニーズを把握した上で相談活動を行っていた。

1993年2月からは，コミュニティケア計画に関する公式協議を始めていた。同計画はすべての地方自治体が策定する義務を有しており，ニーズ把握を地域内で積み上げて，サービスの全体量を推計していた。キャムデンでは関係機関と21回に及ぶ会議を開き，4週間議論を続けた。コミュニティケア計画においては，①コミッショニングの目的を明らかにし，②ニーズのアセスメントを含むコミッショニングの方法を確立し，③優先策を具体化するという3つの項目を住民に打ち出していた。

1993年調査の時点では，コミュニティケア改革を契機にして労働党系の自治体でも準市場を容認するところが出始めていた。キャムデンにおいても，食事，清掃サービスの民間委託を進めていた。当局の方針は，サービスの質が保証されるという条件の下で，民間委託のメリットを活かしたいというものであった。ホワイト氏は，民間委託により人件費を10％節減でき，清掃サービスは50％，施設ケアは1人当たり15ポンドを節減できるとして合理化案を説明した。ただし，コストの抑制は度を越せば，委託労働者にしわ寄せが来る。そこで同区では，民間委託の最低基準を設けて，対応していた。その基準は他の自治体と比べて高いものであった。

自治体財政であるが，1980年前後の時期では政府から多くの補助金を受けていた。補助金が自治体予算に占める割合は約半分で，1990年にはその数字は8割にまで高まっていった。特にキャムデンの財政状態は逼迫しており，さらに経済不況のあおりを受けて歳出削減を余儀なくされていた。そのため，予算削減のために自治体改革を実施し，社会福祉部も1992年4月1日から組織改革を

表2-4 キャムデンのサービス別特別移行補助金額 (1993/94年)
(単位：ポンド)

	当初予算	実質支出
高齢者施設	432,000	413,000
ナーシングホーム	246,000	309,000
青年層の施設	220,000	332,000
薬物アルコール対応施設	240,000	287,000
非施設ケア（自立生活予算を含む）	612,000	210,000
直営のコミュニティケア	0	199,000
合　計	1750,000	1750,000

出典：Camden Community Care Plan 1995：32

始めていた。ヒアリングでは，社会福祉部長に自治体経営のセンスと実行力が問われているとの印象を持った。

　最後に，キャムデンへの特別移行補助金額は，1993/94年に261万1,000ポンドを受けていたが，うち153万1,000ポンドが社会保障省からの移転額であった。これに対し，「自立生活資金」として21万9,000ポンドが交付され，ケアマネージメントと契約システムのためのインフラ費に86万1,000ポンドが当てられた。なお，先にも述べたように，特別移行補助金の85％が民間セクターに充当することになっていたため，支出形態のモニタリングが綿密になされていた。とりわけナーシングホームや薬物・アルコール依存者の施設が社会福祉部以外の機関によって運用されていたが，これらの施設への支出が厳しく監視されていた。[10]

2．1995年調査

　1995年に継続調査を行ったが，この時期では，民間セクターが台頭していた。営利事業者の参入によって，掃除，買い物などの労働集約度の低いサービスが委託されていた。行政当局はサービスの「質の保証」を重視し，それを条件として民間セクターからの購入を決めていた。キャムデンでは200に及ぶ委託契約を結んでいたが，契約面では改善の余地も残していた。その1つとして，個々の機関と契約を結ぶのは大きな労力と時間を要するため，1つの事業者からブロック契約（bloc contract）で数十万ポンド相当のサービスを一括購入

する方法を検討していた。

　福祉サービス提供での公私の比率については，大きな変化が生じていた。1991年に行政当局は490人の行政所属のホームヘルパーを擁していたが，1995年には290人へと大幅に削減した。ホームヘルパーに早期退職を募り，定年の65歳まで待つことなく50歳から年金を支給するという方針を示していた。ホームヘルパーの削減分は民間営利部門から補充する方針であった。ホワイト氏の説明では，時間当たりのユニットコストでは，行政ホームヘルパーで11.90ポンド，民間営利所属のホームヘルパーで7.20ポンドであった。もちろん両者が同じ質のサービスを提供しているわけではないが，利用者調査からはホームヘルプ・サービスについて「満足」と答えた者は8割であった。同区の直営比率は3分の2であったが，1997年には50対50の割合に転換する見通しを立てていた。準市場の導入に伴う購入業務については，利用者，介護者，ケアマネージャーがケアパッケージの内容を共同で決定し，この合意に基づいて社会福祉部が必要なサービスを事業者に支払いをするという仕組みをとっていた。ケアパッケージごとに費用は計算されるが，コミュニティケアが施設・ナーシングホームの代替として提供されるために，総額は施設／ナーシングホームのコストを参考基準としていた。他に，時間基準のモニタリング，退院手続き，入所に関する詳細なレビューが行われていた。同区のコミッショニングの構成は，ニーズの分析，需要の予測，供給パターンの分析，ニーズ・ギャップの把握，市場の活性化，ブロック契約の締結，資金配分の決定というもので，コミュニティケア計画を効果的に進める上でコミッショニングが重要な機能を担っていた。

　さらには，合同コミッショニング・グループ（Joint Commissioning Group）という横断的組織が興味深い。このグループには，地区保健当局，社会福祉部，住宅部が参加しており，保健，福祉，住宅を含めた統合型の供給戦略を練りあげ，分野横断的に資源を有効利用しようとしていた。毎月1回会合を開催していた。特に保健と福祉の連携では，ソーシャルワーカーは地区看護師，GP（一般医）に協働作業を呼びかけ，メンタルヘルスワーカー，PSW（精神医学ソーシャルワーカー）が学習困難者のアセスメントを担当していた。福祉と医療部門の間で「退院協定（discharge agreement）」を締結し，長期入院に関して病院

表2-5 キャムデンの特別移行補助金と標準支出査定額の推移
(単位:ポンド)

	特別移行補助金	標準支出査定額
1996/97	294万9,000	3637万5,000
1997/98	228万1,000	3953万8,000
1998/99	214万	3850万4,000

出典:Camden Community Care Plan 1999/2000:25

表2-6 キャムデンの高齢者サービス支出
(1997/98年)　　　　　(単位:ポンド)

在宅ケア(直営)	428万3,012
在宅(委託)	264万1,433
ナーシングホーム	529万3,000
デイセンター(直営)	37万3,639
デイセンター(委託)	56万9,356
スポット購入	2万5,075

出典:(Camden Community Care Plan 1995:43)を筆者修正

と基準を設けていたのもこの時期である。

　財政面では,特別移行補助金の推移を調査した。キャムデン社会福祉部はSTGからコミュニティケア・サービス費を充当していたことを確認できた。これは,これまで述べたように,社会保障省からの移転額,自立生活資金,インフラ投資費を含むものであった。STGを受ける条件としては,地域保健当局とともに補助金協定に合意しなければならず,退院とそれに続く継続的ケアの取り決めが交わされていた。サービス別によるSTGの交付額を調べてみると,当初予算は6か月後には大幅に変更されていた。支出額でみると,総額は175万ポンドで,内訳は高齢者施設で41万3,000ポンド,ナーシングホームで30万9,000ポンド,成人青年層の施設ケアで33万2,000ポンドであった。1993年から3年後,「1996年コミュニティケア(ダイレクト・ペイメント)法」の成立により,STGは包括交付金に編入されることになった。

　部門別にサービス支出の推移を調べてみると,1994/95年に初めて民間セクターへの支出が計上されている。キャムデン当局は,民間営利セクターに175万ポンドを割り当て,非営利セクターへの支出は1994/95年では290万6,000ポ

ンドと大幅増となっていた（Camden Community Care Plan 1995：33）。

　非営利セクターに認められた支出は，地区監査人（District Auditor）が査定することになっていた。民間セクターに重点的に補助金が交付された結果，キャムデンでも準市場の導入は本格的に進み，1994/95年にはコミュニティケア・サービスの半分が民間セクターによって供給される状況に至った。施設ケアと在宅ケアの支出を比較した場合，9対1と依然として施設費が大半を占めていたことを確認できた。[11]

3．2000年調査

　2000年2月18日に行った継続調査では，1997年5月に保守党から労働党へ政権が交代しており，地方自治体の政治環境も大きく変化していた。ブレア政権は地方自治体に地域住民の合意に基づいた地域戦略を策定するよう奨励し，自治体行政の現代化（moodernisation）を図る政策をとっていた。ただし，中央政府は地方自治体の役割を重視するものの，従来の労働党の理念のように，公共サービスのすべてを行政に託すという自治体直営型を求めなかった。代わって，民間企業やNPO等とのパートナーシップを織り交ぜた多元型の福祉ネットワークを追求していた。

　キャムデンでは，社会福祉部，住宅部，保健当局の3つの部局を連携させて一体的にコミュニティケアの進展に取り組んでいた。さらにはコミュニティケア憲章（Community Care Charter）を掲げて，住民に向けて自治体戦略をアピールをしていた。その内容は，福祉へのアクセスの改善，サービスのさらなる整備，サービスの選択肢の拡充，サービスの質の改善であった。特にサービスの質の改善においては，自立の促進，予防的戦略の推進，介護者への支援，業績評価フレームワーク（performance assessment framework）を重視していたのが注目される。ベストバリューの達成を視野に入れて，業績管理小委員会（Performance Management Sub-committee）は評価の基準を定めていたが，社会福祉サービスについては先の業績評価フレームワークを活用して50の業績指標を設けていた。

　キャムデンの福祉予算をみておくと，予算編成は国の標準支出査定額（SSA）を基準にし，各部門は毎年行われる財務査定を通じて予算を割り当て

るスタイルであった[12]。予算は増加ベースにあわせて見積もられ，その基礎は前年度予算のインフレーション補填分となっていた。ただし，各部門にキャッシュリミット（cash limit）という予算額の上限が設けられており，財政運営は厳しい状況にあった。社会福祉の場合，キャッシュリミット総額は各分野に割り落とされ，コミュニティケアのコミッショニング，コミュニティケアのサービス提供，児童家庭サービスに適用されていた。一方，福祉財源については，補助金は一般交付金とカウンシル税のビジネスレイト（business rate）からなっていたことを確認できた。詳細な人口統計や高齢者人口等に基づくニーズに対して見積もられた数値が算出され，2000／01年のキャムデンのSSAは2億4,239万ポンドであった。

　この時期に問題になっていたのが，利用者への費用徴収である。それは国全体でも論争の的となっていた。なぜなら，国が提供するNHSは無料であるのに対し，地方自治体が提供する社会福祉サービスには利用者負担が課されるからであった。高齢者の場合，当然ながらその支払い能力は年金給付水準と関わってくる。基礎年金（flat rate pension）は当時で週当たり70ポンド，平均所得の20％程度にすぎないために，職域年金や個人年金で補足することになっていた。特に低所得の高齢者には，費用徴収の負担は重くのしかかっていた。自治体は利用者に料金を課すことで費用の回収をするという方針をとっていたが，キャムデンの場合，利用料金の収入は総額875万7,740ポンドにのぼり，特に施設料金が780万8,610ポンドで全体の約9割を占めていた。

　キャムデンの費用徴収の仕組みは，他の自治体と同じであるが，サービスの量とタイプ，収入，利用者の負担能力に応じて基準が設けられていた。料金を求められるのは，在宅ケア，施設ケア，220ポンドを超えるコミュニティケアパッケージに対してであった。

　同区の方針は，コスト全体で捉えて，在宅ケアの費用が施設ケアよりも高ければ，一般的には在宅ケアを提供しないというものであった。料金の算定方法は，施設の場合では入居前に家屋を含めて資産査定し，所得・財産が1万ポンドを超えた分に料金を課すというものであった。一方，コミュニティケアは，利用者の財産・収入の状況とサービスのレベルによって決められ，利用者の支払い能力は考慮されなかった。当時の価格でサービス費用220ポンド以上の場

合，利用料は5.25～125ポンドの範囲であった。デイサービスの料金は，利用1回につき50ペンス，食事サービスの1週間当たりの料金はロンドン内では最も低く1.60ポンドであった。なお，ダイレクト・ペイメントは施設ケアを必要とする場合は利用できず，配偶者や親戚からの援助の報酬として使うこともできなかった。ダイレクト・ペイメントは利用者本人がサービスを選択し，利用者の自立を促して，施設や病院への不必要な入所を予防することをねらいとしていた制度である。費用負担の問題は第9章で詳細に考察する。

　1993～2000年のキャムデン調査をまとめてみたい。同区は労働党系の自治体であるが，ブレア政権時代を迎えると地方行革のパイロット自治体として国から注目されていた。コミュニティケア改革以来，行政サービスの改善を図るために機構改革を行い，準市場の導入に積極的であった。財政面では，多くの自治体職員を抱えていたため，カウンシル税のレベルは全国でも最高のレベルにあった。このような状況を打開するために，行政部門にコミュニティケアのマネージメントと専門的サービスの提供を集中させ，民間部門には費用対効果をねらえるサービスを委託する「福祉の混合形態」を推進した。

【小 括】

　本章の要点をまとめると以下の通りとなる。

　第1に，コミュニティケア改革の最大の特徴は，購入者／供給者の分離にあった。社会福祉部は直営方式を抑制し，代わって非営利および営利セクターの民間事業者を最大限に活用し，サービス調達とサービス体系の整備実績を監視することとなった。

　第2に，社会福祉部は，サービスの購入者という側面を強め，主要な役割は財政運営や規則の遵守を供給者に求めることとなった。

　第3に，成人部門担当のソーシャルワーカーは，ケアマネージャーとして，ニーズを測定し，割り当てられた費用の枠内でサービスをパッケージ化するという新たな技術を求められた。

　第4に，ソーシャルワーカーは高齢者のニーズに優先度を定め，資源を割り当てる第一線の責任者となっていった。彼らは外部の供給者からサービスを購入する際，バリュー・フォー・マネー[13]を明らかにし，高い水準のケアを保証す

る職責を担った。

第5に，その業務はマネージメント志向となり，契約の締結，財政運営に関わりを強めた。

1) 第二次世界大戦後および福祉国家の転換期にある1990年代の証言や資料としては，ミーンズ，モービィ，スミスの共同研究（Means, Morby and Smith 2002）を参考にしている。
2) 1980年代から90年代の行政改革と福祉行財政については，（山本 2003：179-238）を参照されたい。
3) （山本 2003：239-245）を参照のこと。
4) コミュニティケア改革と補助金については，（Lewis and Glennerster 1996：198-199）を参照されたい。
5) コミッショニングの実務書としては，（Rothwell-Murray 2000）を参照されたい。購入という市場行為，供給者の組織構造，価格からみた供給者の選択，質からみた供給者の選択，サービス基準との関係，衛生と安全，第三者としてのケアの購入などを解説している。
6) （Denny 1998：234-35）を参照のこと。
7) （Means, et al. 2002：32-33）を参照のこと。
8) ケアマネージメントのプロセスは，①介護者に必要な援助を含むサービス利用者の状況全体を把握評価し，②アセスメントから明らかになったニーズに対応するために，サービス利用者，介護者，他の関係機関の同意を得て，ケアプランを作成し，③結果の見直しを行いながら，ケアプランのモニタリングを行う。見直しは，必要な時に適宜ニーズの変化に合わせて行う。
9) ミーンズは，補助金の交付に関する地方自治体の対応を述べている。1990年法の下でレジデンシャルホームとナーシングホームへの支出が特定補助金で充当されたことで，民間セクターの供給を抑制していた労働党系の地方自治体（特にロンドン・バラ）と，市場志向の保守系地方自治体（特にカウンティ）との間で問題が生じていた。準市場に消極的であったロンドン・バラでは民間の登録施設は少なく，新たな補助金を得られないために財政的影響を被ったという（Means et al. 2002：146）。
10) 1993年調査は次の論文でまとめている。「イギリス福祉政策の新展開」(1993年)『賃金と社会保障』1119号，労働旬報社。
11) 1995年調査は次の論文でまとめている。「イギリス・コミュニティケア改革の実際(1)」(1995年)『総合社会保障』第33巻12号，社会保険新報社。
12) 社会福祉支出は，地方歳入全体から配分され，その額は特別補助金と統合されている。自治体補助金を算定し，同時に地方税額を査定した結果，必要な自治体経費を示すのが標準支出査定額（SSA）である。そこでは，多様な人口学的および地理的データを利用した複雑なコンピューターによる公式が活用されている。
13) バリュー・フォー・マネーはサービスの生産に対して投入された費用の効果を測る「費用対価値」を意味する。

第Ⅱ部
高齢者福祉行財政の構造

　第Ⅱ部では，高齢者福祉政策における中央 - 地方関係を扱う。第3章においては，政府間関係の理念型を紹介し，その関連で高齢者福祉財政の仕組みを述べている。第4章においては，規制行政に焦点を当て，市場化への規制を考察している。

第3章 高齢者福祉政策における中央‐地方関係

　本章では，高齢者福祉政策における国と地方の政府間財政関係を考察する。国と地方の関係は，単純な表現をすれば，集権的または分権的という性格で判断できるものである。その根拠は，国または地方のどちらに意思決定権があるかに関わってくる。地方自治体がサービス提供に多額の資金を支出しているとしても，国がそのサービス内容を決定していれば，分権的であるとは言えない。日本では，かつて国と地方自治体の財政制度はきわめて中央集権的であり，国から地方への移転支出が中心であった。社会福祉財政においても，地方は国に大きく依存するという特徴を持ってきた。同じような構造が英国でもみられる。英国の地方自治体は中央から歳入援助補助金（Revenue Support Grant, RSG）という交付税を毎年受けている。これに対し，自主財源としては地域住民から徴収するカウンシル税（council tax）があるが，財源としては限定的である。また過去二十数年間では，特定補助金が増えているのが特徴である。特定補助金は政府から使途が特定化されており，資金を自由に使えないという点で制約がある。ここでは，高齢者福祉政策における中央‐地方関係を検証し，その課題を明らかにしたい。

1　中央‐地方関係の捉え方——政府間関係の理念型

　社会福祉はどの先進諸国においても自治体事務となるのが通例である。日本では1990年の「福祉8法改正」によって社会福祉の事務は地方自治体に委譲されたが，英国では「1970年地方自治体社会サービス法」によって地方自治体の責任が強化された。地方自治体が社会福祉を推進する根拠は，社会福祉という対人サービス（personal service）が地域住民のニーズに身近に応えたものであり，地域基盤型（community-based style）という特性を踏まえたところにある。
　中央と地方の関係から，政策は以下の要件を満たす必要がある。すなわち，

政府は自治体固有の高齢者福祉を含む社会福祉施策を奨励支援する。これに対し，地方サービスは住民のニーズに対応し，サービス利用を促進していく必要がある。その反面，ナショナル・ミニマムという観点からは地域格差の拡大は望ましくなく，国の政策目標と地方自治体の行政事務内容との整合性を保つ必要がある。このことは公平性の観点から，全国的な調整が不可欠となることを意味する。しかし，このことは時として相反することがあり，国と地方の関係は絶えず問い直されてくる。中央政府と地方自治体の関係から，地方自治体の福祉行財政の構造は複雑なものとならざるを得ない。

英国の社会福祉における中央政府と地方自治体との事務配分は横割に分担されている。機能分担として，所得保障は中央政府の所管であり，社会福祉は地方自治体の所管となっている。中央政府に与えられた役割は社会福祉事務の監督である。財政については，後述するように地方自治体の自立度は低い。ここでは，中央－地方関係の理念型を検討し，そこから英国の地方自治体の位相を確認してみたい。中央－地方関係の理念型を検討するに当たっては，グレナースター（Glennerster, H.）のモデル提示を検討してみたい。彼は，「パートナーシップモデル（partnership model）」，「エージェンシーモデル（agency model）」，「競争モデル（competitor model）」，「コンフリクトモデル（conflict model）」の4つを挙げて，英国の政府間関係を説明している（表3-1）。

第1は，「パートナーシップモデル」である。このモデルは，中央政府と地方自治体が対等のパートナーであると仮定している。地方自治体は国の議会から権限を得ており，自立した存在として認められている。したがって政府と地方の役割をみると，中央政府は地方に助言を与え，最低基準を設けるように奨励し，財政支援を行うという役割を担う。一方，地方自治体はサービスを開発し提供する責任を担い，独自に優先事項を決定する。パートナーシップモデルでは，次の政策項目を重視する。①警察や教育のような基幹サービスを重視する。②地方の情報や創意を活かし，地方の優先権を反映する。③パートナーシップモデルの長所を活かすために，地方自治体は自律的な財源を持つ必要がある。④社会政策の最終目標に関する合意を持ち，どの程度地方が自立できるかは政府の判断で決められる（Glennerster 1997：77-78）。ローカル・ガヴァナンス論を主導したストーカー（Stoker, G.）は地方自治体の権限強化の方向に楽

表3-1 政府関係の4つの類型

	特　徴
パートナーシップモデル	中央政府と地方自治体は対等の関係に立つ。
エージェンシーモデル	中央政府とは地方自治体は従属的な関係。地方自治体は委託された事務を執行し，ほとんど自由裁量を認められない。
競争モデル	地方自治体の自立への期待論。競争力を持つ地方自治体が最終的に効率的なシステムをつくり上げる。
コンフリクトモデル	マルクス主義に基づいた国家論。中央と地方の対立と過剰負担論

(Glennerster 1997) に基づいて筆者作成

観的であった (Chhotray and Stoker 2009)。

「パートナーシップモデル」が持つ重要な点は，地方自治体が中央政府の政策に一定の影響力を持ち，地方レベルの活動に裁量や独自性が認められていることである。地方自治体が提供する社会福祉サービスの場合，地方の情報を活用して地域住民の選好を反映させる必要がある。このことから，地域特性を活かしたサービスを実施するには，地方自治体は独自財源を持つことが前提条件になってこよう。

第2は，「エージェンシーモデル」である。このモデルでは，中央政府は地方自治体を従属的な存在とみている。したがって，地方自治体は委託された事務でほとんど自由裁量がない。エージェンシーモデルの論者は，先のパートナーシップモデルは単なるレトリックであるという見解に立っている。その理由としては，①英国は中央集権制を敷いており，連邦国家ではない，②第二次世界大戦以来，政治家は政府マニフェストで選ばれており，しかも地方自治体が責任を持つ社会政策の公約は抑制されてきた。したがって，地方自治体が中央の財源に依存するのは当然のことである，③地方自治体の公共支出の負担は4分の1程度であり，その残りは中央政府が地方支出をコントロールしている。中央政府が支出を抑制しようとすれば，地方自治体は歳入の自由度は制限されることになるからである (Glennerster 1997：78)。

「エージェンシーモデル」は政府間財政関係から判断して，中央政府が「上位」で，自治体が「下位」という関係が明白である。地方自治体は政府の手足となって機能し，政府が強いリーダーシップを発揮する場合，地方自治体の意

思は軽視され得る。後に検討する監査委員会（Audit Commission）は，業績指標（performance indicator）を地方自治体に毎年履行するように要請したが，それが上下関係を示す例であろう。このモデルでは中央政府のエリート的発想が貫かれている。

　第3は，「競争モデル」である。代表的な論者はローズ（Rhodes, R.）である。ローズはパートナーシップモデルもエージェンシーモデルも否定し，理念型として競争モデルを提唱している（Rhodes 1979）。このモデルでは，中央政府と地方自治体はそれぞれが異なる財源を持って競争する。また，中央政府と地方自治体がそれぞれ異なる分野を担当し，その責任を担う。法的および財政的な権限は中央政府が掌握するのに対し，地方自治体の優位性は地域の情報や専門的知識にある。競争モデルは地方自治体の長所と地方の自立に期待しており，競争力を持つ地方自治体が最終的に効率的なシステムをつくり上げる（Glennerster 1997：78-79）。競争モデルは英国の自立度の低い自治体財政の状況からは考えにくい発想であるが，規範モデルとしては理解できるだろう。

　第4は，「コンフリクトモデル」である。このモデルはマルクス主義に依拠しており，代表的な論者はゴフ（Gough, I.）やオッフェ（Offe, C.）である。また，国家を様々な利益を掌握する独占機関とみなす仮説に立っている。したがって，国家は福祉削減を地方自治体に強いることで，国家支出を抑制できる。ただし，地方への抑圧的な姿勢は地方から反抗や抗議を生み出し，逆に政府へ多くの責任を押し付ける可能性を秘めている。最終的には，政府は費用全体の合理化を貫徹することはできず，むしろ過剰負担を招くことになる。中央政府と地方自治体の関係は，①中央政府は地方支出を抑制する義務があり，それを制限する決定権を持つ，②中央政府に権限を集中させることによって，国家の役割を規定できる，③地方自治体はすべてのサービスを提供する必要はなく，ゴミ収集から学校給食や高齢者施設までアウトソーシングをすることは可能である（Glennerster 1997：79）。コンフリクトモデルは国家の今日の財政赤字を斟酌すれば，過剰負担論は説得力を持っている。

　英国では，集権色の強い中央‐地方の財政関係となっている。その理由は以下の通りである。国は地方自治体に対して税率を制限する権限を持っており，

図3-1　公共部門の総支出に占める地方自治体の割合
総支出額7430億ポンド（2012/13年）

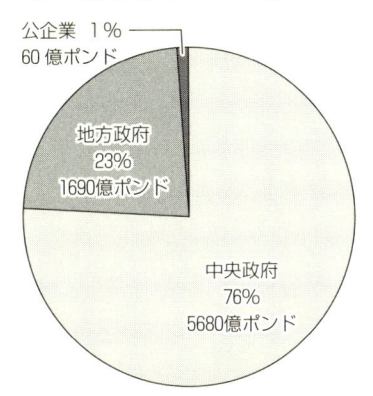

公企業 1％
60億ポンド

地方政府
23％
1690億ポンド

中央政府
76％
5680億ポンド

資料：Office for National Statistics
出典：Local Government Financial Statistics England, 2015, p. 6

　税率制限を受けた地方自治体は歳出を削減して，収支を均衡させることになる。地方自治体の収入の主なものは，政府交付金，カウンシル税，使用料・手数料，資本売却収入等である[1]。地方税は日本の固定資産税に相当するカウンシル税のみである。地方自治体はカウンシル税の税率について一定の枠内で裁量権を持つが，新たな税目を創設することはできない。自治体間格差が拡大するのを避けるために，様々なガイドラインの設定や国による監視機構，および会計監査等コントロールが国によって行われている。
　データからみても中央政府に従属的な地方財政の構造がわかる（図3-1）。英国全体では，地方自治体は公共部門の支出の約4分の1を占める。地方財政の歳出規模は日本と比較して小さい。地方自治体の収入全体の約6割は中央政府の資金で支えられており，残りはカウンシル税，料金，家賃，資本売却等による収入で，自主財源が乏しい構造が**図3-2**で示されている。
　一方，自治体歳入を財源別にみると，最も多いのが特定交付金 AEF（Specific grants inside Aggregate External Finance）で，次いで他の交付金となっている。自主財源のカウンシル税の調達額には地域差がみられる。経常支出，資本支出ともに北部が多く，南部では少ない。ただし，この傾向はロンドンには当

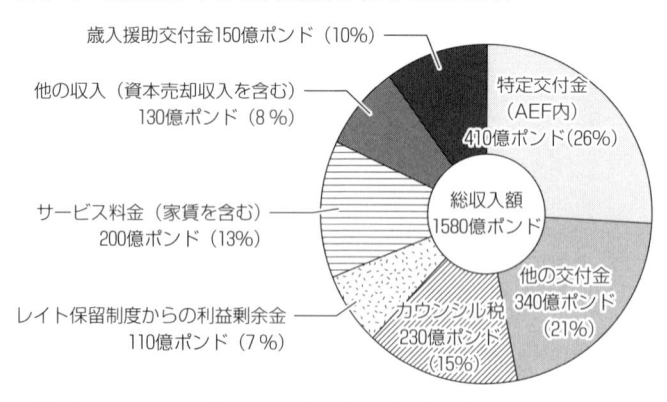

図3-2 財源別にみた地方自治体の収入（2013/14年）

- 歳入援助交付金 150億ポンド（10%）
- 他の収入（資本売却収入を含む）130億ポンド（8%）
- サービス料金（家賃を含む）200億ポンド（13%）
- レイト保留制度からの利益剰余金 110億ポンド（7%）
- カウンシル税 230億ポンド（15%）
- 他の交付金 340億ポンド（21%）
- 特定交付金（AEF内）410億ポンド（26%）
- 総収入額 1580億ポンド

出典：Local Government Financial Statistics England, 2015, p. 14

てはまらず，ロンドンの1人当たりの経常支出は全国で最も多い。経常支出における地域差，主として社会福祉と警察への支出レベルの格差を反映している。ロンドンにおける支出は，社会福祉と警察は平均よりも高い。なお，資本支出については，最近では北東部の資本支出が多くなっている（Local Government Financial Statistics England, 2015, pp. 14-27）。

ティブー（Tiebout, C.）は地方主権の重要性を説いてきた。すなわち，個々の地域が住民の選好と社会的支出を合致させるほど，全体的なアウトカムは向上し，しかも地域住民はこれを内発的な動きとしてみるという（Tiebout 1956：416-24）。この考え方は，課税水準を地方が判断をする意味で大切である。サービスの提供や運営体制においては，住民の苦情や不満を受け入れることは重要である。地方自治体がサービス供給の責任を負うことで，住民や有権者との関係において財源を効果的に使う誘因が作用する。また，貧しい地域や深刻な社会問題を抱えた地域は必要な財源を国に要求できる。地方自治体は歳入を自由に扱える基本的な権限が不可欠になる（Glennerster 1997：98）。

4つの政府間関係モデルからわかるのは，地方がその自立度を増せばサービスの選択肢は広がり，革新的モデルを生み出せる可能性があることである。確かに住民のニーズは地域によって異なり，サービスの目的や運営の方法は地域によって違ってくる。だからといって，地域福祉を全国的に決定することはで

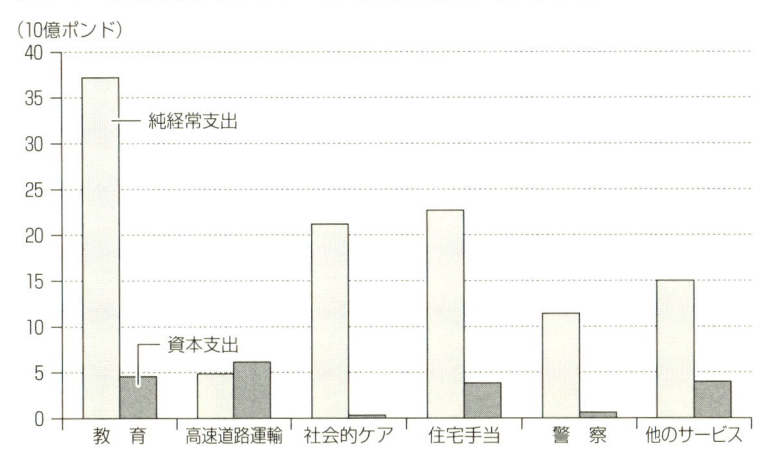

図3-3 地方財政におけるサービス別純経常支出（2012/13年）

（10億ポンド）

凡例：純経常支出／資本支出

カテゴリー：教育、高速道路運輸、社会的ケア、住宅手当、警察、他のサービス

出典：Local Government Financial Statistics England, 2015, p. 11

きない。地域民主主義を粘り強く進展させることが重要なのである。

2 高齢者福祉財政の現状

日本で地方財政の現状を語る場合，かつて「３割自治」と揶揄された時代があった。英国では中央と地方，広域自治体と基礎自治体で明確に機能分担がされており，社会福祉，保健，教育，住宅の分野において，中央政府と地方自治体が相互に関わりを持つ分野では責任のあり方が明らかにされている。この点で，横割型の配分関係となっているのである。ただし，地方税は地方財政における割合からみて，その位置はきわめて低い。以下では，地方財政の現状と高齢者福祉の財政構造を考察していく。

図3-3は，地方財政におけるサービス別の支出割合を示したものである。純経常支出全体では，教育が33％，住宅手当が20％，社会的ケアが19％，警察が10％を占めるという構成になっている（2012/13年度）。なお，2007/08年から2012/13年の５年間で，社会福祉支出は実質で0.8％上昇している。

社会福祉分野の支出についてカテゴリー別にみると，どのような支出になっているのだろうか（**図3-4**）。イングランドの総支出172億ポンドで，最も多い

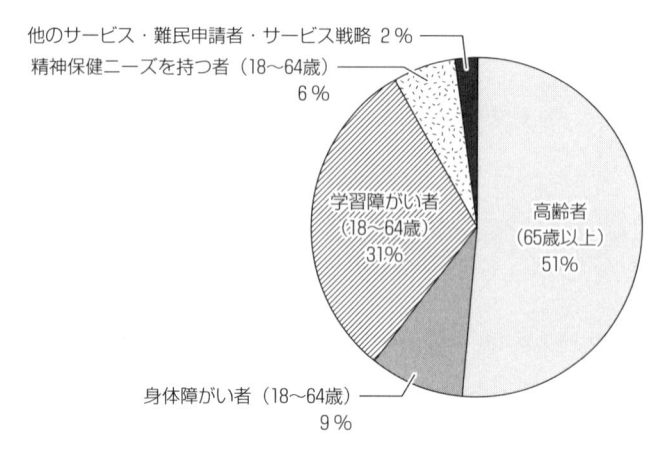

図3-4 サービス・クライアント別にみた総経常支出の割合

- 他のサービス・難民申請者・サービス戦略 2%
- 精神保健ニーズを持つ者（18〜64歳）6%
- 学習障がい者（18〜64歳）31%
- 高齢者（65歳以上）51%
- 身体障がい者（18〜64歳）9%

出典：Health and Social Care Information Centre 2014：14

のは高齢者サービスで5割超となっている。次いで，学習障がいを持つ成人が多い。[2)] 表3-2でみても，対人社会サービス総額で最も大きな支出項目は高齢者である。次いで学習障がい者（18〜64歳），身体障がい者（18〜64歳）となっている。高齢者部門では施設への支出が最も多く，施設ケアとデイ・在宅ケアとの比率は3対2である。

地方財政における社会福祉支出の大きな特徴は，地方の歳入の大部分が中央政府の補助金で賄われていることである。歳入援助補助金は一般財源であるが，地方議会がその使い道を決める。歳入援助補助金の額の決定方法は複雑で，各地域の人口規模と関連し，地域のニーズ予測に基づいて見積もられる。高齢者や低所得者層を重視しており，中央政府が対策の指示を出すことになっている。

一方，地方自治体が独自に調達するカウンシル税の割合は，地方予算のわずか5分の1以下である。社会福祉での地方歳入源は，施設，ホームヘルプ，保育所の料金があり，これらの料金は社会福祉全体の約15%を占めている。高齢者福祉でみた場合，イングランドではサービスにおける料金の比率は12.7%となっている（2013/14年）。

社会福祉の支出において，交付金では標準支出査定額（SSA）がある。標準

表3-2 イングランドにおけるカテゴリー別社会福祉支出 (2013/14年)

(単位:百万ポンド)

サービスのカテゴリー	アセスメントとケアマネージメント	施設ケア	デイケアと在宅ケア	合 計
サービス戦略	50	.	.	50
高齢者	980	4,720	3,150	8,850
身体障がい者 (18〜64歳)	220	360	1,010	1,590
学習障がい者 (18〜64歳)	290	2,060	3,030	5,380
精神保健ニーズを持つ者 (18〜64歳)	310	350	450	1,110
難民申請者	-	.	10	10
他の成人サービス	30	.	240	260
対人社会サービス総額	1,880	7,490	7,890	17,250

出典:Health and Social Care Information Centre 2014:15

表3-3 高齢者サービスにおける料金の推移 (2008/09〜2013/14年)

(単位:百万ポンド)

	2008/09	2009/10	2010/11	2011/12	2012/13	2013/14
成人社会的ケア	2,337	2,488	2,586	2,570	2,628	2,724
高齢者 (精神疾患含む)	1,814	1,935	2,033	2,060	2,128	2,188

Local Government Financial Statistics England No.24 (2014), No.25 (2015) に基づいて筆者作成

支出査定額は国民や企業などに課された租税から集められた税総額を地方自治体に配分するが,これは日本の基準財政需要額に相当する。2003年に仕組みの変更があり,配分方式はフォーミュラ (formula) と呼ばれ,様々な要素 (element) から成り立っていた。社会福祉の分野では,高齢者1人当たり,児童1人当たりが配分基礎となる。一人暮らしの貧しい高齢者や一人親がニーズの要素として認められる。貧困な人々も加算の対象になり,その特別な加算はトップ–アップ (top-up) と呼ばれる。貧困の度合いが大きい地域は,大きなニーズを抱える地域とみなされる。さらに地域加算がある。これは人件費に関わるもので,地元の労働市場の状況を踏まえて,地域の給与水準や求人の動向に対応するように配慮されている。さらには特別要素も設けられている。それは農

村などの過疎地域，都市などの人口密度の高い地域，観光客の多い地域，通勤人口の多い地域などの，地域特有のコストを反映したものである。例えば，高齢者の場合では以下のような加算が設けられている。[3]

- 後期高齢者の割合が高い地域に対する年齢加算
- 貧困な高齢者に対する加算
- 農村地域を配慮した過疎地域加算
- 低所得の高齢者に対する加算
- 地域別のコスト調整

施設ケアやコミュニティケアへの要素が設けられていたが，年齢や貧困を含んだ要素は以下の通りである。

- 75〜84歳の年齢
- 85歳以上の年齢
- 所得支援（income support）を受ける場合
- 介助手当や障がい手当を受ける場合
- 賃貸住宅で生活する場合
- 長期的な病気により生活を制限される場合
- カップルではない，または世帯主の場合
- 一人暮らしの場合　　　　　　　　　　　　　　（Glennerster 2003：87-88）

これらは制度変更を受けやすく，最新の交付制度について The Local Government Finance Report（England）2011/2012からフォローアップしておきたい。RNFの要素の算定式としては，「関連ニーズフォーミュラ（relative needs formulae, RNF）」が設けられている。大小の2ブロックがあり，対象となるグループのユニットコストを反映したものになっている。小ブロックは高齢者や若い成人に提供するサービスを積み上げる基礎となり，社会福祉全体の交付金を形成していく。小ブロックのRNFの要素は，議会の機能を有しているノン・メトロポリタン・ディストリクト，カウンティ，ロンドン特別区，ロンドン市，メトロポリタンのカウンシルがそれぞれ算定する。

高齢者福祉は小ブロックに属し，65歳以上の在宅高齢者数と地方自治体が支援する65歳以上のケアホームの入居者数が対象となる。費用補正が行われ，地域間の供給コストの差異，自治体間の異なる料金体制をフォーミュラに反映す

る。そして65歳以上の高齢者1人当たりの基本額に加えて，年齢，貧困，人口密度，低所得，地域コストのトップアップを加算していく。基本額は高齢者1人当たり80.4698ポンドで，トップアップに関する高齢者の基本額は次の通りである。

- 90歳以上の高齢者と施設入居者は，65歳以上の高齢者と施設入居者で除され，小数点以下4桁に四捨五入し，961.5896を乗じる。基本額は22.1166ポンド。
- 介護付添手当を受けている高齢者には277.7389を乗ずる。
- 賃貸住宅で暮らす高齢者には53.7107を乗ずる。
- 一人暮らし世帯の高齢者には71.9399を乗ずる。
- 年金クレジット保証を受けている高齢者には216.0117を乗ずる。

高齢者の要素を反映した交付金は以下の結果を乗ずることになっている。

(a) 高齢者サービスの基本額；プラス要素
  高齢者の年齢のトップアップ；プラス要素
  高齢者の貧困に関するトップアップ
(b) (a)の結果は低所得補正で乗ずる。
(c) (b)の結果は65歳以上の高齢者の人口密度補正で乗ずる。
(d) (c)の結果は高齢者のPSSの地域費用補正で乗ずる。
(e) (d)の結果は高齢者の小ブロック用のソーシャルサービス付属書Fで記載された変動要素で乗ずる。
(f) (e)の結果は10,000,000,000で徐する。

以上をまとめると，社会福祉支出をカテゴリー別にみた場合，高齢者福祉は全体の4割強を占める。その財源は中央の補助金で構成されており，地方の歳入はカウンシル税とサービス料金から調達されている。

【小 括】

本章の要点をまとめると以下の通りとなる。
第1に，英国の政府間財政関係では中央のコントロールが貫かれている。
第2に，社会福祉支出は地方自治体の予算で賄われるが，地方予算は中央政府の補助金と自主財源の地方税で構成されている。前者が地方収入の主流と

なっており，標準支出査定額（SSA）を通じて個々の地方自治体への配分を決定している。

第3に，地方財政の規模を決定するのは中央政府であり，中央に優位性が働いている。

1) SSAは歳入と歳出の差額を補填する仕組みである。行政需要を測定するに当たっては，国が各地方自治体の標準的な行政サービスに要する経費を算定し，交付金の算定指標としてSSAを用いている。
2) 地方行政で社会福祉を担当するのは社会福祉部である。社会福祉部長を責任者として，多くのソーシャルワーカーが活動している。社会福祉部は法律上地域住民に対して責任を負っており，社会的に弱い立場に置かれている人たちにとっては最期の砦となっている。
3) 高齢者は社会福祉サービスの主たる利用者であり，75歳以上が最も多く利用している。社会福祉部は高齢者に広範なサービスを提供するが，そのサービス体系は施設ケアと在宅ケア，食事とレクリエーション，サービスに関する情報，移送，アドバイスが含まれる（1968年医療サービス公衆衛生法第45条）。さらに，地方自治体はホームヘルプサービスも提供する。また，看護サービスや妊婦のための施設ケアも提供することがある（1977年NHS法第8条と1948年国民扶助法第Ⅲ部）。予防やアフターケアに関しても，疾病の予防サービスや患者へのサービスを提供する（1977年NHS法）。そのサービスには，以下のものが含まれる。デイセンター，外出できない者への配食，成人の疾病に起因する家族崩壊を予防するための社会サービス，ナイトシッターサービス，健康を回復させるための休暇の提供，アルコールや薬物に依存している者へのサービス，社会活動とレクリエーションサービス。

第4章　高齢者福祉における規制行政

　英国をはじめとする欧米の福祉国家の特徴は，行政による直接的なサービス供給から，準公共的な機関または民間セクターを巻き込んだ複合的な供給システムへの変容である。その中には営利企業も含まれることがあり，市場への接近がみてとれる。ただし，市場主義以外の理念も重視されるのは当然で，経済効率よりも人道性，柔軟性などの要素を求めている。市場化に伴う弊害を是正するために，規制（または再規制）が重要になる。

　本章では，規制の意味を問いつつ，ベストバリュー，社会的ケア査察委員会，他の査察の仕組みを考察していきたい。

1　福祉国家から規制国家へ

　「規制国家」という国家論がある。この政治哲学は，1980年代以降，西欧諸国の国家形態やガヴァナンスのあり方が変容したとの仮説に依拠している。歴史的には第二次世界大戦後，ケインズ主義を拠り所として福祉国家は，産業の国有化，官僚制によるヒエラルキー的ガヴァナンスを特徴とした。しかし1980年代には，福祉国家の民営化・市場化への転換を迫られることになった。

　この時代の分岐点は，民営化や規制緩和，ヨーロッパ統合の動向と関連する。ヨーロッパでは市場統合の進展に伴い，公共政策などにおいて規制が始まり，加盟国の諸制度の「ヨーロッパ化」がみられるようになった。

　民営化や規制緩和という点では，その背景に中央政府から独立したエージェンシー（agency）の設立という動きがある。民営化への政策変更が，福祉国家から規制国家への変容の後押しをしたと考えられる。公共サービスの民営化・市場化の弊害を是正するのがエージェンシーの役割であった。

　規制は市場の安定化や市場の管理という役割を担う。規制の役割を担う諸機関は専門家を配置し，競争的原理による効率的な成果を供給主体に誘導する。

表4-1 福祉国家と規制国家の比較

	福祉国家	規制国家
役 割	税制と社会給付制度を通じて市場の生産物を再分配する	・市場の操作に関わる ・市場の形成において規制を行う
エトス	平　　等	効率性
手 法	多数決により意思決定をする	・技術専門家が社会的に最適なデザインを考案する ・市場の調整を図る ・財やサービスの水準を設定し，情報の非対称性を調整し，アクセスを保証する

(Lodge 2001) に基づいて筆者作成

　こうして規制政策をとる国家の時代へ移行し，福祉国家から規制国家へと国家介入の態様が変化していくのである[1]。
　規制国家は市場の操作に関わり，市場原理のもたらす効率的な資源配分を重視する。マヨーネ（Majone, G.）は以下のように述べている。

　　市場の国際化に伴う国家の能力の低下は，国内の福祉プログラムの財源調達において，特に経済的な「境界の管理」，伝統的な「国際的」商業活動を超えて，国境を越えた事業利益を生み出し，国家の強まる財政ストレスが特定の政策アイデアの魅力を倍増させ，「積極国家」から規制国家への変遷の要因になっている。　　　　　　　　　　　　　　　　（Majone 1997）

　サッチャー政権時代には，独立した規制機関の設置を通じて，公共サービスの供給が民間主体の手に委ねられることになった。規制国家の特徴は，専門家の自己統治が規範とされ，新たな規制アプローチとしてモニタリング，ベンチマーク，情報型監査システムが実施されるところにある。
　規制国家に対する批判はある。第1に，財やサービスの購入者である行政は，供給者間の競争を促進していないとする見解がある。高齢者福祉でも，後段で検討するように，介護サービスの供給元が地理的に偏在し，競争は限定的になっている。第2に，政治的責任性，すなわち正当性の欠如に対する市民の不満がある。専門家集団を中心とするエージェンシーは，民主的に投票で選出した代表者を関わらせることは少ない。第3に，普遍的サービスの規模が縮小されるなど，ネオリベラリズムに基づく規制改革には批判がある。福祉国家の

表4-2　行政主導型規制と市場志向型規制の比較

	行政主導型規制		市場志向型規制	
	行政への信頼		消費者主権の重視	
	事　前	事　後	事　前	事　後
発　言	公共サービスへの参加	政治家への要望書の提出	規制者による公表への参加	直接的な苦情処理の機構
選　択	明確な公共サービス政策を掲げる政治家への投票	選挙による審判	供給者の選択	供給者の乗り換えの緩和
代　表	消費者協議会	当局への苦情	消費者アドボカシー団体	苦情処理のサポート
情　報	白書	年次報告書 根拠を提示する要件	サービスの質の基準 サービスの情報	ベンチマーキング

出典：Schweppenstedde et al. 2014：4-5

下での平等・公平性に基づく政策手段は影をひそめ，規制国家では技術中心の政策へと転換されたとの批判がある。ラコ（Raco, M.）によれば，規制国家は市民権や民主主義的手続きを軽視し，正当性を危うくしているという（Raco 2013）。

　福祉国家と規制国家の相違は，行政への信頼と消費者主権の重視の違いということになる。質の保証（quality assurance）は立法によるべきか，自主的な合意に基づくべきものかは各国の事情で異なってくる。次節では，こうした問題意識を踏まえて，社会的ケアの市場化と規制機関の役割を考察していく。

2　規制行政とベストバリュー，包括的業績評価制度，包括的地域評価制度

　規制とは，教科書的な説明をすれば，「公共の利益を実現するために，国民にある種の行為を命令・禁止・許可する活動」である（西尾 1993：176-77）。ただし英語の regulation には，「規制・規定・統制・管理」の他に，「調整・調節」という意味もあり，日本語の「規制」よりも広いニュアンスを持っている。このことを踏まえて，規制行政をみてみると，1997年以降ブレア政権は規

制行政を強力に推進していった。ベストバリュー (Best Value) という政策アイデアは，政府文書『現代的地方政府 住民と連携して (*Modern local government in touch with the people*, 1998)』で示されたものである。ベストバリューとは，地方の行政サービスを刷新し，その現代化を図る政策基準として位置づけられている。それは，新しいガヴァナンスや規制型福祉国家を規定するのにふさわしい内容を持っている。

まず，ベストバリューの定義であるが，1999年地方自治法 (Local Government Act 1999) の中で，以下のように規定された。

> 地方自治体は，継続的なサービスの改善に資するため，サービス供給の経済性，効率性，効果性に配慮し，その向上につながるよう必要な措置を講じなければならない。……地方自治体は，地方納税者，サービス利用者，またはサービス提供に伴う関係者等と協議しなければならない。
>
> (Local Government Act 1999, p. 64)

ベストバリューの施行において，住民との協議を重視したことは重要である。これは，前保守党政権の政策とは異なり，市場化の弊害を是正しようとする姿勢，つまり市場原理の修正を示す試みと言えるであろう。政府は，ベストバリューの基本的な要素として，'challenge (挑戦)'，'compare (比較)'，'consult (協議)'，'compete (競争)' の4つのCを掲げている。これらは市場アプローチを民主的に進める手続きを示唆している。[2] 4つのCのうちCompareとConsultに注目してみたい。その理由は，規制におけるガヴァナンスと地域民主主義の強化は，サービス供給システムに対して市民が影響力を行使できる機会を与えるからである。

まずCompareでは，業績指標 (performance indicator) という目標値を取り入れた評価システムを採用している。業績指標はサービス水準の評価やレビュー後の改善目標値の設定，最終的には外部監査の際に使用するサービスの質および改善の進捗度などを測る基準となる。業績指標はサービス分野ごとに定められ，地方自治体の種別や団体の持つ機能に応じて適用された。Compareは，その名が示す通り，外部要素と比べるもので，その比較に当たり，地方自治体がサービスの改善目標として定める水準が規定されている (*Modern local government in touch with the People*, 1998, p. 70)。

次に，Consult は先に述べたように，サービス供給に対して市民参加を求める重要な要素である。協議の対象者は，協議の後にどのようなフィードバックがあるかを期待することが多いため，協議の目的やその後の対応策の予定等，実施する趣旨について十分説明する必要があるとされた（*Modern local government in touch with the people, 1998,* p. 70）。

4つの C を検討してみると，これらが市場化への再規制を意味するものと捉えられる。地方自治体は4つの C を遵守しなければならなかったが，サービス業績の向上につながるレビューとして，以下の点を政府は強調していた。

- 長期的な視点に立った評価：少なくとも3年を超える期間にわたり可能な限り柔軟性を持たせた計画を策定すること
- 議員等の選挙によって選ばれた代表者の評価過程への参画：自治体全体に関わる戦略計画や優先事項を反映させ，住民各層の意見を取り入れたレビューを保証すること
- 外部からの意見聴取：自治体外の公私の組織・団体から意見やアドバイスを受けること
- サービス現場で働く職員の意見聴取：現場での経験を生かした改善策やサービスの向上につながるアイデアを取り込むこと
- サービス利用者からの意見聴取：サービスが行き届いていない人々やグループの意見やニーズを汲みとること
- 公平性への配慮：少数民族グループ等を含めたコミュニティ全体に及ぼす影響を考慮すること
- 持続可能な発展（Sustainable development）という政策原理への貢献

（*Modern local government in touch with the people,* 1998：7-10）

ベストバリューは，地方自治体が自らの目標と業績指標を設定する枠組みであり，5年という一定期間の中でサービスの成果を明らかにする仕組みである。行政サービスが市場化に向かう中，行政がそのフォローアップを図るという再規制の姿勢を明確にしたものになっている。ベストバリューにはすべての地方自治体の部局が関わるが，社会福祉部においても民間セクターの供給者との契約を結ぶ際に大きな影響を及ぼしていた。

ベストバリューのその後の展開であるが，それは包括的業績評価制度

(CPA) へと引き継がれていく。2001年度には業績指標の簡素化を求める声が地方自治体からあがり,指標は簡素化された。政府は,2001年の政策報告書「地域リーダーシップの強化と質の高い公共サービス (*Strong Local Leadership Quality Public Services*)」で自治体格付け表である「リーグ・テーブル (league of table)」を提案し,これを受けた監査委員会は包括的行政評価制度 (Comprehensive Performance Agreement, CPA) を示した。CPA は行政サービス分野ごとに評価をするが,加えて自治体全体としての組織運営能力や政策形成能力を測る総合評価制度であった。2002〜2004年の時期では,CPA は社会福祉,教育,環境,図書館・レジャー,住宅,助成金といった6つのサービス分野と,地方自治体資源の活用状況,さらにはコーポレート・アセスメント(組織能力評価)の業績評価を行った。2005年以降では,6つのサービス分野が児童青少年サービス,成人(高齢者を含む)福祉サービス,住宅,環境,文化,助成金に変更され,地方自治体の資源の活用状況の評価内容はより強化された。またホテルの評価のように,星印格付け (star rating) を導入した。しかし,CPAを法的に規定した「2003年地方自治法」が時限立法であったため,CPA は2009年に廃止されることになった(自治体国際化協会 2010:84-86)。

2009年4月からは新たに包括的地域評価制度 (Comprehensive Area Assessment, CAA) が始まった。CAA は地域エリア協約 (Local Area Agreement, LAA),全国統一指標 (National Indicator Set),地域調査 (Place Survey) を踏まえたもので,これらの制度から住民の意見を汲み取っていた。LAA は地域再生でソーシャルインクルージョンを目指した革新的な事業で,大きな成果を収めた。しかし,これらの行政評価制度は労働党政権の退場とともに終わりを迎えることになった。2010年5月の総選挙で政権の座に就いた保守党・自民党連立政権は,CAA 関連の事務に費やされる多大なコスト等を理由に CAA の廃止を確認している(自治体国際化協会 2010:87-89)。

このような規制枠組みが自治体による地域再生で有効となり,ローカル・ガヴァナンスの実をあげたが,この点は第6章および第8章で考察することにしたい。次節では,サービスの質を規定した国の最低基準(ナショナルミニマム)と社会的ケア査察委員会 (Commission of Social Care Inspection, CSCI) の機能を検討してみたい。[3]

3 最低基準(ナショナルミニマム)と社会的ケア査察委員会

1. 在宅ケアの最低基準

　高齢者の在宅ケアにおいて重要な役割を果たすのが最低基準である。在宅ケアの最低基準については、保健省が「在宅ケアに関する国の最低基準規則(Domiciliary Care National Minimum Standards Regulation)」を定めている。その基準を検討するのは、当時の非政府第三者機関である全国ケア基準委員会(National Commission of Social Care)であった。最低基準の目的は、在宅で受けるパーソナルケアの質を保証することで、事業者は必要とされるサービス供給の基準を下回ってはならない。この最低基準は在宅サービスの事業者すべてに適用されることになっていた。ここでは、国の規則に即して在宅ケアの最低基準を検討し、日本との比較も行ってみたい。[4]

　まず、サービスの対象者は、高齢者、身体障がい者、重複感覚障がい者(dual sensory impairment)を含めた感覚障がい者、精神障がい者、学習障がい者、児童およびその家族、本人または家族の介護者である。日英の比較では、家族と介護者へのサービスが規定されている点が特徴であり、日本ではこの視点が弱い。

　規制の主なものをみると、基準1から基準6は、利用者の視点に立ったサービスを重視している。基本的には利用者に情報を与え、サービスを選択でき、自立を保持できるように配慮することが求められる。また、いかなる時も個別のニーズに合致し、ケアプランで明記されているように個々の利用者の権利、プライバシー、尊厳を保障しなければならない。

　さらに詳細にみると、基準1は、目的の声明文書(Statement of Purpose)とサービス利用者のガイド(Service User's Guide)を作成するよう事業者に求めている。そこでは期間や条件を含め、介護の目的、目標、哲学、サービスを提供する組織の最新情報を記載する。日英との比較では、日本でも契約に際しては、サービスの選択に資すると認められる事項に記した重要事項説明書を交付することになっている。他には、事業者の目標、サービスの特性、サービスの対象者、ニーズとリスクのアセスメント・ケアのレビュー・ニーズの再アセス

表4-3 在宅ケアの最低基準（利用者と供給者との契約事項）

- 機関の名称，住所，電話番号
- 時間外の連絡番号とサービスへのアクセス方法の詳細
- 指定したケアワーカーとその管理者の事務所の連絡番号
- 在宅ケアまたはサポートのワーカーが引き受けるか，または引き受けない活動の範囲，パーソナルケア供給の柔軟性の度合い
- 利用者による一時的取消を含めたサービスの取消または撤回する条件
- サービスに対して支払い可能な料金と支払い対象
- 契約違反や自宅で起こった損害に対して，（保険を含めて）双方の権利，責任と義務
- モニタリングとニーズの再検討，アセスメントの更新の取り決め（基準2を参照）と個別のサービス利用者のプラン（基準7を参照）
- サービスの質の保証，モニタリングとスタッフの監督方法
- サービス利用者と機関が利用可能な供給および／または設備
- サービス利用者と医療と安全の事項に関連した事業者の責任
- 休日や病気を含めた取り決め
- 鍵の保管や，自宅に入る際または出るときに同意された他の取り決め

出典：DoH 2003b

メント，契約期間と条件，苦情手続き，質の保証，全国ケア基準委員会（NCSC）・社会福祉部・医療ケア当局・総合社会サービス協議会（GSCC）の地方支部との連絡方法，活動時間帯，保険適用（insurance cover）の詳細が記されることになる。日英との比較では，日本でもこの規定は提示することになっている。

表4-3が示すサービス利用者と供給者との契約事項については，概ね日本でも同様の規定があるが，英国の方がより細かな内容になっている。サポートを「引き受けない」活動の範囲などを定めるのは，契約の考えが徹底している証左である。また，「利用者による一時的取消を含めたサービスの取消または撤回する条件」は利用者本位の原則を示すものである。

表4-3では例示していないが，在宅ケアの最低基準で最低基準7から10までは，介護の基本事項を定めている。事業者の介護哲学として，利用者や親族などには敬意を持って接し，尊厳の気持ちを持って受け入れ，プライバシーの権利を常に認めることを記している。この介護原理が実践されているかどうかは，スタッフ個人からも判断される。そして介護の場でこの原理を実践し，自問することを求めている。スタッフが自己点検する項目は，入浴や衣服の着脱の際にどのように利用者を扱っているか，利用者とどのように会話をしているか，介護について利用者と協議し，選択を与えているか，利用者の希望に敬意

を払っているか，利用者の意見を配慮しているかどうかである。日英との比較では，日本でも介護の基本事項は運営基準上定められている。

　最低基準11〜15は，衛生と安全を定めている。法的要件を課しているにもかかわらず，事故は生じるものであり，衛生と安全の確認を怠ったばかりに，在宅ケアスタッフが疾病を生じることがある。衛生と安全に関する訓練の実施は，在宅ケアのスタッフによる適切な行動を保証することになる。日英との比較では，日本でも衛生と安全に関するマニュアルを定めることになっている。

　最低基準17〜21は，管理者とスタッフを扱った事項である。在宅ケアスタッフは主に1人で，他者の家で活動をする。介護の活動に責任が問われる。利用者に提供される介護の質は，スタッフの質と能力レベルに関わってくるために，スタッフは介護業務を安定したものにすることを求められる。このことは，スタッフが必要な訓練を受ける機会を保障されていることを意味している。日英との比較では，日本でも研修機会の確保は運営基準上定められている。

　最低基準22〜27は，組織と事業運営を扱っている。在宅ケアの供給者は効率的かつ効果的に利用者のニーズに対応し，利用者に焦点を当てたサービス提供ができるように，つまり規制の要件と基準を達成できるように，健全な事業活動を展開する必要がある。このことは，事業のインフラが健全であり，安定していることを意味している。また事業計画または経営計画は，継続的な経営と事業安定のための戦略的なプランニングを求められる。組織の管理構造は，分散して活動するスタッフを効果的に管理するものでなければならない。また他者の家で活動し，責任ある状況で活動するため，スタッフは多くのストレスを抱えている。管理者とスタッフの割合は介護の質に影響を与えることも重要である。例としては，ニーズが複雑多様になればなるほど，管理者とスタッフの割合は低くなる。すべてのスタッフは，契約に基づいて雇用されなければならない。この点に関する日英との比較では，スタッフが契約に基づいて雇用されるのは日本でも同じであるが，在宅事業者の財務状況についてあまり重視することはない。施設ケアの場合は，経営破綻すると利用者の行き場がなくなるために，施設事業者の財務状況を配慮するが，在宅ケアでは代替措置がとれるからである。

2. 施設ケアの最低基準

　高齢者施設においても重要な役割を果たすのが最低基準である。施設の最低基準は，マネジメント，職員，建物，医療ケアの行為を規定した2000年ケア基準法に基づいている。2003年に保健省が出している「高齢者用ケアホームに関する国の最低基準（Care Homes for Older People, National Minimum Standards）」に基づいて，その内容を検討していくが，主たる項目は施設の選択，医療ケアとパーソナルケア，日常生活，苦情手続きと利用者保護，環境，職員の配置などである。[5]

　最低基準では「目的の達成」，「包括性」，「質の高いサービス」という項目がある。「目的の達成」は，施設の管理者，職員，建物が利用者のニーズを満たすことを求めている。「包括性」は，ニーズを個別的に満たすのは当然のこととして，施設運営が包括的なものであることを規定している。「質の高いサービス」は，暮らしの場を提供するに当たって，利用者の健康を保障し，そのために設備やサポートの改善を継続的に進めることを求めている。日英との比較では，この点は概ね日本でも同様の規定がある。さらに英国では，最低基準の小項目として，施設の選択，医療ケアとパーソナルケア，苦情手続きと利用者保護，環境などの具体的な規定がある。

　最低基準で示されている具体的な項目は以下の通りである。

【施設の選択】

　「知る権利」を尊重する視点から，施設は，処遇の目的，設備，職員の経験やサービスなどを詳細に示したガイドを作成することになっている。十分な情報を示すことが利用者に選択の機会を与えるからである。施設は，情報として，料金，部屋や共有空間のスペース，トラブル発生時の責任の所在を明らかにしなければならない。日英との比較では，日本でも「重要事項説明書」を提示して説明し，その確認を受けることになっている。

【医療ケアとパーソナルケア】

　第1に，ケアプラン作成と実施上の留意点がある。ケアプランは施設外の専門職者だけでなく，施設の職員，さらには利用者自身も関わったうえで作成する。最低基準では，少なくとも月1回のアセスメントのレビューを行う。日英との比較では，日本では施設でのケアプランは施設内の専門職が作成すること

になっており，外部の者はあまり関わっていないのが現状である。

　第2に，利用者のプライバシーと尊厳を保つことが規定されている。利用者はいかなる場合も敬意を持って処遇され，プライバシーも保護される。看護・入浴・排泄や，居住スペースに備えられた家具にも細心の注意が払われる。尊厳を守ることとは，具体的には，利用者が常に自身の衣服を身につけ，親類や友人などとの関係を侵害せず，そして死後の扱いを厳かにとり行うことである。特に終末期ケアについては，家族や友人に関わりを持たせ，利用者にとって親密な者をできる限り施設に関わらせることが認められている。日英との比較では，日本でも法律および基準でこのことは定められている。ただし，英国の方がより細やかな印象を与えている。日本では，終末期ケアに関するマニュアルを作成している施設は多いが，病院に入院させることが多いために，実際に看取ることはあまりないように思われる。

【苦情手続きと利用者保護】

　利用者やその家族などが，施設の設備や職員が行う処遇，方針について不満を表明できることは大切である。苦情はあくまで建設的なもので，提言という意味を持つ。施設は簡便な苦情手続きを準備し，提出された苦情に28日以内に応答しなければならない。またすべての苦情の記録をとり，対応の詳細も含めて公開する。利用者の保護については，虐待に関係することがある。施設は，一般的な虐待，介護放棄，劣悪な処遇，ネグレクトや軽視から利用者を保護しなければならない。虐待に関するすべての出来事は調査されて記録に残される。施設にとって適切でないと判断された職員は，ケア基準法に従って指導される。日英との比較では，日本では苦情対応は運営基準上定められており，虐待については，高齢者虐待防止法において介護施設職員による虐待防止が定められている。

【施設環境】

　施設が掲げる福祉理念は，設計やレイアウトといったハード面で反映される。施設の住居としての環境は一面的に考えるものでなく，多様である。ただし，障がい者への配慮や安全性といった部分は共通して整備されなければならない。最低基準で主に関連するのは環境に関する基盤である。

・1階の床は，綺麗で安全で利用者が魅力を感じるよう保ち，日光が当たるよ

うにする。日英との比較では，日本の特別養護老人ホーム（以下，特養）でもこのことは基準上定められている。

- 最低基準施行以後に新築する施設には，利用者の個室とは別に共有空間を設ける。既存の施設には最低4.1m²の共有空間をつくる。共有空間とは，食事はもちろん，喫煙や社会・文化・宗教的活動が行われ，利用者が個人的に訪問者と歓談できる部屋である。共有空間の雰囲気は家庭的で，十分な明るさを保ち，読書やその他の活動を可能にするよう配慮する。日英との比較では，日本のユニット型特養では1人当たり2m²の共有空間の確保が求められている。
- トイレ，洗濯機，入浴設備は利用者のニーズに合うようにする。トイレは利用者が自ら使用でき，ダイニングやラウンジから近いところに設置する。入浴設備には，利用者8人に1つの割合で補助付浴槽を設置する。日英との比較では，英国ではより細やかな規定になっている。日本では，利用者が利用しやすいものを求めている。大阪府福祉のまちづくり条例をみると，オストメイト対応トイレを配備することになっている。
- 施設では廊下，浴槽，トイレ，共有空間，そして利用者の個室では，必要な場合には手すりを設置する。日英との比較では，手すりの規定は日本でも同じである。
- 利用者が利用できる空間は，車椅子の利用者が十分に使える広さを保ち，80cm以上の幅が必要である。日英との比較では，廊下幅は日本の特養でも基準が定められており，1.8m以上（中廊下では2.7m）となっている。
- 利用者の宿泊設備（個室等）のスペースは，既存の施設は10m²以上，新築，建て増しの施設では12m²以上の床面積の場とする。また部屋は絨毯またはそれと同等のものを使用する。日英との比較では，日本の特養では10.65m²以上，グループホームでは7.43m²以上となっており，部屋の材質については特に基準はない。
- 利用者の部屋のドアには，利用者の能力に応じて鍵を取りつけ，その鍵はリスクがない限り利用者が所持する。日英との比較では，個室については，日本では室内から鍵をかけられるようにしているが，緊急時には外から開けられるようにすることが義務づけられている。

- 利用者の部屋には，最低限次のものを用意する。

　最低90cm の幅があり，清潔で安全で快適なベッド／カーテンまたはブラインド／鏡／天井とベッド際のライト／二人用の快適なイス／衣類を収納するタンスやクローゼット／洗面台（一体型のトイレと洗面台がない場合）／テーブルとベッド際の小テーブル

　日英との比較では，利用者の部屋のアイテムについては，日本でも使い慣れた家具などを持ち込むことを想定しているが，施設側は英国の規定まで用意することは求められていない。鏡が基準に入っているところが興味深い。

　最低基準の中では，処遇の質に関係する職員配置が重要であろう。職員配置は有資格と無資格に大別され，その組み合わせは利用者のニーズ，施設規模，目的にかなったものでなければならない。職員配置数は利用者のニーズを勘案して算出され，夜間勤務の人数も同様である。職員数は，施設が清潔に保たれ，不潔な物や不快な臭いが出ないように十分な人数を確保し，職員のうち50％以上は介護職員として訓練を受けた者でなくてはならない。[6]

　施設管理者にも最低基準が適用されるのは当然であるが，利用者の生活に全面的に責任を負い，人格面で優れていることが求められる。常に施設を開放し，良い雰囲気を保つことが求められる。良い雰囲気とは，入居者，家族，友人，職員すべてが福祉の価値を認め，互いを尊重するという意味である。また管理スタッフは，高齢期に関連した疾病などを熟知する必要がある。人的な要素は施設においてトラブルを引き起こす最も大きな要素になるからである。

　施設の最低基準に関する日英との全体的な比較では，ハードに関する基準は概ね日本でも定められており，際立った差異はあまり感じられない。しかしソフト面では，英国は利用者中心の考え方が徹底されている。日本では「安全」のために必要最小限の基準を定めているが，英国では「快適な生活」のために必要最小限の基準を定めているという印象を受ける。施設の雰囲気については，英国の施設は開放的であるのに対し，日本は閉鎖的な印象を与えてはいないだろうか。また施設でのケアプランは，日本では施設のケアマネージャーが作成するものであり，その点も英国とは異なる。最後に資格については，日本ではケアマネージャーや管理者には資格が求められるが，職員に資格を要求し

ていない(ただし有資格の職員が多ければ加算をとれる)。

3．社会的ケアの査察

　社会的ケアの査察に議論を進めると，利用者とケアラーの保護は査察や規制の中心的な課題になっている。政府は，社会的ケアの目標や水準の設定，業績指標の設定に関連した様々な文書を作成してきた。規制で鍵となる機関が社会的ケア査察委員会(以下，CSCI)であった。この機関は2004年に全国ケア水準委員会(National Care Standards Commission)の機能を引き継いだものである[7]。

　CSCIを理解するには，それに先立つ2つの取り決めをみておく必要がある。CSCIの役割を定めたものは，2003年医療および社会的ケア法(Health and Social Care Act of 2003)である。そこでは，CSCIについて「独立した，部局にとらわれない執行機関」として説明している。CSCIは，地方自治体社会サービスの「利用可能性，アクセス，質，有効性，マネジメント，経済性および効率性」に関わり，児童の権利と福祉を促進し，保護するために必要なものを考慮する責任を負っている。次に，サービスの水準を定めた政府文書で重要なものは，先に触れた業務評価フレームワーク(Performance Assessment Framework, PAF)である。業務評価フレームワークは，地方自治体に50の業績指標を示し，活動の結果を発表するよう求めている。1999年に開始された際，保健省は「指標を継続的にレビューすること」を表明していた。CSCIは**表4-4**に示されている査察を行うとしていた。

　CSCIの査察対象は，パーソナルケア，看護ケアを提供するケアホーム，成人対象のケアホーム，児童ホーム，施設家族センター，在宅ケア機関，看護機関，独立した養育機関，ヴォランタリーの養子機関，地方自治体の養育サービス，継続教育大学，18歳以下を対象とした全寮制学校と施設特別教育により提供される宿泊設備に及んでいた。また社会的ケア査察委員会は格付け評価システム(star-rating system)を実施してきた。格付け評価システムとは，一般の人たちやサービス利用者のために設定されたものである。CSCIと監査委員会は，共同活動という形で，社会福祉部に対して5年ごとのレビューを行い，業績指標のリストにそった成果を評価していた。また5年ごとの監査に加えて，CSCIは年次報告書を作成していた。

表4-4 社会的ケア査察委員会による査察項目

①情報の活用と高い基準の奨励
　地方自治体と社会的ケアのスタッフがサービスを改善できるように、査察とレビューを通じて収集された情報を活用する。また、認可された事業者に対するアドバイスとガイダンスを示し、最低基準を超えて活動をするよう働きかける。
②資源利用の有効性
　地方自治体が資源を効果的に利用しているか、サービスがバリュー・フォー・マネー（value for money）を達成できているかを判定する。
③苦情の調査
　苦情に関する第三者調査を実施する。
④年次報告
　議会と大臣に対して、サービスの実績、サービスの供給の現状、資源の利用方法に関して毎年報告を行う。
⑤査察とアセスメントの統合
　公私のセクター全体にわたって、査察とアセスメントを統合する。またコミッショナーとサービス供給者を査察し、判定を下す。
⑥他の査察官との協働
⑦査察とアセスメントの統合
　サービスが最低基準に達しない場合、強制的な行動をとる。またサービスが適切に改善されていない場合、地方自治体に通知する権限を持っている。

出典：*An Introductory Guide to Social Services Finance in England and Wales*, 2004, pp. 173-74.

　政府は、全国的な観点からの社会福祉サービスを把握する目的を持って規制管理を行っており、これに対し、地方自治体も規制レジームに従ってきた。その結果として、規制のレベルが相当程度上がってきた。ただし、硬直的な規制は地方自治体や事業者にマイナスに働くものである。社会的規制を目指して、自治体担当者、事業者、利用者などの関係当事者を含めたマルチステークホルダー型の規制レジームにつくり替える必要があろう。

4　高齢者のための全国サービス・フレームワーク

1．高齢者のための全国サービス枠組み

　ここでは、高齢者のための全国サービス枠組み（National Service Framework, NSF）を紹介したい。この制度は2001年3月に刊行された政府文書で示されたものである。高齢者が自宅、施設、病院のいずれかで介護や介助を受ける場合、すべての高齢者のために医療と社会サービスに関する新しい全国基準とケアサービスのモデルを政府は設定している（**表4-5**）。

表4-5 高齢者のための全国サービス枠組みの基準

基準1：年齢差別の根絶
　NHSサービスは，臨床的ニーズに基づいて，年齢にかかわらず提供される。社会サービスは，利用可能なサービスへのアクセスを制限する資格基準または政策に対して年齢を適用しない。

基準2：本人中心のケア
　NHSと社会的ケアサービスは，高齢者を個人として扱い，自分自身のケアについて選択を行えるようにする。このことは，シングル・アセスメントの手法を通じて，コミッショニング協定を統合し，コミュニティ設備や失禁管理を含めたサービスの供給を一括化する。

基準3：中間ケア
　高齢者は，NHSと地方自治体から不必要な入院を防止するよう強化されたサービスを提供される。そして病院からの早期の退院を可能とし，長期の施設ケアに対する不必要な入所を防ぐ効果的なリハビリテーションを受けることにより，高齢者の自立を促すために，自宅または指定された場での新しい一連の中間ケアサービスへのアクセス権を持つ。

基準4：総合的な病院ケア
　病院において高齢者は，適切で専門的なケアを通じて，ニーズに合致した適切な技術を持っている病院スタッフにより医療を提供される。

基準5：脳卒中
　NHSは，脳卒中を予防するために，適宜，他の機関とのパートナーシップの下で活動を行う。脳卒中を患っている者は，診療サービスへのアクセス権を持ち，専門家による脳卒中サービスにより適切な処遇を受け，二次的予防とリハビリの複数領域の専門家によるプログラムに参加する。

基準6：転　倒
　NHSは地方自治体とのパートナーシップの下で活動し，転倒を予防し，高齢者の骨折やその他の怪我を減らす活動を行っている。転倒した高齢者は，効果的な処遇を受け，ケアラーとともに，専門家による転倒サービスを通じて防止に関するアドバイスを受ける。

基準7：高齢期の精神疾患
　精神保健の問題を抱える高齢者は，彼ら自身やケアラーに効果的な診断，処遇，支援を確保するため，NHSと地方自治体が提供する統合された精神保健サービスへのアクセス権を持つ。

基準8：高齢期の健康促進と活動的生活
　高齢者の健康と福祉は，地方自治体から支援を受けたNHS主導の整合化された行動プログラムを通じて促進される。

出典：*National Service Framework for Older People* 2001：12-14

　高齢者のための全国サービス枠組みは，次の項目を目的にしていた。まずは，年齢差別の根絶である。年齢差別や偏見は過去のものとして廃絶し，NHSと社会サービスは年齢にかかわらず，ニーズ本位でサービスを提供することを目標とした。本人中心のケアでは，本人を尊重したサービス提供を目指した。高齢者は個人として扱われ，適切でタイムリーな介護を受け，ニーズにみあったサービスの整備が目標とされた。特に良質のケアが志向され，NHSのすべてのサービス（GP, 中間ケア，病院と地域医療）と社会福祉サービスは調整

統合され，一貫したサービスの提供を求めた。他にも，特別な治療の保障（心臓病，転倒，精神保健），アクティブ・ライフ，服薬管理の保障も重要な項目であった。高齢者のための全国サービス枠組みは，10年間にわたる高齢者福祉計画であった。

次に，高齢者のための全国サービス枠組みの最近の動向を紹介しておきたい。医療委員会，CSCI，監査委員会による共同調査報告『高齢者サービスの優れた取り組み　Good Practice in Services for Older People』が公刊されているが，その中で優れた取り組みの事例を多く紹介している。この報告書は，3つの委員会が高齢者のための全国サービス枠組みの基準に照らして，共同でこれらのサービスを評価したものである。そこでは保健医療と社会福祉から生活の質に関わるもの（交通やレジャーサービスなど）まで，広範囲の高齢者サービスをカバーしている。

この報告書では，イングランドの40のNHSトラストと10の地方自治体を対象にして，イングランドの10のコミュニティやエリアの高齢者サービスを査察している。高齢者のための全国サービス枠組みは表4-8に挙げた8つの目的を掲げており，それに即してサービス供給の実態を評価しているが，ここでは2つの優秀事例を紹介しておく。以下の2つの事例を取り上げた理由は，地域の優れた自主的取り組みであり，後段で検討するローカル・ガヴァナンスの参考になるからである。

2．事例1：ショップ・イン・ア・ボックス—ノッティンガムシャーの社会的企業

英国では，半分以上の教区（parish）ではヴィレッジ・ショップがない。しかも毎年約200店舗が消滅している。地方では，交通機関が未整備であるために，店舗の不足が村民の社会的排除の問題を引き起こしている。このことは高齢者と障がい者にも影響を及ぼしている。

ノッティンガムシャー農村協議会は，地元の小売業者と協力して，買い物難民の問題に取り組んできたが，対策としてショップ・イン・ア・ボックス（Shop in a Box）という店舗をオープンさせた。この店舗は伝統的なヴィレッジ・ショップであるが，移動可能な建物に改造されており，村中を移動可能なものにしている。しかも家賃は安い。この移動式店舗は，食料雑貨や家庭用品

だけでなく、地産の農作物や手工芸品を販売できるように設計されている。その結果、中小企業にも刺激を与えている。また、村の中心のスペースを利用することにより、集会拠点となって、カフェ、ITセンターが参加するという相乗効果をあげている。

ショップ・イン・ア・ボックスは、社会的企業として店舗経営をすることによって、元気な高齢者に社会参加の機会を提供している。このようにして地域の利益を追求しながら、潜在的な資源を掘り起こすものとして地域全体で運営されている（Good Practice in Services for Older People, p. 4）。

3．事例2：ブライトンとホーヴの高齢者協議会

ブライトンとホーヴの高齢者協議会（Brighton and Hove Older People's Council）は、直接選挙で選ばれた組織である。革新的なところは、地方自治体に対して高齢者が発言権や決定権を持っていることである。協議会の9人のメンバーは、市内の高齢者から選挙で選ばれており、高齢者の利益を代表している。

協議会の任務は、生涯教育の促進からまちづくり計画まで、交通や地域の安全、介護サービスの改善といった幅広い問題に及んでいる。個々のメンバーは関心のある特定領域を担当する。地方自治体委員会、NHSトラスト、市のパートナーシップグループとパイプを持って、緊密な関係を保つようにしている。また高齢者グループと緊密に協働し、特にブライトンとホーヴ高齢者連合（Brighton and Hove Coalition of Older People）と連携している。この組織は年金受給者フォーラムという組織をつくっており、約2,000人のメンバーを抱えてキャンペーンを展開し、重要な情報を高齢者に提供している。他には、高齢者への年齢差別や偏見に取り組んでおり、高齢者に活動の場を与えている。活動を1例紹介すると、シルバーサンド（Silver Sand）という高齢者によるサンバ・バンドが演奏活動をしており、市の内外で好評を博している。また年金受給者フォーラムは多様な活動を展開しており、地方自治体にとって貴重なレファレンス・グループとして貢献している。

ブライトンとホーヴの高齢者協議会の事例が示唆するのは、次の諸点である。第1に、同協議会のメンバーが選挙で選ばれており、このことが組織の正

当性を保たせている。第2に，その行動方針は高齢者自身が定めており，自己決定の原理が実践されている。第3に，社会参加の場を広く提供し，楽しい雰囲気で高齢者のネットワークづくりを進めている。このように，参加型ガヴァナンスの手本になっている (Good Practice in Services for Older People, p. 5)。

2つの事例をみてきたが，英国では，様々な地域で高齢者自身が社会参加を実現させている。ただし，高齢者の参画は常にプログラム化されているわけではなく，調整されているわけでもない。また，その目的も定まっていない。先の事例は，いかにして組織的に民主的な形で自主活動を実行できるのか，そのノウハウを示唆している。

5 ケアの質査察委員会

1．福祉の規制機関

社会的ケアおよび医療ケアの質の保証を扱うのは，ケアの質規制委員会 (Care Quality Commission, CQC) である。CQCは2009年に，医療ケア委員会，社会的ケア査察委員会，精神保健法委員会が合併して誕生した独立機関で，サービスの監視，査察，規制に関する権限を有しており，供給者もCQCに登録しなければならない。それ以前では，全国ケア基準委員会 (the National Care Standard Commission, NCSC) が質の基準を定めていた。同委員会は2003年医療ケアおよび社会的ケア法の下で，2004年に独立執行機関である社会的ケア査察委員会 (CSCI) に統合され，さらに2008年に保健委員会 (the Health Commission) に一本化された。

類似の組織としては，モニター (Monitor)，ナイス (National Institute for Health and Care Excellence, NICE) がある。社会的ケアと深く関わるのはCQCとNICEである。CQCは2,500人のスタッフを擁しており，正規に雇用されたスタッフの約45％は最前線の査察官で，医療ケアと社会的ケアの専門アドバイザーが補佐する。成人社会的ケアの査察官は約1万7,000の施設，8,000の在宅ケア事業者，350のホスピスなどを扱う。理事会は7人の非常勤理事，5人の理事で構成されており（会議は月1回），組織の全体像は図4-1・2が示す通り

図4-1　CQCの上級管理構造（2013年度）

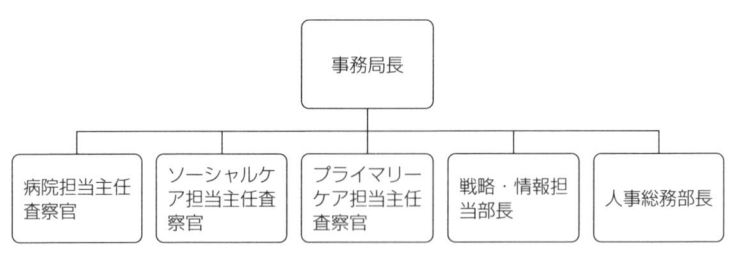

```
                    事務局長
   ┌──────┬──────┬──────┬──────┬──────┐
病院担当   ソーシャルケ  プライマリー  戦略・情報担  人事総務部長
主任査察官  ア担当主任査  ケア担当主任  当部長
          察官        査察官
```

出典：Care Quality Commission 2014a：109

図4-2　CQCの人事構成

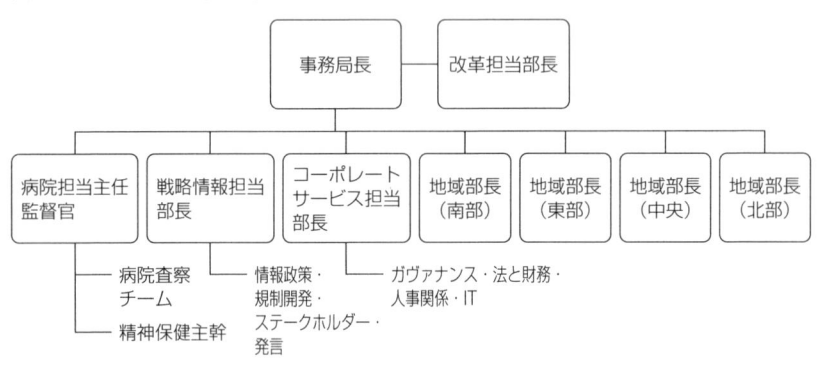

```
              事務局長 ── 改革担当部長
   ┌────┬────┬────┬────┬────┬────┬────┐
病院担当  戦略情報  コーポレート  地域部長  地域部長  地域部長  地域部長
主任監督官 担当部長  サービス担当  （南部）  （東部）  （中央）  （北部）
                 部長
├病院査察  ├情報政策・  ├ガヴァナンス・法と財務・
│ チーム   │ 規制開発・  │ 人事関係・IT
└精神保健  │ ステークホルダー・
  主幹    └ 発言
```

出典：Care Quality Commission 2014a：108

である。

2．規制の手法と権限

　規制の対象となる供給者は，病院，ケアホーム（施設），在宅サービス，一般診療や歯科サービスで，2008年医療および社会的ケア法を根拠にして，以下の3つの権限をもとに介入や措置を講ずる強制力を有している。
(1)未登録の事業者の告訴に関わる権限
(2)事業者の行う事業の制限と変更に関わる民事上の権限
(3)法的な取り決めを遵守できない事業者を告訴し，罰金を科し，警告できる権限
　また，サービスの安全と質に関わる16の基準があり，以下の通りである（Schweppenstedde et al. 2014：62-63）。

①利用者の尊重と参画　②ケアや治療への合意　③利用者のケアと福祉
④栄養必要量の充足　⑤他の事業者との協働　⑥虐待防止
⑦清潔さと感染予防　⑧服薬管理　⑨施設の安全性と適合性
⑩設備の安全性と適合性　⑪職員に関する資格　⑫職員配置
⑬職員へのサポート　⑭サービス供給の質の評価およびモニタリング
⑮苦情処理　⑯記録

　CQCは調査結果を一般の人々に公表する。サービスが安全であり，質の高いケアが提供されているかを確認するために，広範なデータ（定量的データ）を収集し，情報型モニタリングを実施している。委員会は各地域の情報をとりまとめて，これらのデータを査察の時期・場所・内容を決定するのに活用している。

3．査察の実績

　CQCは年次ベースで，現場において供給者を対象にした定期査察（歯科医は隔年）を実施している。査察の頻度は「危害」のリスクを把握した段階で変わるが，学習困難やメンタルヘルスの問題を持つ人々へのサービスを含んでいる。質の悪いケアを把握した際には，抜き打ちの査察も行われる。成人社会的ケアの査察実績は**表4-6**の通りで，主に査察の対象となるのはケアホームである。

　定期査察の件数は，2013/14年で3万334件，前年度比6％増，予定外を含めた査察数全体は3万9,567件となっている。同年で，精神保健法関係のモニタリングは1,227件，登録申請は4万8,472件，警告通知を発したのは1,456件，

表4-6　成人社会的ケアの査察実績（2013/14年）

サービス	査察現場の数
ケアホーム	17,350か所
学習障がい者へのコミュニティサービス	64か所
在宅ケアサービス	8,110か所
特別ケア住宅サービス	105か所
補助生活サービス	271か所

出典：Care Quality Commission 2014a：10

表4-7　部門別にみた強制措置の件数（2013/14年）

部　門	件数と割合
成人社会的ケア	1,314件（全体の85％）
NHS	73件（5％）
独立セクターの医療ケア	67件（4％）
プライマリー歯科ケア	34件（2％）
プライマリー医療サービス	28件（2％）
独立セクターの救急サービス	7件（0.5％）

出典：Care Quality Commission 2014a：12

　全国カスタマー・サービス・センターから受けた電話件数は23万8,621件，内部告発関連は9,473件である。2013/14年で，CQCによる強制措置が行われたのは1,523件で，前年度50％増となっている。なかでも最も多いのが成人社会的ケアで1,314件，全体の85％を占めている。続いてNHSの73件（5％），民間医療の67件（4％）である[9]（**表4-7**）。

4．利用者・市民の参加

　規制行政に対する利用者および住民の参加は重要で，市民の情報は全国基準を下回るサービスを把握するのに有益である。医療系サービスでは，患者協議会（Patients Association）が協力している。供給者も，苦情処理を効果的に活用することでケアの質を高めることができる。CQCは市民の協力を得て，「追跡・評価プロセス」を開発し，情報の分析を進めているところである。

　規制における市民参画は重視されており，市民公開イベントを開催したり，査察チームと市民との話し合いの場を設けている。「経験値を持った専門家（Experts by Experience）」という取り組みがあるのも興味深い。この専門家は医療ケアおよび社会的ケアの利用者とケアラーを指し，イングランドで約500人がいる。2013年度ですべての査察の11.5％，件数にして4,481件に関わっている。

　2013年にはサービス利用者，介護者，市民が参画する「市民を第一に（*Putting people first*）」という声明文書が出ており，市民向けにアピールしている。医療ケアでは，ヘルスウォッチ・イングランド（Health Watch England）が2012

年10月からスタートしている。ヘルスウォッチは患者やサービス利用者の声を伝える組織で，CQCと緊密に連携しており，全国レベルの情報を共有している。活動は，ピアサポートや学習，グッドプラクティスの普及などである。このように利用者とのパートナーシップを通じて，ケアの質や水準の監視を行っており，サービスの内容自体も人々に伝えている。

5．事業者の格付け

格付けを決定する際，査察官は利用者や関係者に対して，当該供給者とそのサービスに関する質問を行う。「安全か／効率的か／思いやりがあるか／ニーズに応えているか／うまく運営されているか」の5項目を尋ねることで，専門的な判断をする（Care Quality Commission 2014a：17）。

調査の結果から生まれる格付けは，「優秀（outstanding）／良好（good）／要改善（require improvement）／不十分（inadequate）」の4つのレベルである。

6．市場の監視

供給者が経営破綻した場合，利用者はサービスを受けられない状態となる。市場監視システムはサービス提供が中断することを避けるために導入されている。CQCは事業所の財務状況を監視し，供給者の破綻を予測するリスク調査をする。

7．CQCの財政

CQCの財務状況は表4-8，図4-3・4の通りで，収入は供給者からの年間手数料と保健省の補助金で構成されている。新しい規制アプローチを導入するに当たっては，多額の費用を必要とし，財政面の課題となっている。

表4-8　CQCの収入

収入源	収入額
事業者からの年間手数料収入	1億120万ポンド
保健省からの補助金	8,730万ポンド

出典：Care Quality Commission 2014a：11

図4-3　CQCの支出（異動支出を含む）

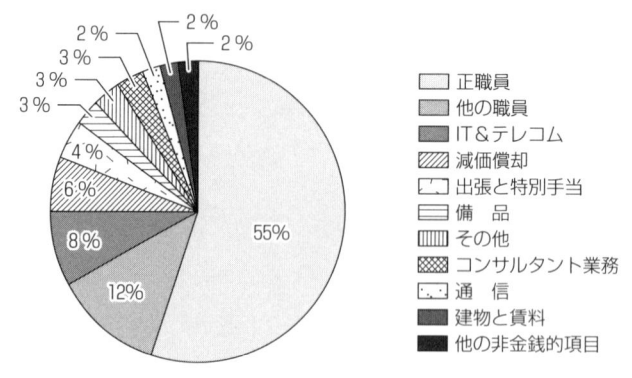

- 正職員 55%
- 他の職員 12%
- IT&テレコム 8%
- 減価償却 6%
- 出張と特別手当 4%
- 備品 3%
- その他 3%
- コンサルタント業務 3%
- 通信 2%
- 建物と賃料 2%
- 他の非金銭的項目 2%

出典：Care Quality Commission 2014a：48

図4-4　セクター別の収入

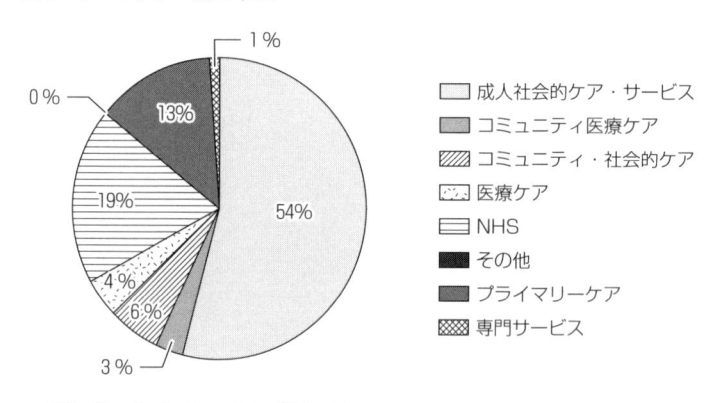

- 成人社会的ケア・サービス 54%
- コミュニティ医療ケア 3%
- コミュニティ・社会的ケア 6%
- 医療ケア 4%
- NHS 19%
- その他 0%
- プライマリーケア 13%
- 専門サービス 1%

出典：Care Quality Commission 2014a：53

8．CQCの提起した社会的ケアの問題

　施設における質の基準の遵守状況は，**図4-5**からわかる。保護と安全をみると，施設の85％は基準をクリアしているが，15％は未達成である（2011/12～2013/14年）。

　社会的ケアは生命に関わることがあり，サービス基準は安全を保証する目安となる。同様に，**図4-6**が示す通り，看護系のナーシングホームおよび福祉系の施設ホームにおける職員基準の遵守状況をみると，正職員，補助職員は未

図4-5 施設における質の基準の遵守状況（2011/12～2013/14年）

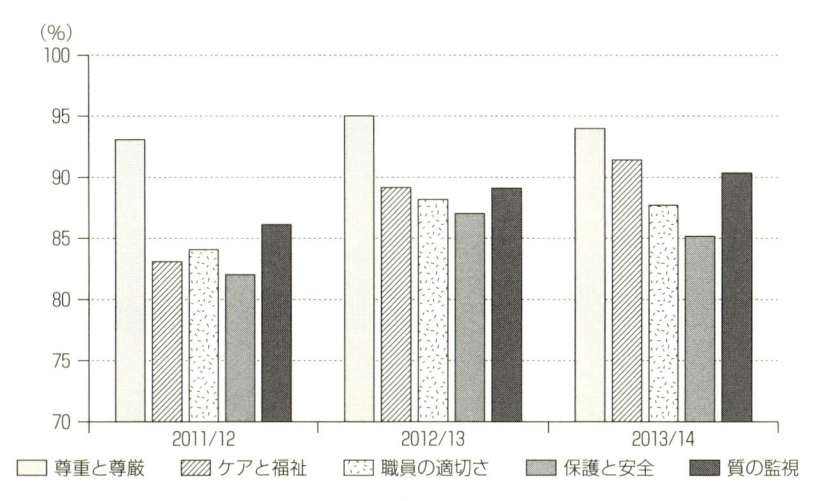

□ 尊重と尊厳　▨ ケアと福祉　▦ 職員の適切さ　▨ 保護と安全　■ 質の監視

出典：Care Quality Commission 2014a：34

図4-6 ナーシングホームおよびケアホームにおける職員基準の遵守状況

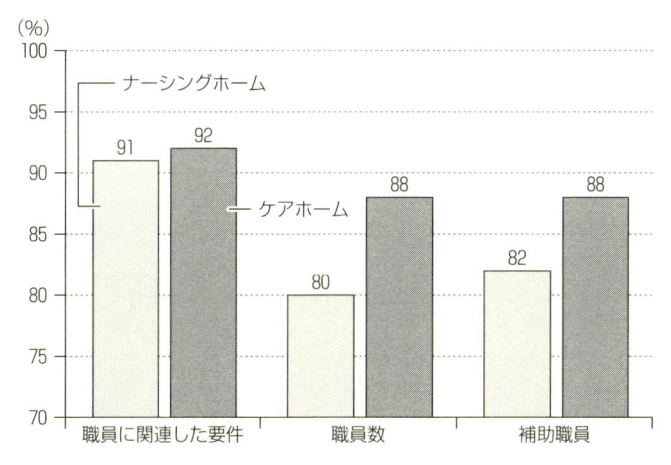

出典：Care Quality Commission 2014a：38

達成の項目となっている（2013/14年）。未達成の数字は，ケアの質への懸念を呼び起こす。[10]

9．CQCの評価

規制という行為を考えるにあたって，「規制のピラミッド」という概念が参考になる。図4-7が示す通り，4層からなる。最上段は「命令・統制」で，これは国や権威による拘束力を持つものである。「メタ規制」は業界が会員組織に統制力や影響力を行使できるものであり，「自己規制・自主規制」は業界内部で申し合わせるものである。最後の「市場メカニズム」は市場原理に任せて，事業者の参入と退出が決まるというものである。

基本的には，ケアの質の保証は法律によるべきか，または自主的な合意によるべきなのかという政治的選択のマターとなる。[11] イングランドの場合，①罰金，登録取り消し，告訴，②強制的自己規制，年次査察，外部診療監査，③認証評価，業績指標，ピアレビュー，④成果主義を導入していることから，「命令・統制」を志向している。[12]

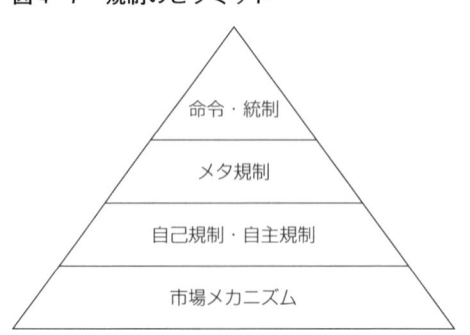

図4-7　規制のピラミッド

```
        命令・統制
       メタ規制
     自己規制・自主規制
       市場メカニズム
```

出典：Schweppenstedde et al. 2014：13

10．福祉の規制行政のまとめ

以上の考察から規制の議論をまとめると，以下の3点に整理できる。
(1)　規制は市場化が引き起こす弊害に対処する役割を持つ。政府にとって重要な課題は，規制を行使する対象者に関して詳細な情報を持っていないことであ

る。規制対象者の内部情報が乏しい場合，適切な規制は行えない。「情報の非対称性」を克服するために複数の規制メニューを提示し，対象者に選択をさせる案がある。規制メニューの選択の結果によって，政府はある程度情報を把握でき，効果的な規制が可能になる。

(2) 政府と規制との関係では，ブレア労働党政権時代に，全国的な規制システムを構築しようとした。2003年に，全国最低基準（National Minimum Standards：NMS）を導入している。[13] 全国最低基準は訓練を受けていないスタッフに，全国職業資格（National Vocational Qualification：NVQ）のレベル2を適用していた。

ただし後半期には，社会的ケア市場において消費者という立場を重視して，選択の拡充を試みている。それがサービスの個人化を意味する「パーソナライゼーション」であった。労働党政権との比較で，キャメロン連立政権時代の政策をみると，サービス利用者へのアウトカムに基づいた業績評価手法を用いて，質のアウトカム・アプローチを推し進めた。2009年以降，CQCもサービスの質の保証や必要最低基準を点検するために，利用者のリスクを目安にしたアプローチを採用している。その結果，労働党が導入した全国最低基準は放棄され，2010年6月以降，CQCは在宅ケアの質を評価しなくなっている。

ケアの市場化はグローバル化の影響を受けて，外国資本が参入し，移民労働者が増大した。市場化に拍車がかかった結果，「栄養の水準」や「尊厳」の項目で，基準を達成できていない事業者が存在する。特に在宅看護で未達成は深刻な課題になっている。[14] ルイス（Lewis, J.）らの批判によれば，保守党政府は市場における競争と選択が質を改善するものと想定しているが，介護現場に対してケアワーカーの研修や規制を重視していないという。

(3) 虐待への対応という重大な課題がある。虐待事件がテレビ報道され，CQCの成人社会的ケアへの監査の甘さに市民の批判が高まっている。2011年にウィンターボーンビュー病院の虐待事件に端を発して，CQCは組織改革を行った。それでも2014年に，オールド・ディーナリー・ケアホームで高齢者虐待が発覚している。違法な事業者が出た場合，断固たる摘発と内部通報をしたスタッフの身分保全が不可欠となる。利用者の不利益が生じないように，規制の徹底が望まれる。

【小 括】

本章の要点をまとめると以下の通りとなる。

第1に，政府の規制や査察の役割は強まっており，政府は独立した規制機関を設置することで，公共サービスの供給を民間主体に切り替えている。

第2に，政府は，全国的な視野から社会福祉サービスを把握する目的を持って，一連の重要な指標を定めている。一方，地方自治体や民間の供給主体は政府の規制レジームに従っている。

第3に，規制の枠組みにステークホルダー（関係当事者）を参画させ，民主主義型の規制を構築することが重要な課題となっている。ステークホルダー参画型の規制はサービス供給システムに市民の声を反映させる機会を与えている。

1) 再規制という用語が生まれている。規制緩和は経済において国の介入の比重が縮小しているわけではなく，新たな規制を設ける上での再規制の複雑なプロセスを生み出している。再規制とは，産業や個々の企業が規制緩和の措置を受けた後に，新規または追加的な規制が行われることをいう。規制緩和が実施できない分野において，規制緩和措置を改定するプロセスとみなされている。
2) 競争については，ノーマン・ジョンソンらによれば，事業者間で激化していたが，利用者の選択はそれほど広がらなかった。その理由は，利用者ではなく，主にケアマネージャーや他の専門職者が選択を行っていたからである。また競争原理は非営利セクターに大きな影響を与え，大規模な組織と小規模な組織との溝はより明確になった。有給職員を雇用している大規模組織は複雑な契約を処理でき，実際に競争力を持っていた。また専門職員とボランティアとの溝も広がり，前者は契約交渉や法令遵守に携わることになったという。
3) 介護サービスのアウトソーシングまたは契約のシステムは，労働党が政権の座に就くまでに確立されていた。
4) 第2節では，2000年ケア基準法に基づく在宅ケアに関する国の最低基準規則（Domiciliary Care National Minimum Standards Regulations, Care Standards Act）から各規制項目を引用している。公文書であるゆえに，項目ごとの引用注は省略する。
5) 第2節では，保健省「高齢者用ケアホームに関する国の最低基準（Care Homes for Older People, National Minimum Standards）」から各規制項目を引用している。公文書であるゆえに，項目ごとの引用注は省略する。
6) 職員は就業前に十分な点検を受け，その結果によって配置が決定される。就業後6週間以内に現場訓練を受ける。この訓練において介護の原理，安全な処遇，ワーカーの役割といった指導が徹底される。さらにその後の6か月以内に基本訓練を受け，この訓練とは別に最低でも年に3日間の訓練を受ける。職員は個々のスキルの上達度を示す記録をつけることになっている。
7) 2001年全国ケア基準委員会（NCSC）の（認可）規制と全国最低基準は，地方自治体

と保健当局が遵守することになっていた。2002年には，全国ケア水準委員会が，登録と認可という業務を担っていた。その後の2004年4月からは，CSCIに引き継がれた。
8) 2012/13年では，現行の規制アプローチの変更を行い，目的と役割の戦略的見直しを行っている。例えば，病院の主任査察官が2013年に設けられており，また一般的業務とそれに伴う成人社会的ケアに携わる主任査察官も設置されている。
9) 2013年度では，認知症ケアに関する査察プログラムを実施しており，149のケアホーム，22の自治体救急病院を査察している。同年5月には，児童医療ケアサービスから成人サービスに移行するプログラムが始まっており，委員会は100の臨床コミッショニンググループ（CCG）に依頼し，19のCCGを訪問して，若者自身や家族，医療と社会的ケアのチームと面会している。さらに同年5月と6月には，CQC査察官は新任ケア職員の調査を実施し，「安全でない」または「適切でない」と判断された現場に携わる職員から回答を得ている。
10) 医療と社会的ケアの安全と質の保証について，Schweppensteddeら（2014）は「効果的で質の高い規制」に関して国際的な合意の欠如を指摘している。
11) 英国の社会的ケアは，イングランド・スコットランド・ウェールズ・北アイルランドの各地域で制度が非常に異なる点に注意を要する。
12) （Department of Health 2003c）を参照のこと。
13) （Care Quality Commission 2014a）を参照のこと。

第Ⅲ部

高齢者福祉の市場化, 地域化, 連携化

　1990年代以降, 高齢者福祉政策は市場化, 地域化, 連携化という方向に進んできた。第Ⅲ部ではこれらの3つの課題を考察している。第5章においては, 社会福祉における市場化の導入とその後の展開を分析している。市場化に伴って, 社会福祉行政の機能はコミッショニング (commissioning) という計画化されたサービス調達業務を開発し, サービス供給を官民の競争に任せつつも, 仲介的な調整機能を通じて準市場 (quasi-market) に介入する態様を明らかにしている。第6章においては, 地域エリア協約 (Local Area Agreement, LAA) と高齢者福祉との関係を分析している。LAA は分権化を通じて, 地域によって地域の諸問題を解決させる全国事業であったが, 中央‐地方関係の視点から LAA の構造, 高齢者と健康問題, 事例研究としてハックニー (Hackney) とニューハム (Newham) の事業を考察している。第7章においては, 医療と福祉の連携・統合への動きを捉えて, 1976年に創設された共同財政 (joint finance) と2000年に創設されたプール予算 (pooled budget) の仕組みとその効果を比較している。このようなドラスティックな政策転換とそれらがもたらした影響を検証する。

第5章　準市場と高齢者福祉

　1980年代半ば以降，欧米の福祉国家に政策の変化がみられた。それは公共部門の改革であり，ニュー・パブリック・マネージメント（New Public Management。以下，NPM）の導入であった。NPM は民間企業における経営理念および手法を可能な限り行政現場に普及させることで，行政部門の効率化・活性化を図ることをねらいとしたものである。市場メカニズムを導入する理由は，公企業の民営化，PFI（Private Finance Initiative），エージェンシー制度，準市場等の競争システムを取り入れることにより，最適規模の行政システムをつくり上げることにある（大住 2002）。

　本章は準市場に焦点を当てて，高齢者福祉の市場化の構造と課題について，準市場（quasi-market）の理論的検討，契約レジームの検証，介護事業の実態分析，準市場ツールの分析としてのコミッショニングの検討を行う。

1　準市場の理論的検討

1．準市場の概念規定

　文献考察として，準市場の定義の検討から始めたい。公共システムに市場メカニズムを導入し，資源の効率的，効果的な配分を行うシステムは，先にも触れたように，準市場と呼ばれている。バートレット（Bartlett 1991）は以下のように準市場を定義している。

　　　一般的には，準市場革命は国家財政を福祉サービスの国家供給から分離するプロセス，ならびに民間の機関の間でのサービス供給における競争の導入を意味している。このような機関は民間所有の場合もあれば公的所有の場合もあるだろう。営利機関もあれば，非営利機関もあり得る。しかし，それらはもはや排他的な公的コントロールの下に置かれることはない。当該機関はサービス提供のシステムを運営する。それらのシステムは

国家が設定した規制と財源の枠組みの中での民間営利,民間非営利,または公的な事業者の間での公共選択と競争の拡大を含んでいる.

(Bartlett 1991：2)

バートレットの論点を踏まえて準市場の構成要素をまとめると,①国家が財源調達を行い,②行政部局がサービスの購入者と供給者に分離され,③サービス供給において事業者の間で競争がつくり出され,④行政が財源調達およびサービス調達の双方で責任を負うことになる.

では,準市場が利用者にどのような利益をもたらすのだろうか.この点に関連して,準市場が純粋な市場と異なる点を整理する必要がある.英国の脈絡で検討する限り,主な相違点として,①社会福祉の事業者は地方自治体のコミッショニングの枠組みに準拠して事業展開をすること,②消費者はサービス購入の決定者であるとは限らず,むしろ購入者は国家の代理人たる地方自治体であること,③市場化に伴うリスクを回避するために,プランニングおよびコミッショニングという調整機能が働くという3点を挙げることができる.ここから指摘できるのは,準市場では契約文化の奨励とともに規制行政が実施されるという二元的な側面である.なお,コミッショニングは,「委託による計画的調達」という意味で,日本で使われた「措置委託」とは異なり,地方自治体の戦略的なスタンスが貫かれる.[1]

次なる疑問は,準市場のメリットは何かということである.それはサービス供給において応答的な対応となり,選択肢が拡充することで,制度の効率性,効果性の改善がもたらされるという想定である.そこには,準市場の運営者が一定の条件を克服する必要があろう.その条件とは,ルグランら(Le Grand and Bartlett 1993；Le Grand 2003)が述べているように,競争的市場が確実に存在すること,つまり参入と退出の機会があり,利用者にとって有益な情報が市場で伝えられているという状態を保障することである.付言すれば,取引費用(transaction cost)が低く,[2]クリームスキミング(cream skimming)が制限され,[3]適切な動機づけや誘因を含んだ市場要素が機能することが基本条件になる.

この点について,ルグランとバートレット(Le Grand and Bartlett 1993)は,英国の医療や福祉において,購入者は顧客のウェルビーイング(wellbeing)の改善を動機にしており,一方,供給者は金銭的誘因に動機があることを指摘し

ている。そうであるならば，英国の準市場は公的関与の強い特性を持つものと解することができる。また，社会的に弱い立場の者を保護する意味で，公平性の原理の下でサービスが生産されていることも考察の課題となる。これは後段で検証する。

このような基本的な疑問を提示しつつ，準市場でどのように競争が生じるのかをみていきたい。この点に関連して，「コンテスタビリティ（競争可能性）」という考えがある。これはボウモル（Baumol, W.J.）の想起した概念である。コンテスタビリティとは，事業の参入が容易で，起業して利益を得る機会をうかがう参入者が潜在的に多く存在する市場を意味する。このコンテスタビリティが完全に存在するには，市場への参入と退出の障壁はなく，事業者と顧客の双方が十分な情報を持っていることが条件となる（ボウモル 2010：199-200）。

ただし，ハム（Ham, C.）は，医療の分野においては，専門性が高くかつ希少なサービスでは競争は生じにくく，サービスの価格設定で公的当局が介入する場合，市場の参入に大きな影響が生じると述べている[4]。ハムはコンテスタビリティには協調や調整が重視されることも指摘している（Ham 1996）。

2．準市場への慎重論

行政が市場志向の政策を選択する目的は，繰り返しになるが，消費者の選択肢を広げ，サービス生産における経済効率と応答性を改善することである。したがって準市場で求められる基本的な基準は，それが行政直営方式よりも効率的に作用することになる。効率性の達成と取引費用の少なさは技術効率につながり，引いては公共セクターの役割や配分効率に当てはまることになろう。

では，効率性の基準とは何か。効率性を測定するにはどの程度の期間を設けることが適切だろうか。この点について，カトラーとウェイン（Cutler, T. and Waine, B.）は，効率性はインプット―アウトプットの関係で捉えられるが，医療，社会的ケア，高等教育で効率性を測定するには問題があると述べている。公共サービスでのインプットは管理コスト，取引コスト，労働コストは高くつき，一方，アウトプットは様々なものがあり，例えば医療では，平均余命，生命を脅かすほどではない疾病の削減など一律に定義できないことを指摘している（Cutler and Waine 1994：55-56）。

サービスに対する効率性の基準は一概には有効なものとはならないという批判もあり，効率性の基準が中立的で客観的なものとはならないとする見解もある。例えばポリー・トインビー『ハードワーク』(2005)で指摘されているように，ケアワーカーを少人数に抑え，低賃金で雇うことによって経営効率を上げることは介護の質を危うくする行為になる。

準市場を評価する際には，公共サービスを市場化する際に要するコストを分析し，必要となるコストが結果的に費用効果的であったかを検証する必要がある。しかし，取引コストと同様に準市場の創設に伴う間接コストを実際に識別することは，技術的に困難であるかもしれない。さらには，準市場での効率性は狭義に理解される傾向があるかもしれない。

このように考察を進めていくと，最終的に準市場がもたらす便益を決めるのは，制度の効率性の達成であろう。効率性を評価する際に，資源を浪費する活動を認めるわけにはいかない。供給者の活動がサービスの質と量に要するコストを最小限に抑制しようとするならば，それは経営効率的であるかもしれない。しかしここで重要なのは，制度の効率性とは単にサービス供給のコスト総額を最小限にすることではない。それは費用対効果に基づいたインプットとアウトプットの関係から判断して，費用に見合った効果が得られることを意味する。それを見極めるには，取引費用が高くないことを確認する必要がある。準市場に当てはめると，サービスのモニタリングや制度の管理を含む委託契約，競争入札のプロセスから生じる間接費用が適切な規模であることを確認すべきであろう。

2 ルグランの「選択と競争モデル」

1. 準市場の「選択と競争モデル」

準市場の概念は，「市場の失敗」と「政府の失敗」を乗り越える，公共サービスの改革を支える政策理念に基づいてルグラン (Le Grand, J.) によって発展していった。その考え方は「選択と競争モデル」の優位性にある。以下で，ルグランの著書『準市場　もう一つの見えざる手』(2010) を手がかりにして，準市場論を検討してみたい。

ルグランは以下のように述べている。

> 供給者間の競争と組み合された利用者の選択に依拠した公共サービス提供モデルは，他の選択肢と比べて，利用者の自律性，サービスの質，効率性，応答性，公平性をより高めることができる。　　（ルグラン 2010：42）

> 選択と競争を結びつけることによって，供給者に対して，質の高い応答的なサービス，すなわち利用者を尊重し，効率的で公平な形でなされるサービスを提供する適切な誘因を与えることができる。
> 　　（ルグラン 2010：55）

ルグランは，良い公共サービスを構成する基本的特徴とは，質，効率性，応答性とアカウンタビリティ，公平性，トレード・オフの5つであると指摘する。良い公共サービスは利用者のニーズと欲求に即応するサービスを指すが，多くの国々において利用者のニーズに応えるものになっていない。ルグランの表現では，利用者は「歩（pawn）」ではなく，「クイーン（queen）」として扱われる必要があるという。

続いてルグランの準市場論を説明すると，彼は公共サービスの供給において，4つのモデルを想定している。4つとは，「信頼」，「数値目標・業績管理（targets and performance management）」，「発言」，「選択と競争」である。

「信頼モデル」では，公共サービスに従事する専門職者や職員は良い公共サービスを提供する担い手として社会から信頼される。その担い手は，その態度が利他的であるがゆえに「騎士（knight）」としてみなされる。ただし現実には，騎士としての動機と利己的な「悪党（knave）」としての動機を併せ持つため，この一般論は正しくない。

「数値目標・業績管理モデル（または命令・統制モデル）」では，病院や学校などの公共サービスを提供する組織は数値目標を掲げて，その実現を目指して経営努力する。ただし，その結果はその成否に応じて信賞必罰が待ち受ける。

「発言モデル」では，利用者が供給者との何らかの直接的なコミュニケーションを通じて不満を表明できる。声を出す消費者が市場で権利を主張できるという消費者主義を評価する。

「選択と競争モデル」では，他の選択肢と比べて，利用者の自律性，サービスの質，効率性，応答性，公平性をより高めることができる。利用者が公共

サービスを選択できることが基本となり，この場合の選択とは，利用者に公共サービスの選択が用意されていることを意味する。また競争とは，公共サービスの供給者が複数存在し，利用者を獲得するために競争があることを意味する。

以上から，準市場は選択と競争という誘因との関連で説明できるという。準市場は，複数のサービス供給者が顧客を獲得するために競争している状態を基礎要件とし，同時に，サービスの支払いは国家によってなされる。この点で，純粋な市場と決定的に異なってくる。

ルグランは，準市場が財政の再分配原理を機能させることで国民に平等な仕組みを提供することも付言している。選択と競争という要素があるとはいえ，準市場の仕組みは貧しい人々のニーズを満たせるように配慮し，公共サービスの供給者を公平性に向けて方向づけることが可能であるという。準市場が成立する条件とは，容易な新規参入，可能な退出，政府の干渉を受けない関係者の意思決定，低所得者対策（通学費・通院費の補助），クリームスキミングの排除ということになる。

2．ルグラン準市場論の批判的検討―福祉の視点から

ルグランの準市場論の妥当性について，高齢者ケアの分野で検証してみたい。

1990年代のコミュニティケア改革は社会的ケアの市場化を発展させる契機となり，地方自治体はサービス供給を自由化した。1992年の成人委員会（Adult Commission）は，準市場がサービスの選択，柔軟性，応答性，ケアの質，コストの効率性を高めるものと想定した。以来，一般にも，多様な選択がサービスの質を改善すると考えられている。1992年の成人委員会では，実際にコミュニティケア改革以降，選択と競争は生じたのだろうか。

この時期以降，社会的ケアは混合経済の下で供給され，民間営利セクターが圧倒的に優位な立場に移行した。一方，地方自治体はサービスを直接的に供給するよりは，介護市場を地域で形成し，その市場を管理する役割に転じている。

では，ルグランの描くように，準市場では競争と選択モデルは利用者にメ

リットをもたらすことは可能だろうか。サービスの選択がどの程度保障されるのかという課題について，介護施設に関するフォーダー（Forder, J.）らの研究成果を参考にしてみたい。フォーダーらの研究の結論は以下の通りである。

- 全国レベルでは介護施設の市場における競争力は高い。一方，地方では競争的ではない。
- 介護施設の市場集中度は過去20年間で著しく進行しているが，他の産業と比較すれば低い。大手の事業者が施設やベッド数を増加させており，市場集中度からすれば競争力は高い。
- 介護施設市場における参入・撤退の障壁は低い。スケールメリットは働いているが，地方ではその規模は相対的に小さく，ブランド構築の機会も限界がある。
- 価格競争では，入居料金が競争の影響を受けており，競争が増すのに伴い低価格になっている。施設閉鎖は低料金に起因し，しかも単独の小規模事業所に集中している。
- 競争と介護の質の関係では，CQCの査察による格付けと空床率の間に関連性はない。介護施設は質よりも価格で競争している。
- 営利よりも非営利の事業で介護の質は高い。ただし非営利の組織が財源で苦しくなると，激しい競争が経営者に利益最大化を選択させるようになり，質の水準の低下を招く可能性がある。　　　　　　　（Forder and Allan 2011）

フォーダーらの研究結果を要約すると，競争の状態は一定程度認められるものの地域差がある。競争が生じている地域では価格競争が認められ，介護の質の保証は自治体から購入される財源レベルと関係する。介護分野において，競争と選択モデルを検証すると，選択は財政状況，高齢者のニーズに左右されるが，明らかに財政的制約は負の要因になると考えられる。

3　コミッショニングと契約

1．ケンドールとナップらによるコミッショニングの分析

理論的アプローチとしてもうひとつの見解がある。ケンドール（Kendall, J.）とナップ（Knapp, M.）らは，社会的ケアにおける準市場の構造を理論的に解明

しようとしている。特に準市場への参入誘因に着目検証している。その視点は事業者のモチベーション，コミッショニング，契約の形態に置かれており，準市場を本質的に解き明かそうとするものである（Kendall et al. 2002）。

注目されるのは，マクロ，メゾ，ミクロの次元で社会的ケアのシステムや施設ケアの供給を分析している点である。
- マクロレベルでは，国と地方の政治経済が地域市場の規模や範囲を決定する。
- メゾレベルでは，契約レジームが地方自治体または公的な購入者の介入を通じて供給者とのフィードバック，承認，信頼の環境をつくり出す。
- ミクロレベルでは，事業者は自治体の要求に応じながら，準市場への参入や参入後の方針を決めていく[5]。

次に，ケンドールとナップらは社会的ケア市場において，「生産市場」，「要素市場（factor market）」が機能する点に着目している。社会的ケアの市場ではサービス供給が要素市場に依存するという[6]。これは物理的資本，有償労働やヴォランティアが要素市場を形成し，ケアの供給へと結びつくことを意味する。また，賃金水準は地元の他の産業の賃金水準と競合する。さらには，社会的ケア市場で達成する成果は，諸アクターの活動に依存し，特に支配的なアクターは幅広い法的責任と権限を持っている地方自治体である。

さらにケンドールとナップらは，社会的ケア市場での外縁的な関係にも着目している。社会的ケア市場が市民社会やソーシャル・キャピタルと関係する。筆者の解釈では，市民社会との関係性を持ち出すのは，競争が一般的には市場の失敗を生じさせると判断しているからであろう。市場がもたらす弊害を抑えるには，単に売り手と買い手という市場の関係に任せるのではなく，購入者と事業者との間で協働的なシステムをつくり出す必要がある。とりわけ社会的ケアや医療ケアの分野においては，公正で安定的なサービス供給のシステムが求められる。過度な市場化を抑制し，また過度な官僚制を制限するには，市民社会の役割が不可欠となる。行政やその関連機関と市民社会が市場のプレーヤーに対して批判的協力関係を持つことが，社会的ケア市場の発展性をもたらすものと考えられる。そこではソーシャル・キャピタルも欠かせない要素となる。

彼らの論点は，社会的ケア市場において地方自治体が重要なキープレーヤー

図 5-1　ナップらによる社会的ケアの準市場の構造

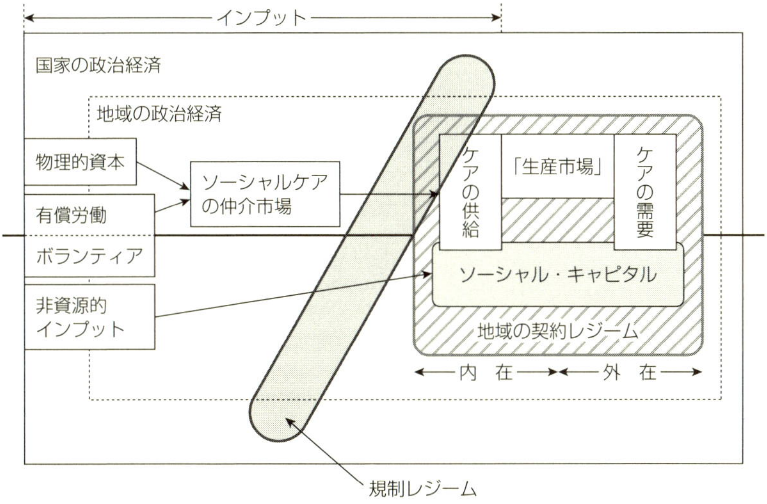

出典：Kendall et al. 2002：7

とみていることである。市場の操作において，地方自治体はアクター間の意思疎通を促進し，事業者と共同で利用者に情報を伝え，ケアとサポートの輪を広げようとする。

　コミュニティケア改革の実施時期から，「信頼」というキーワードが関係者でよく使われ，購入者と供給者の信頼関係や相互理解が重視されてきた。後のコミッショニングの説明でわかるように，この信頼関係を通じて，介護事業者はコスト，価格，利潤，参入を判断し，また市場からの退出，投資，サービスの多様化に関する方針を決定する。ソーシャル・キャピタルも重要な要素である。それは非資源的インプット（non-resource input）として派生し，社会福祉の生産に影響を与えることになる。

　ここで，ケンドールとナップらによる社会的ケアの準市場概念について若干のコメントをしてみたい。**図 5-1** をみると，社会的ケア市場における様々なアクターの位相がわかる。ただしそこでは，政治組織としての国家と経済制度としての市場が一律に位置づけられている。彼らの分析では，市場における私的ビジネスとヴォランタリー（非営利）組織の区別があまり強調されておら

ず，競争を原理とする市場に対して協力を原理とする市民社会の分野との関係性は幾分曖昧である。非営利組織が持つ公共機能の捉え方次第では，社会的ケア市場もその内容が変わってこよう。

2．競争と規制の調整システムとしてのコミッショニング

準市場における行政の役割は，住民のニーズを把握し，それに対応する形で供給者を募集し，費用負担の視点に立ってニーズと供給のバランスを図ることである。行政は条件整備者（enabler），コミッショナー（commissioner），購入者として位置づけることができ，英国の市場化は「コミッショニング型」という特徴を持つ（山本 2003）。

コミッショニングのねらいは市場化を円滑に機能させることであり，管理された競争状態を生み出すことにある。ブレア政権時代においては，市場化に伴うマイナス面を是正するために，コミッショニング機能を強化した。中央政府はサービス計画およびコミッショニングが信頼と安定を増すと考える一方で，地方自治体は国の要請を受けてサービスの質を保証し，同時に費用対効果をあげようとしていた。コミッショニングはまさに社会的ケアの準市場を機能させる道具となっている。

では，費用と効果の関係はどのように評価されるのだろうか。費用効果性については，社会サービス査察庁（Social Services Inspectorate）と監査委員会（Audit Commission）が地方の業績評価を点検してきた。かつてコミッショニングはベストバリューを通じて費用対効果が国から監視されていたのである[7]。ブレア政権は自治体改革を重要な政策課題とし，「地方政府の現代化」を掲げて多くの改革を断行した。例えば2000年地方自治法は，ウェルビーイングを促進させる権限を地方自治体に与えて，ステークホルダーの要望への応答力を強化させている。特に地方自治体に住民との協議を義務づけており，地方自治体の民主的な対応を促している点が重要である。

準市場の費用負担の仕組みをみてみると，まず地方自治体は供給者である介護事業者に対してユニットコストに基づいたサービス調達を委託する。独立セクターの事業者は自治体当局と交渉を持ち，条件を受け入れると判断した場合に契約をかわす（ACEVO 2014）。

特にコミッショニングの実務的な工程は，政府と地方自治体が介護サービスを計画的に確保するものであり，法的な過程を通じて行われる。事業者には入札への参加を求めるが，対象となる業務やサービス契約を締結する法的義務は厳格である。ただし，事業者が契約の対象範囲から離れて，別のサービス枠組みを設けることは可能である。コミッショニングの下では，契約期間において事業者は経営を保障され，業務の対象が設定される（ACEVO 2014）。

コミッショニングの規則は，「調達契約規則（2006年）（Procurement Contracts Regulations 2006）」で定められて，イングランド，ウェールズ，北アイルランドで適用されている。入札を行う規則は，パートＡとパートＢに分けられており，パートＢが医療ケア，教育，レクリエーション，文化的およびスポーツ・サービスを対象にしている。地方自治体は，入札を実施する際に以下の基準を遵守する[9]。

1．平等な待遇（Equal Treatment）
2．差別のない対応（Non-discrimination）
3．相互の承認（Mutual Recognition）
4．均衡ある仕組み（Proportionality）
5．透明性（Transparency）

単純に費用面で契約の諾否が決まることもある。コストで融通のきく事業者は，最も安い提示価格で契約を勝ち取ることは可能である。ただし，コミッショニングはそのような単純なものではなく，入札では費用とステークホルダーとの「関係性（relationship）」が問われる。「関係性」とは主に行政と事業者のことを指し，地元の事業者は入札前に地方自治体と面談をする。入札応募者は地方自治体とうまくコミュニケーションをはかる必要があり，特に自治体戦略に応じる経営スタンスが必要になる。つまり，「関係性」とは国の政策の変化に対応し，地方自治体が目指す対策にも適応できることを意味するのである。

他には，事前資格，入札時での面談とプレゼンテーション，交渉が予定されている。費用はフル・コスト・リカバリー（full cost recovery）の原則に従って，運営諸経費に見合う適切な額が提示される建前になっている。介護事業者が契約を獲得するには，価格競争で優位性を保つとともに，間接費・人件費の

バランスをとる必要がある。

次の段階として，サービス・レベル協定を結ぶ。これはサービス供給者と利用者との間で交渉される協定で，サービスに関する共通の認識を記し，優先事項，責任性，ケアの質を保証する旨を記録する。続いて提供するサービスのレベルを明らかにし，利便性，実績，事業運営，請求書作成などの項目を盛り込む。

介護の準市場では公共的な目的が追求されるために，事業者が十分な利益を確保する動機づけは制限されてくる。ユニットコストは抑制的に設定されることから，介護の質を保証することと相反してくる。極端にユニットコストが低く提示された場合，それは介護市場全体を不安定化させ，事業者に市場からの退出を誘発し，引いては民間事業の育成を阻害することになる。サービスの短時間利用の契約や購入価格の値引き交渉は，地方自治体が近視眼的に走っているとの批判を生み出している。購入価格を引き上げるとともに，先行投資の形態や新たなサービス開発に向けて事業者にインセンティブ・報酬を与えることが重要な政策課題になる。

社会的ケアの分野では，コミッショニングはクライアント（障がい者，薬物乱用，精神保健）別に組織されており，分野別のコミッショナーが存在する。それはニーズと資源を取り結ぶことを目的にして，主に戦略と計画を担当している。

3．社会サービス査察庁と監査委員会によるコミッショニングの分析

社会サービス査察庁と監査委員会報告書『収支の合わせ方（*Making Ends Meet*)』(Social Services Inspectorate and Audit Commission 2004) によれば，コミッショニングの主要な要素は以下の通りで，図5-2はその流れを示している。

①サービス改善のためのヴィジョンと責任
②利用者とケアラーのニーズや希望との結びつけ
③利用可能なすべての資源の効果的な活用
④需要と供給の把握
⑤財政計画とサービス計画の結びつけ
⑥様々な関係の構築とパートナーシップの円滑化

図5-2 コミッショニングのフレームワーク

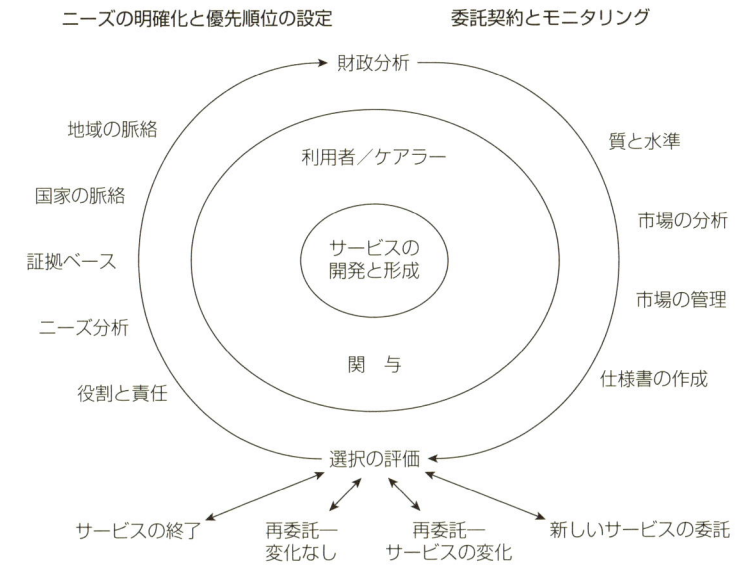

ニーズの明確化と優先順位の設定　　　　委託契約とモニタリング

　　　　　　　　　　　財政分析
　地域の脈絡　　　　　　　　　　　　　質と水準
　　　　　　　　利用者／ケアラー
　国家の脈絡　　　　　　　　　　　　　市場の分析
　　　　　　　　サービスの
　証拠ベース　　　開発と形成　　　　　市場の管理

　ニーズ分析　　　　　関　与
　　　　　　　　　　　　　　　　　　　仕様書の作成
　役割と責任
　　　　　　　　　　選択の評価

サービスの終了　再委託—　　再委託—　　新しいサービスの委託
　　　　　　　　変化なし　　サービスの変化

資料：Worcestershire County Council
出典：Social Services Inspectorate and Audit Commission 2004：8

　さらに同報告書から，コミッショニングは社会契約の一部をなすという考え方を読み取ることができる。その態勢には多くのステークホルダーが参画することを想定している。参加メンバーとしては，地方議員，関係部署のマネージャーやスタッフ，利用者と介護者，行政および独立セクターのサービス事業者が関与する。地方議員や審査委員会（scrutiny committee）が重要な役割を担うが，議員は審査委員会の一員でもあり，戦略的優先順位について意見や勧告を表明し，組織の能力をチェックし，業績をベンチマークする。地方議員や審査委員会は内部および外部の調査や会計監査・調査報告書に基づいて助言する。地域の介護システムを構築する際，幅広い参加者の合意を追求する取り決めは，民主主義を重んじる英国ならではの発想と言える。以上から明らかになるのは，国家的な政策と地方で決定される優先順位をつなぎあわせることにより，戦略的プロセスが形成されていることである。
　ここで日本の状況と比較してみたい。日本の介護保険制度では事業者を決め

る際に選定委員会が開催されるが，国・都道府県・市が決める事項がそれぞれある。規制の基本は国が定めるが，地方自治体でもその規制を変更できる。これは2012年の地方分権法に基づくもので，地方自治体は指定権限を持つこととなった。また施設・居住系において，総量規制がある。事業者指定基準では，地域密着型サービスは地元の事業者のみとなっており，事業所の監査は都道府県が行う。市でも監査は実施しており，主な項目は人員，体制，資格で，基準を違反した者は事業者取り消しとなる。

4　介護事業者の実態とその考察

1．介護事業者の経営

　英国の議論に戻り，介護の現場レベルでの分析に考察を進めたい。介護の準市場において，民間の事業者にはどの程度の利益を見込めるのかを把握してみたい。言い換えれば，準市場に参入する誘因や，準市場にとどまる誘因がどのように作用するのかを見極めることが準市場の鍵となる。本来，準市場の根拠は効率性の追求にあり，投入する予算を抑制しながら効果を発揮させるはずである。一方，予算の決定は国や地方自治体の政治事項であり，予算の増減は準市場でのサービス購入の費用，引いては自治体と事業者との契約形態に影響を及ぼすことになる。このような問題意識を踏まえて，契約レジームの下での事業者の実態を検証することにしたい。

　社会的ケアの種類は，施設ケア，看護付き施設ケア，在宅ケア，補助付き在宅生活，パーソナルアシスタント等がある。その特徴は多元的なケアの提供者が存在することであり，多国籍企業から地元零細事業者まで様々な組織がある。スキルズ・フォー・ケアの調べ（2013年報告）では，2万2,100の社会的ケアの供給者，4万9,700の施設がある。登録施設は1万2,500か所で，185万人の雇用が想定されているものの，163万人が従事しているのが実態で，職員不足の状態にある。民間企業セクターが供給システムをほとんどカバーしている。利用者個人が雇用するパーソナルアシスタントは，障がいの分野で多い（図5-3）[10]。

　フォーダーらによれば，高齢者のケアホームの約90％は独立セクター（inde-

図5-3 医療ケアと社会的ケアの供給者数

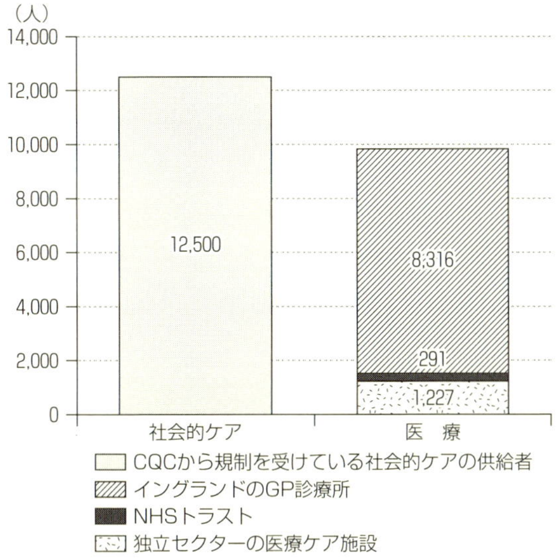

(人)
- 社会的ケア: 12,500（CQCから規制を受けている社会的ケアの供給者）
- 医療: 8,316（イングランドのGP診療所）, 291（NHSトラスト）, 1,227（独立セクターの医療ケア施設）

凡例：
- CQCから規制を受けている社会的ケアの供給者
- イングランドのGP診療所
- NHSトラスト
- 独立セクターの医療ケア施設

出典：Skills for Care 2013：8

pendent sector) により提供されている。独立セクターは非営利機関や民間企業の双方を指すが，イングランドの場合では，サービスの供給の5分の3は独立セクターと契約して，サービスを供給している。残りの5分の2は，一定の所得基準（最低2万3,250ポンドの資産）を超える者は自己負担(セルフファンド)するという形で民間からサービスを購入している（Forder and Allan 2011：3）。原則として，介護施設では価格の規制はない。**表5-1**は，過去20年間におけるナーシングホームの1週間の平均的な料金を示している。価格は2010年4月に発表されたものである。

1993年では，在宅サービスのわずか5％が独立セクターによって提供されていたが，2011年になると81％にまで上昇している。英国における長期的ケアは，その大部分が市場において供給されていることになる。市場原理の活用は，1980年代～90年代の保守派（New Right）の政策から始まったもので，この時期から多くの地方自治体は社会的ケアの供給を外部委託する決定を行ってきた。委託化の動きには批判はあまり起こらなかった。その理由は，公的財源

表 5-1　英国の介護施設における1週間の平均的料金 （2010年4月の料金価格）

(単位：ポンド)

部屋の形態		1988年5月	2000/01年	2005/06年	2008/09年	2010/11年
レジデンシャルホーム	個室	301	350	462	499	502
	共同部屋	277	330	423	442	447
	平均	288	345	455	492	498
ナーシングホーム	個室	447	493	666	708	698
	共同部屋	387	457	583	613	612
	平均	412	484	653	696	693

出所：Forder and Allan 2011：8

に支えられた長期的ケアは医療ケアと区別され，地方自治体の責任とされてきたが，コミュニティケア改革を機に地方自治体はコストを抑える手段として市場化を決断したからである。

　イングランドに限定してみても1万以上の介護施設がある。そこには巨大な介護産業が存在し，市場化の浸透がみられる。ただし，市場の規模はかなり地域に特化した状態である。また独立セクターの供給者は，規模において大きな差異があることにも注目すべきである。保健省リポート「成人社会的ケアにおける市場概観」によれば，施設ケア，在宅ケアともに最大規模の供給者は大手の投資グループの支援を受けた企業である。トップ10の企業がホームケア市場の20％，トップ20の企業が28％を占めている。実に介護ベッドの43％は，わずか3つの企業によって供給されているのである。在宅ケアでは，トップ10による大手の企業がイングランドの市場の16.5％を占めている。国の権限委譲や民営化が介護の分野にも新しいビジネスチャンスをもたらしているのである。

　ここに奇妙な現象がある。小規模施設が閉鎖される一方，大企業が全国各地で介護ビジネスに参入しており，規模の経済を活かして大きな利益を上げている。レーン（Laing, W.）とビュイッソン社（2003a）による2003年3月時点の調査では，営利系ナーシングホームのコストは平均で週455ポンド，営利系レジデンシャルホームでは週329ポンドとなっていた。[11]

　総じて介護事業者は購入側である社会福祉部の意向に左右され，実勢のコストを反映しない賃金が提示されることがある。しかるに，事業者側は認知症な

どの要介護の施設利用者に便宜を図るようになっており，行政による低いコストの提示は事業者を運営面で苦境に追い込むことになっている。
　施設コストの伸び悩みについて，報告者のレーンは以下のように述べている。

　　2005年以降介護施設の需要増が予測されており，介護施設の数とその定員の恒常的な減少が重大な懸念の種となっている。介護施設定員に対する新規投資はなされず，消費者の選択は脅かされている。政府は退院促進の目標を達成するのは困難と認識しており，したがって地方自治体は2004年1月から徴収される「罰金」を回避するために正面から取り組まなければならないであろう。　　　　　　　　　　　　　　　　（Laing and Buisson 2003b）

　契約レジームでは一括購入方式をとることが多いが，これには論争がある。地方自治体はコストを減らそうとする圧力がかかり，「15分間の在宅訪問サービス」が問題になってきた。これは15分間という短時間にサービス時間を切り詰めて，コストカットをねらうものである。自治体担当者は，コミッショニングとケアの質とのジレンマを常に抱えている[12]。

2．介護施設の倒産

　最近介護施設の閉鎖という問題があり，小規模施設の中には撤退する事業者も多い。2003年4月までの15か月間で，独立セクター（民間およびヴォランタリー）の施設において1万1,800か所が閉鎖されていた。施設閉鎖による定員の減少は，その時期における独立セクター定員の2.7％に相当する。最も大きな定員の減少は，イングランドの南西部で4.8％であった（Laing and Buisson 2003b）。その結果，施設不足に悩むところは増え続けており，このことは南部に限定されてはいない。なお，定員充足率については，2003年3月時点で民間営利施設が92.3％，二重の登録施設が87.7％となっていた。
　一部の高齢者施設はまさに経営危機に直面している。上記の施設閉鎖の理由は，地方自治体が多額の費用を要する施設ケアに予算を投ずることに消極的になっているからである。最近になっても，介護市場は2011年4月の時点で，114の施設が閉鎖するという不安定さを露呈している。前年度は182件の閉鎖があったが，2011年4月には133の新規施設が登録されている。自治体財政の縮

減があるだけに，閉鎖の数は高止まりしており，大手事業者は合併を推進していくと予想されている。

介護施設サザンクロス（Southern Cross）の閉鎖が社会問題となった。この企業は750のケアホームを運営し，3万7,000人以上のベッドを提供し，4万1,000人の職員を雇用していた最大手であった。サザンクロスはケアホームの9％を所有していたが，地理的には大きな偏在をもたらしていた。北東部で，サザンクロスはケアホームの30％を占めていたのである。このことは，巨大な事業者が地域独占を生み出し，利用者からは選択を認められない事態を生み出していた。この施設の閉鎖後は，ベッドの大部分が他の事業者に転売されたが，介護施設の倒産は利用者に不安心理をかき立てる。社会的ケアにおける地域市場（local market）の安定化は重要な課題である。複数の自治体にまたがる広範囲に位置する大手の施設が閉鎖されるとなれば，中央政府の支援策が必要になる。施設の地域的偏在は全国的な見地から検討する必要がある。

市場化のもたらす影響について，ケアの質やコストに注意を向けられることはなかった。地方の労働市場への影響にも注目が集まることはなかった。利用者にとって重要なことは，自分が住む地域で何が利用できるのかというケアの資源と，何よりもサービスを受ける権利である。

3．2014年介護法と介護事業

2014年には，社会的ケアの政策が2014年介護法（the Care Act 2014）で集大成された。契約レジームに関連しては，同法の主な項目は以下の通りである。

【体系の要はウェルビーイングの原則】

この原則は法律の枠組み全体を支えるもので，社会的ケアのすべての機能が個人に関連して発揮されるものとして位置づけている。従来のサービスの利用権から，ニーズを充足する義務および権限へと移行させるという"ニーズ主導主義"を表明している。

【予　防】

ニーズを縮小し，その発生を遅らせることを政策目標にしている。その方策は，普遍的な義務として，サービスを受けていない者とそのケアラーを平等に扱い，1次，2次，3次予防の実施を強化することである。また，戦略的アプ

ローチにおけるパートナーとして非営利セクターに言及している。なお，予防への料金を課すとしており，上限を設けるものの，特定のものは無料供給とする。

【市場の形成とコミッショニング】

第1に，コミッショニングではアウトカムに焦点を当て，ウェルビーイングを促進するとしている。筆者としては，このアウトカムがどのような内容を持つものなのか，費用効果性・費用効率性をより追求したものなのかが気になる。

第2に，質と持続可能性を推進できるように選択の幅を広げるとしている。この点についても質の向上をどのような方法で達成するのか，CQCの機能を強化することを意味するのかは明らかではない。そして選択についても，どのような方法で選択を拡充するのかが問われる。

第3に，労働力の開発と給与を重視するとしている。同様に，どのようにケアワーカーを優遇するのか，どのように市場の枠内で給与改善を図るのか，公的予算をどのように増やすのか，今後の政策の詰めが必要となろう。この項目は，市場化とその管理という意味で特に注目される。

【事業破綻の処理】

経営破綻が生じた際に，「代替することが困難」なケースが想定される。継続的なサービス利用のために，財務的健全性に対する新しいCQCの監視レジームをつくり出すとしている。この規制は，どの供給者がそのレジームに入るのかを定める基準を示している。

5 準市場をめぐる議論の整理

準市場論を整理するために，介護の準市場の構造を**図5-4**のように単純化してみたい。準市場の構造では上部構造と下部構造の2層が形成され，上部構造では，政府や地方自治体が準市場の規模とその財源を政治的レベルで決定する。これに対し，下部構造は公共圏域と市場圏域が購入者/供給者として混じり合い，サービスの調達とケアの質を保証しようとする。

詳述すると，下部構造は公共分野と市場分野とのインターフェイスを形成す

図 5-4　準市場の構造

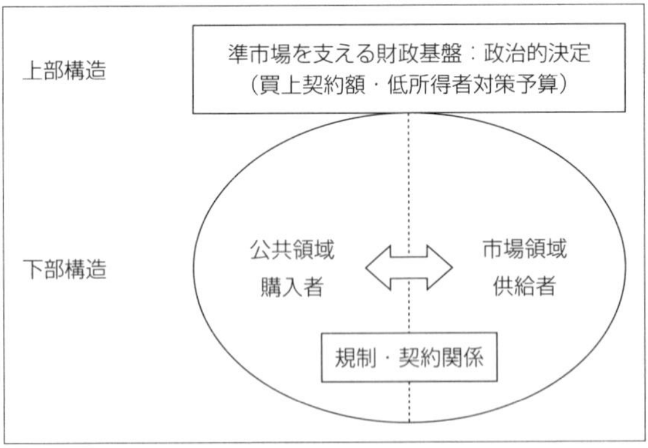

```
上部構造     ┌─────────────────────────────┐
             │  準市場を支える財政基盤：政治的決定  │
             │   （買上契約額・低所得者対策予算）   │
             └─────────────────────────────┘
                    ╱─────────────╲
                   ╱               ╲
下部構造         ╱  公共領域  ⇔  市場領域  ╲
                 ╲  購入者       供給者   ╱
                  ╲    ┌─────────┐    ╱
                   ╲   │規制・契約関係│   ╱
                    ╲──└─────────┘──╱
```

（筆者作成）

る。公共分野では主に購入が役割となり，市場分野では競争的な供給が展開される。両者を規定するのは規制と契約のレジームである。問題となるのは上部構造で，準市場を支える財政基盤をなし，政治の場で契約額，低所得者対策の予算を決定する。図 5-4 は，政治的意思決定が準市場の変数となる。専門機関が介護サービスの最低水準を満たしていると判断した場合，購入者である公的機関は価格に関心を寄せる。これに対し介護事業者は利益確保のためにスケールメリットを活かそうとし，その結果供給組織の規模は大きくなると考えられる。結論として指摘できるのは，上部構造の財政基盤が鍵を握るということである。

地方自治体がサービスを民間に委託する際，ヴォランタリー組織と行政がネットワークを結び，新たな公共性を発揮する分野は社会福祉では大きい。その分野に，マクロ的な表現になるが，自己調整的市場（self-regulating market）と呼べるような社会の対抗物としての非経済的ネットワークが成り立つはずである。市民社会が経済システムを制御し，マルチ・ステークホルダー・モデルを構築する姿がみえてくる。市民の連帯と協働が，政治組織としての国家，経済制度としての市場の作用と機能を制御する意義が留意されるべきである。

2010 年発足の保守党政治は緊縮を断行しており，社会福祉において財源不足が顕著となっている。とりわけ地方自治体の大きな収入源である，中央から交

付されるフォーミュラ・グラント（formula grant）の削減が大きな痛手となっている。緊縮財政にある地方自治体は購入費の増額を賄う財源を持っておらず，委託費の少なさが介護現場を苦しめている。その結果，民間施設のなかには地方自治体との契約を断るところも現れている。また，何らかの代替ケアを講ずる対策が第一線のソーシャルワーカーに求められている。

　今後安定的な運営を進めるには，地方自治体は短期契約あるいはスポット契約を差し控えて，ブロック契約に切り替えていく必要がある[13]。中期的な計画を策定してサービスの購入予定量をステークホルダーに示し，先行投資形態や新たなサービス開発に向けて事業者にインセンティブ・報酬を与えるのも1つの方策となろう。そして長期的には，公平性という広い視野に立った行政評価を厳格に実施していく必要がある。

【小　括】

　本章の要点をまとめると以下の通りとなる。

　第1に，準市場の成否は効率性の達成に関わるが，効率性を評価するには外部委託に要するコストを分析し，全体として費用効果的であったかどうかを検証する必要がある。

　第2に，英国の準市場はコミッショニング型という特徴を持ち，競争の促進と規制の両面を併せ持っている。コミッショニングの態勢に多くのステークホルダーを参画させ，そこに地域の意思決定の場をつくる必要がある。

　第3に，市場化において国と地方の財政関係が作用している。国の政治経済が上部構造に位置し，地方の政治経済が地域の介護市場を規定している。コミッショニングおよび契約レジームにおいて支配的なアクターは地方自治体であり，公的責任と権限を持っている。準市場の運営責任の大きさから判断すると，意思決定の分権化が必要になる。

　第4に，ユニットコストという公定価格の設定がサービスの供給に影響を及ぼしており，地方自治体がブロック契約あるいはスポット契約のいずれを採用するかにより介護の質が左右される。施設経営の面では，地方自治体が施設ケアへの予算を抑制するために事業者は経営困難に直面している。

1) コミッショニングという英国で広く使われる用語は，そもそも1990年代以降の英国の行政改革のなかで使われてきた。
2) 取引費用とは，貨幣で表される費用であろうと，時間で表される費用であろうと，また不便さの程度で表される費用であろうと，取引を行うための（購入価格を超えた）追加的な費用のことである。取引費用理論では取引に関わる「事前費用」と「事後費用」を区別しており，「事前費用」は生産資源の特殊性や機会主義（opportunism）から派生する契約草案，契約交渉，契約遵守等を含む契約締結全体に要する費用を意味し，「事後費用」は事後的な契約の瑕疵を是正し，契約更新をしたり，管理機構を構築・維持するのに要する費用と説明されている。（大住 2002：43）を参照。
3) クリームスキミングとは，牛乳から最もおいしいクリームだけをすくいとるという意味で，需要のうち儲かる部分にのみ商品・サービスを提供することを指す。
4) （ノーマン・ジョンソン 2002）における準市場論の整理を参考にしている。
5) 社会的ケア査察委員会（the Commission for Social Care Inspection, CSCI）については，第4章で説明した通りである。その主な目的は社会的ケアのサービス評価を下すことである。CSCIは公共セクターや独立セクターにおける社会的ケアサービスに関して査察やレビューを行い，そのパフォーマンスを公表している。このようにCSCIは，社会的ケアの質の改善を促進し，公的資金が確実に利用されるように監視しており，利用者の生活の質を高めるためにサービスを求めたり，ニーズを持つ人々に対してより良い成果をもたらせるよう支援し情報提供を行っている。
6) 要素市場とは，土地，資本，労働等を有する供給者が生産要素を供給し，事業者は生産のためにそれらを購入するという市場関係を意味する。一方，生産要素は供給者から供給者に流れ，資金は供給者から供給者へと流れることがある。そのような状況が発生した場合，供給者の需要に供給が追いつかない職種では賃金が高くなり，一方，供給者の需要よりも供給が多い職種では賃金が低くなるという状況が生じる。
7) 1990年代の保守党政権時代ではNPM戦略の中心は強制競争入札（Compulsory Competitive Tendering）の導入とその実施であった。代わって，政権を継いだ労働党政権はベストバリューをパイロット自治体で試行した後に，2000年4月からイングランド，3か月後にはウェールズのすべての自治体で実施している。ベストバリュー・レジームの下では，地方自治体は優先順位を定めて，ベストバリュー業績計画を提出することになっていた。1999年地方自治法（Local Government Act 1999 HMSO）は業績評価の中核となる4つのC（challenge, comparison, consult, competition）を規定している。4つのCとは，①いかにしてサービスを提供するかを大胆に検討し（challenge），②関連する指標について他のパフォーマンスと比較し（comparison），③新しい達成目標を設定するために地方税納税者，利用者，ビジネス界と協議し（consult），④効率的かつ効果的なサービスを確保する手段として公正な競争（competition）を展開することを指す。
8) パートAのサービスは，規則に完全にそった形で入札されなければならず，廃棄物管理，建築契約や会計サービスを含めなければならない。
9) 2万ポンド以下の入札では，2つの見積りを準備することになっており，小規模なサードセクター機関が地方自治体の業務を委託できるように配慮されている。
10) （Skills for Care 2013）を参照。
11) 平均的なコストの引き上げは，2001/02年と2002/03年では，営利系ナーシングホームおよび営利系レジデンシャルホームともに8％と推計されている。2003/04年では地方

自治体がコストの引き上げを要求されたが，レーンとビュイッソン社（2003a）が行った調査によれば，対象となった地方自治体の30％が2003/04年の交渉において少なくとも施設費用を10％引き上げている。他には，30％の自治体が5％程度増額し，18％の自治体が3％以下の増額にとどめている。後者については，介護労働者の賃上げをカバーできる程度であり，最低の引き上げ幅となっていた。
12) Skills for Care のクロス氏の説明を参考にしている。
13) ブロック契約は，サービス仕様書に基づいて，委託費とサービスをリンクさせたものである。例えば，施設の場合では，定員数でサービスを買い上げる。この契約は一定の収入を保証するが，需要と定員のミスマッチが起こる可能性があり，購入者も事業者もその調整を図る必要がある。一方，スポット契約はケースごとに価格が決まる取り決めである。したがって，事業者は利用者がサービスを利用した場合にのみ委託費が支払われる。購入者はスポット契約が持つ柔軟性を求めるが，高度な専門的サービスを扱う市場では割増金を支払うこともある。スポット契約は価格帯を設けているが，利用者の要介護状態によって変更が生じることがある。そのような場合には，ケアマネージャーなどが契約を解除する。常に費用効果性を求められる自治体はスポット契約を志向し，契約が実態に合わなくなれば解除する傾向にある。（Kendall et al. 2002）を参照。

第6章 中央 – 地方関係からみた
地域エリア協約(LAA)の考察

　貧困対策をエリア規模で捉える地域再生のプロジェクトがブレア労働党政権時代に注目を集めた。その背景には，グローバリゼーションの下で生活困窮や貧困が深刻化しているという国の認識があった。1997年から始まった地域再生は，経済的な指標に基づく貧困の捉え方に加えて，社会環境的な側面を重視した。地域再生は近隣地域を軸として実施され，国はもちろんのこと，広域，狭域の生活圏といった各層での行政対応がベースになった。民間のアクターも交えて，重層的な形態で進められたのも特徴である。国・地方自治体と民間とのパートナーシップを軸にした壮大な地域再生事業は，生活の質（quality of life）の向上とソーシャルインクルージョン（社会的包摂）という政策テーマの下で貧困問題に対応していったのである。

　本章では，ブレア政権時代の中央 – 地方関係を振り返り，①地域再生を目指すLAA（Local Area Agreement；地域エリア協約）の構造，②福祉と医療を扱った政策項目「より健康なコミュニティと高齢者」，③英国で最も貧困なロンドン・ハックニーとニューハムのLAAの成果をそれぞれ検討する。

1　地域再生をめぐる中央と地方の行政協約

1．公共サービス協約

　地域再生をめぐる中央と地方の関係では，2000年地方自治法に注目する必要がある。同法は様々な分野でのウェルビーイングに関する権限を認めており，地方自治体に新たな法的枠組を与えた。ただし行政制度として限界があり，他のヨーロッパ諸国で認められている包括的権能（general competence）に相当するものではない。新たな権限に見合う財源も付与されてはいない。それでも同法のガイダンスは地方自治を積極的かつ拡張的に捉えている。例えば，ソーシャルインクルージョンへの取り組みなどが同法で関係している（HMSO, *Lo-*

cal Government Act 2000)。

　LAAに至る政策の流れをみると，1998年の公共サービス協約，2000年の地方公共サービス協約，2001年の近隣地域再生資金の交付といった各々の政策は事業単位，府省単位で，これらを1つの枠組みに組み入れたのがLAAである。これが構想された背景には，中央省庁がどの程度地域事業を地方に委譲できるのか，地方自治体と協働するパートナーシップがどのように機能するのかを見極めたいとするねらいがあったと考える。

　中央政府は，1998年の地方自治法改正の中で地方自治体にベストバリューを課し，成果を数値目標化して業績達成を要請していた。翌年の1999年には，すべての地方自治体と公共サービス協約を取り交わし，その中で具体的な数値目標を設定することでしたたかに自治体の業績管理を始めていた。その後，2001年にベストバリューを包括する形で包括的業績評価（Comprehensive Performance Assessment, CPA）が導入された。このような中央政府の発案による公共サービスをめぐる協約は，サービス供給態勢の改善を地方自治体に求めるもので，明らかに中央主導による地方の行政改革であった。

　社会福祉の関係をみてみると，健康の不平等ガイダンスを参照することになるが，公共サービス協約の目標は，2010年までに，乳児死亡率と平均寿命の項目で健康格差を10％縮小することであった。具体的には，①1歳未満の子どもを対象に含めた，死亡率の格差を2010年までに少なくとも10％縮小し，②2010年までに，最も健康状態が悪く，デプリベーション（deprivation）指数で5番目に位置する地域との格差を少なくとも10％縮小することが盛り込まれていた。

　特に高齢者福祉の関係では，③最も健康状態が悪く，デプリベーション指数で5分位に位置する地域との健康格差において，心臓疾患では少なくとも40％，癌では少なくとも6％縮小するという新しい目標を導入し，④成人喫煙の普及率を2010年までに26％以下に縮小し，⑤11歳未満の児童肥満が増えているが，2010年までに，年々の上昇率に歯止めをかけ，⑥2010年までに，18歳以下の妊娠率を50％縮小するという目標を掲げていた。これらの行動計画は，パートナーシップワーキングをフルに機能させ，健康格差を決定する様々な要素を改善することを目指していた。そのアクターの中心がプライマリー・ケ

ア・トラストであり、戦略的保健当局（Strategic Health Authority）であった。

さらに高齢者福祉の項目を検討してみると、①可能な限り自宅で生活するための援助を行うことで、虚弱高齢者の生活の質（QOL）や自立を改善し、②自宅で支援を受けている高齢者の比率を2007年と2008年に1％ずつ高め、③自宅で集中的に支援を受けている人の比率を在宅支援あるいは施設ケアを受けている人の34％に高めるという目標が立てられていた。

以上から、労働党政権時代では、健康と福祉を推進するという国の明確な姿勢が確認でき、地方サービスの供給者としての地方自治体への期待が表れていた。イングランドの中央－地方関係の中で、財政または法的権限において地方自治体の裁量が幾分拡大されたのは評価できる。ただし、様々な指標や業績管理などにみられるように、信賞必罰を通じて地方コントロールは強化されていたのも事実である。

2．地方公共サービス協約

地方公共サービス協約およびLAAは、副首相府（ODPM）で策定された。地方公共サービス協約は2001年に、LAAは2004年に開始されたことは述べたが、地方公共サービス協約は中央政府と地方自治体との新しいフレームワークとなり、地方で提供される公共サービスの改善を目標とした。地域住民の生活の質の向上や、健康を促進する施策に力を入れたのは、将来の医療費の膨張を視野に入れての政策化であるとみてよいだろう。ウェルビーイングという言葉が自治体行政のキータームになり、今日でも地域のパートナーと協働して健康促進に積極的に取り組んでいる。

ここでの中央－地方関係に着目してみると、地方自治体が地域の様々なパートナーと協力して、地域においてサービス提供の優先順位を設定するもので、優先事項は中央政府と交渉し合意することとなっていた。地方公共サービス協約の交渉は、他の政府部局との連携を通じて、副首相府によって行われた。健康の政策項目では、保健省が社会的ケアや公衆衛生に関する意見を求められ、その詳細は保健省地方公共サービス協約（DH LPSA）チームによって詰められていった。目標が達成された場合には中央政府から財政的報奨が与えられ、このインセンティブが自治体には有効に働いた。既存の財源を寄せ集めプール化

したLAAとは異なり，地方公共サービス協約は関連分野に対して追加的な財源を与えていたのも注目される。それは呼び水型補助金（Pump Priming Grants）と業績報奨補助金（Performance Reward Grants）とに区分されていた。[1)]

地方公共サービス協約と近隣地域再生資金の関係を考察してみると，貧困地域での健康改善は政府の近隣再生戦略の重要な目標となっていた。長寿施策と10代の妊娠対策に関連した健康の最低目標は，近隣再生資金の利用につながるものであった。この時期において，地方自治体は，健康促進や健康格差の縮小に向けた地方公共サービス協約を重視し，高齢者の生活の質やサービス改善に努めていた。

3．中央と地方の行政協約をめぐる議論の整理

ここまでの議論の要点をまとめると以下の通りとなる。
- イングランドの地方自治の流れとして，財政または法的権限において自治体裁量が徐々に拡大する一方で，無数の新規事業がつくられては整理統合されていた。地方自治体は社会，環境，経済的なウェルビーイングを促進する権限を認められ，コミュニティのリーダーシップの役割を持つに至った。
- 公共サービス協約や地方公共サービス協約の底流には，地方行革に対する中央政府の強い姿勢がみられた。中央政府はサービス供給の改善を求めて官民協働のパートナーシップを要請し，地方自治体をその中核に位置づけた。
- そのスタイルは，中央と地方が協約を結ぶというもので，地方自治体の業績評価を徹底していくものであった。
- 地方自治体はパートナーシップを強化する機能を認められたが，中央の評価体制を受け入れる状況にあった。このような中央−地方関係は，ナショナル−リージョナル−ローカルのマルチレベルのガヴァナンスとして捉えることができる。

2　LAAの実施

1．LAAの導入

行政の複雑な階層化に伴って統治のあり方が問題視されたが，本来ガヴァナ

ンスは複数のレベルで出現するのが常である。現在多くの国で複数のレベルのガヴァナンスが生まれている。このようなマルチレベルのガヴァナンスでは中央政府とサブナショナルな政府（下位政府）が関わるが，両者の合意を通じて協調的な過程が重視される。ここではマルチレベルのガヴァナンスという視点から，地域協約と地域再生を考察していく。

　LAA は2004年に中央政府より基本方針が示され，2005年から第1ラウンドのパイロット事業が始まり，2007年から本格的な実施段階に移行していった。LAA は2007年から2010年の中期計画で，コミュニティ戦略をさらに推し進める効果的な枠組みを設けていた。LAA に注目する理由は，これまでの LSP（Local Strategic Partnership；地域戦略パートナーシップ）などの地域再生を統合させた総合的なスキームで，関連する様々な財源を統合させて自主財源に近いものを獲得していたからである。

　LAA の構造について，ガヴァナンスの視点から確認しておきたい。LAA は国 - 自治体 - LSP の三層から構成されていた。LAA で定められる施策は，政府広域事務局（Government Office, GO）が代表する中央政府，地方自治体，LSP で交渉が展開された。つまり，国が財源と制度の枠組みを提供し，地方がその中身を政策化するというものであった。

　重要な点は，地域再生の計画策定で LSP 委員会が住民代表を参画させて提案をとり入れる一方，国は地方に LAA を柔軟に実施できるよう中央の補助金を統合させたところにある。中央政府が地域に一定の意思決定の余地を与えたが，これは形式的な分権化であった。政府広域事務局を交渉窓口とすることで対話を可能にしたものの，官僚的な手続きは残されていた。

　LAA の手順は次の通りであった。まず LSP が主体となってコミュニティ戦略を策定する。LAA は多分野のテーマを設けて，コミュニティ参画の強化を目指す。地域の重点項目は，「児童と若者」，「安全で強いコミュニティ」，「より健康なコミュニティと高齢者」，「経済開発」の4つで，それぞれの成果目標を立てる。優先的アウトカムの設定はエビデンスに基づいた社会的ニーズを参考にし，地元団体や住民とともに決定する。その後，行政と LSP がその達成度を監視報告する。そのサイクルは半年とする（ODPM 2004）。

　LAA は全国的優先事項を反映した地域独自の優先事項を実施するもので，

図6-1 LSPとLAAの関係を示す全体像

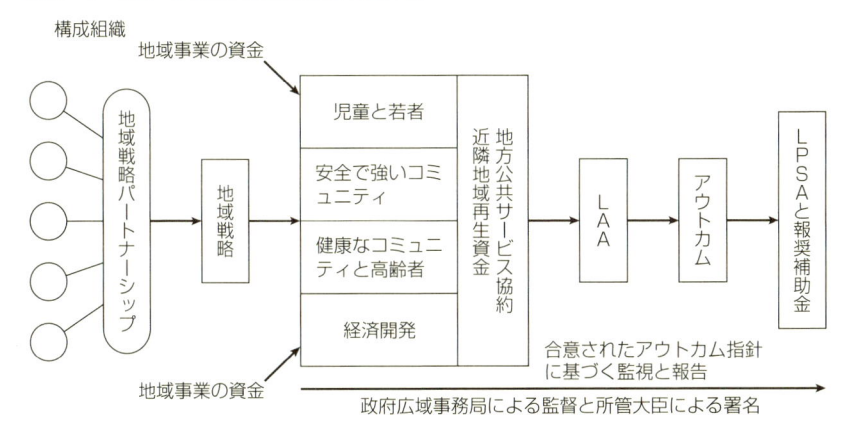

```
構成組織        地域事業の資金
  ○
  ○  地域戦略    ┌─────────┐ 地       ┌───┐  ┌─────┐  ┌─────┐
  ○  パート →  地域 → │ 児童と若者  │ 方近  →│LAA│→│アウト│→│LPSAと│
  ○  ナー     戦略  ├─────────┤ 公隣         │   │  │カム  │  │報奨補│
  ○  シップ        │安全で強いコミュ│ 共地         │   │  │      │  │助金  │
                    │ニティ         │ サ域         └───┘  └─────┘  └─────┘
                    ├─────────┤ ー再
                    │健康なコミュニ │ ビ生
                    │ティと高齢者  │ ス資
                    ├─────────┤ 協金
                    │ 経済開発    │ 約
                    └─────────┘
        地域事業の資金         合意されたアウトカム指針
                              に基づく監視と報告
                    政府広域事務局による監督と所管大臣による署名
```

出典：(ODPM 2004：15) を筆者修正

多分野のサービス供給に関する最終目標を集約していた。主な目標は以下の通りである。

- 禁煙の実施
- 10代の妊娠の防止
- 児童と思春期の精神保健
- 薬物乱用の防止
- 性的健康の促進
- 転倒の防止
- 身体的な活動
- 肥満の防止

地方自治体がLAAに期待する点は財源の仕組みにあった。財源は，国の補助金をプール化したものと，既存の関連資金を一元化したもので，その用途についてはLSPに裁量が与えられていた。そのメリットは，従来の煩雑な協約を統合し，資金の流れ（funding stream）に柔軟性を持たせたところにある。加えて，特段の業績（extra performance）を達成した場合，報奨補助金が得られることも大きな誘因になっていたことを強調したい。

2．「より健康なコミュニティと高齢者」からみたLAA

高齢者福祉の地域アプローチについて，政府解説書 *Local Area Agreements: a prospectus* に記載されている「より健康なコミュニティと高齢者」（Healthier Communities and Older People）から考察していきたい。「より健康なコミュニティ」では，国が繁栄し，健康改善がみられたにもかかわらず，健康格差問題

が顕在化している点が問題視された。その対策は，不健康な状態が世代間で繰り返される悪循環を断ち切ることであった。貧困な住民を健康な生活様式に導き，個人のニーズ（文化や宗教，人種や言語から生ずるニーズを含む）を充足するため，有効なサービスを供給するという政策テーマが掲げられた。

全国的な優先事項を検討してみると，それは公共サービス協約や他の目標，特に住民の健康改善に関連する公共サービス協約の目標から導き出されていた。一方，地方の優先事項はより健康なコミュニティ，健康格差の縮小，高齢者の生活の質の改善を掲げていた。これは中央と地方ともに共通したものであり，2005年の包括的業績評価の一部を形成していくものであった。[2]

健康なコミュニティを創造するために，LAAはプライマリー・ケア・トラストや他のLSPのパートナーとの緊密なパートナーシップを進める場を与え，健康促進や健康格差の縮小という役割を打ち出したことは社会的意義を持つ。このような健康格差に取り組む行動計画は，地域のパートナーシップを促進する契機となった点に注目したい。コミュニティ戦略に加えて，プライマリー・ケア・トラストによって実施される健康公正監査（Health Equity Audits）は，地域優先事項で重要な役割を担ったことも興味深い。高齢者の分野では，全国的サービス・フレームワークが様々な基準を設けていた。

医療関係の動きをみてみると，LAAの「健康なコミュニティ」を監視する際，政府事務局は公衆衛生を管轄する地方当局と密接に業務を進めた。プライマリー・ケア・トラストとの取り決めを実行する戦略的保健当局（Strategic Health Authorities）の役割も重要であり，交渉過程でPCTの地方の目標が計画フレームの中で設定され，パートナーシップワーキングが強く意識されていた。

3．LAAをめぐる議論の整理

ここまでの議論の要点をまとめると以下の通りとなる。

- LAAのねらいは地域再生の財源を統合して，中央政府，地方自治体，地域のパートナーで定める優先課題を地方に取り組ませることであった。
- LAAでは成果重視のアプローチを採用し，地域のパートナーの協力が不可欠であった。

- LAAは中央政府との交渉で合意され，国家の優先事項を反映させ，地域で施策を絞る過程で持続可能なコミュニティ戦略を考案させる構想であった。
- マルチレベルのガヴァナンスという点で，LAAは中央政府，地方自治体，地域のパートナーの間で取り決められ，政府事務局を窓口とすることにより一定程度官僚主義的な手続きを省くことは可能であった。

3　LAAの事例検証

1．ハックニーの事例から
(a) 社会的特性

　本節でハックニーとニューハムを取り上げる理由は，この2つの特別区が英国で最も貧困な地域であり，地域再生の効果を実証的に検証できるからである。ハックニーはイングランドで最初にLAAの計画を提出した自治体でもある。この自治体は多様な民族から構成されており，地域戦略として教育や住宅を重点施策とし，特に教育に重点を置いている。その理由は，アフリカ系グループの学業成績が悪く，全国平均を下回っているためである。彼らには手厚い教育支援が必要であり，成績向上や子どもの肥満対策が目標数値化されていた。

　ハックニーはイースト・ロンドンにあり，ロンドン・オリンピックの開催地になったこともあり，最近では経済が急速に成長し，南部のショーディッチは商業エリアとして繁栄している。人口は24万7,200人（2011年国勢調査）で，白人は6割弱にすぎず，アフリカ系住民が4割弱を占めている。典型的な多文化共生のコミュニティである（Hackney Profile http://www.hackney.gov.uk/xp-fact-sandfigures-mye.htm）。

　ハックニーのLAA理事会の構成は**表6-1**の通りで，代表者21名からなり，理事長は市長が務めた。市長・副市長が陣頭指揮をとり，行政が脇を固める形をとっていた。公共セクターの関係者が多いが，特に地方自治体は様々な地元組織と協議をして，地域再生計画を策定した。住民の間で最も関心があったのは「コミュニティの安全」で，概してこの地域再生の議論への関心は低く，理事会会議の傍聴人も少なかった。

表6-1 チーム・ハックニー理事会メンバー

市長（理事長）
副市長
ハックニー・カウンシル
ロンドン開発エージェンシー
イノベイトリー
ハノーバー
イースト・ロンドン・ビジネス同盟
ハックニー・コミュニティ・カレッジ
ハックニー民間サービス協議会
ロンドン東部学習技術カウンシル
ホマートン大学NHSトラスト
ジョブセンタープラス
コミュニティ・エンパワメント・ネットワーク
ハックニー・ヴォランタリー・アクション
ロンドン・メトロポリタン警察
ショーディッチトラスト
シティ・ハックニーPCT
ロンドン首都大学
ルネーシ㈱
ハックニー・エンパイヤー（劇場）
学習トラスト

（London Borough of Hackney 2007）に基づいて筆者作成

(b) LAAの優先的アウトカム

ハックニーのLAAのアウトカムに着目してみると、「ハックニーを第一に（*Putting Hackney First*）；地域協約2007-2010」がLAAの全容を示していた。アウトカムは「ハックニー・ファイブ」と呼称され、以下の5つの優先策が明記されている。①学業不振の児童や若者への教育支援、②失業状態にある18〜24歳の若者への支援、③凶悪犯罪や組織犯罪への取り組み、④児童や若者にみられる健康不平等への取り組み、⑤持ち家を低価格で購入できる住宅支援。当然これらの優先的アウトカムは、国との公共サービス協約で盛り込んだ最低目標と関連して策定したものである（*Putting Hackney First 2007*）。

中央-地方関係からLAAをみるならば、表6-1に注目する必要がある。中央の代表はロンドン開発エージェンシー（London Development Agency）で、これがハックニーのLAA機関であるチーム・ハックニーと交渉を行った。ハックニーの代表は市長・副市長、カウンシルで、民間代表は各層から選出された。ロンドン開発エージェンシーで中央との交渉がすべてカバーされるわけで

はなく，特に治安関係は内務省との直接交渉となっていた．

　優先項目を医療と福祉の分野に絞って，ハックニー LAA を分析してみたい．まず，アウトカムには児童と青年の健康格差の縮小という目標がある．そこには健康改善計画や健康格差是正計画が示されていた．ハックニーでは健康面の悪い記録は枚挙に暇がない．ハックニーの健康格差は深刻な状態にあり (London Borough of Hackney 2007：50)，ロンドンのシティーとハックニーでは癌による死亡は1日当たり1人と報告され，1975年頃まで遡れば，ハックニーは癌による死亡は地方自治体の全国ワースト5位であった[3]．これらの憂慮すべき健康状態を考慮して，プライマリー・ケア・トラストの手引きは既にシティーとハックニーの優先事項を定めて，地域実施計画（LDP）でも LAA の一部を取り込んで支援策を表明していた．

　高齢者関係のデータをみると，65歳以上人口は1万8,800人で，ロンドンの平均よりも少なかった．全国平均よりも在宅ケアを多く受けるという特徴がみられた．健康と栄養の関係では，果物と野菜の消費が65歳以上では最低の水準で，65歳以上の17%が，30分間あるいはそれ以上の身体的な活動をしていないという習慣上の問題が判明している．

　対策案をみると，広範囲の予防介入を実施している．介護予防や健康な生活様式を奨励する計画は最近の日本の介護保険計画でも盛り込まれている．ハックニーの計画内容は，運動や文化活動の奨励，食生活の改善，ケアラーの支援を盛り込んでいる．またコミュニティ・センターや図書館（居場所の役割も持つ），美術館や地域のエージェンシーを通じてこれらの事業に取り組む．さらには，ダイレクト・ペイメント，住宅，障害給付，年金などの利用アドバイスを充実させている．

　参考として「児童と若者」をみると，優先的アウトカムは学業成績の悪い特定の民族グループの成績向上や就学促進，ニート対策が盛り込まれている．その他には，幼児死亡や10代の妊娠の抑制，小児肥満の防止といった健康問題にも取り組んでいる．ハックニー LAA では，それが特徴であるが，「児童と若者」ブロックに投入される資金が他の3つのブロックよりも圧倒的に多い．これに対し，「より健康なコミュニティと高齢者」では，高齢者の健康問題を重点化している．ただし，2007-08年度予算では31万7,000ポンドを禁煙活動に割

表6-2 ハックニーLAA「より安全で強いコミュニティ資金」(SSCF) の財源内訳

財源の流れ	配分 2007/08
反社会的行為の補助金(プール型)	
より安全なコミュニティの構築(プール型)	
薬物対策戦略パートナーシップ支援補助金(プール型)	
凶悪犯罪対策プログラムへの取り組み(プール型)	
ネイバーフッドのエレメント(プール型)	
清潔,安全,緑化の改善エレメント(プール型)	1,130,000
反社会的行為対策エリア(プール型)	
反社会的行為対策パイオニア(プール型)	
在宅火災危険度チェック(提携型)	
廃棄物処理業績効率交付金(プール型)	517,319.69
NRF－チーム・ハックニー戦略的コミッショニング・フレームワークを通じて合意を予定(プール型)	
LAA業績報奨交付金 (チーム・ハックニー委員会による合意を予定)	
LAA呼び水交付金 (チーム・ハックニー委員会による合意を予定)	

出典：London Borough of Hackney 2007：51

り当てただけであった (London Borough of Hackney 2007：51, 55)。

(c) ハックニーLAAの財源の仕組み

ハックニーは近隣地域再生資金を多く受けた自治体であるが,2007／08年度の財源のうち,近隣再生資金が1,610万2,692ポンドで,これを調整して各ブロックに割り当てていた (London Borough of Hackney 2007：21)。チーム・ハックニーは特定のプログラムに縛られることなく,近隣地域再生資金などの資金を柔軟に配分し,LAAが3年計画であることから資金をプールしていた (London Borough of Hackney 2007：19, 20, 101, 102)。

表6-3 ハックニー「より健康なコミュニティと高齢者」の財源内訳

財源の流れ	配分
	2007/08
禁煙（PCT Mainstream）	317,000
NRF －チーム・ハックニー戦略的コミッショニング計画を通じた決定を予定（プール型）	100,000

出典：London Borough of Hackney 2007：56

(d) 地域再生の成果の検証—LAA 終了後の展開

2010年には地域再生は終了し，政権も保守党連立政権へと交代した。政府は2015年に自治体補助金を27％削減する方針を打ち出し，国からの財政支援がなくなったことで地域再生の基盤が失われた。

地域再生の成果を検証してみるが，ハックニー区が公表している「持続可能なコミュニティ戦略2008-2018」(2012) から数字をフォローアップしてみたい。6つの優先事項，①安定した雇用による貧困削減，②職業資格や教育の改善，③健康やウェルビーイングの促進，④自治体内の治安向上，⑤近隣地域におけるコミュニティの融合促進，⑥持続可能なコミュニティ，に大きな変更はない。最も注目されるのが複合的デプリベーション指数（IMD）に関する同区の位置づけである。2007年と変わりはなく，2010年もイングランドで2番目に貧しい自治体にとどまっており，地域全体として変化はみられない。

6つの優先事項のうち，「安定した雇用による貧困削減」では，就労率が2005年以降上昇し，ロンドンの平均69％を上回っている。同区ではIT企業が増えており，サブカルチャーの人気と相まってファッション系の店はにぎわいをみせている。2004年以降の失業率は平均11％弱で，ロンドン平均より3％高い。「職業資格や教育の改善」では，小学校で改善がみられる[4]。貧困地区にある高校から，ケンブリッジ大学やオックスフォード大学への合格者が出て，教育貧困対策での成功事例を生み出している。また，労働年齢層で職業資格を持つ者の割合は，2006年から2009年にかけて，資格を持たない者が24％から14％に低下している[5]。

「健康やウェルビーイングの促進」では，一般医（GP）に登録している成人の9人に1人以上が肥満である（ロンドンでは上位から5位）[6]。また「治安向上」

では，2010/11年の犯罪被害者数が1万1,250人で，2002/03年よりも減少している[7]。「ネイバーフッドにおけるコミュニティの融合促進」では，ヨーロッパ最大級の団地再開発計画が進められて，住宅事情の改善につながっている[8]。最後に，「持続可能なコミュニティ」では，住民の意思決定への参画の意識は高く，他の地域と比較しても，住民同士でうまく暮らしていると認識しており，ヴォランティア活動も盛んになっている[9]。

　2012年のオリンピック開催が経済浮揚の起爆剤となり，ビジネス支援，雇用創出が地域再生の後押しをする形になった。オリンピック・ブームにより成長の機会を得たことで，タウンセンターに投資しており，住宅では社会的住宅や住宅分割所有権方式の住宅の供給を精力的に進めている。今後は，経済開発の促進，芸術の奨励を念頭に置いて，ハックニー独自の文化的な魅力を発信していく方針である。

　2013年3月28日にハックニー区役所でヒアリングを行い，ハックニー地域再生実施本部長アンドリュー・シソンズ（Andrew Sissons）氏からコメントを得ている。前回の2007年調査以降の変化について尋ねたところ，以下が彼のコメント説明であった。

　　「…（あなたの前回調査時の）2007年と比較すると，現在では経済成長を遂げるための特別チームが幾つかあります。英国全体で企業を再配置する動きがあり，ハックニーにも民間企業が進出しています。タウンセンターを運営し，企業を呼び込むことで，雇用の機会を拡大しています。これが当時とは異なる大きな変化です。」

　かつてネイバーフッド・レベルで積み上げた地域再生は影をひそめ，地域経済の再建を重視し，市長と地元経済界のリーダーたちによる資源の開発に重点を移している。

　ハックニーの事例から得られた知見は以下の通りとなる。
- ハックニーでは，「チーム・ハックニー」という中心的な組織が牽引役を担い，コミュニティ戦略「格差の是正」を掲げて，不平等や貧困の是正に取り組んでいた。
- 事業計画の中身は，児童と若者に重点を置いていたのに対し，高齢者の健康への財源配分は限定的であった。

- アウトカムでは児童や若者における健康の不平等対策が盛り込まれて，就学環境の改善や健康格差の是正によって，勉学に打ち込める環境をつくり出すことをねらいとしていた。
- LAAの終了後はネイバーフッド・レベルで積み上げた地域再生は影をひそめ，地域経済の再建を重視し，市長と地元経済界のリーダーたちによる資源の開発に重点を移している。

2．ニューハムの事例から

(a) 社会的特性

ニューハムはインナー・ロンドンの特別区で，ロンドンの東に位置している。人口は26万5,688人（2010年），高齢者数は2万400人（2011年）で，ロンドンの平均よりも高齢者の比率は低く，若者の比率が高い。将来は人口増加が予測されている。高齢化率は7.7％である。平均余命は男性で75.8歳，女性で80.4歳となっている（2006～2008年）。

ニューハムはハックニーよりも多文化の色彩がより強く，民族構成は非白人グループが人口の約3分の2を占めている。デプリベーション指数は高く，全国354自治体で6番目に位置している。貧困指数では，所得，住宅，住環境が悪化している。これに対し，雇用，健康，犯罪では改善がみられる。ハックニーと同様に，貧困と失業が根深く残っている地域である（資料データ Newham；London Local economic assessment 2010 to 2027：2010および NHS Newham；Joint Strategic Needs Assessment 2010 the London Borough of Newham：2011）。

(b) 優先的アウトカムの内容

健康格差や貧困対策を中心にして，ニューハム LAA を検証していきたい。優先的アウトカムは，①若者への投資，②健康格差の縮小，③安全な町ニューハムへの転換，④積極的で包摂的なコミュニティの構築，⑤環境の改善，⑥ビジネスの成長と雇用促進の6つである（London Borough of Newham 2007：3-4）。ニューハム LSP は，中央政府の定めた4項目のうち，「児童と若者」には①，「より健康なコミュニティと高齢者」は②，「経済開発」は⑥，「より安全で強いコミュニティ」には③④⑤を適用していた（London Borough of Newham 2007：37）。

「健康格差の縮小」では，住民の健康や医療サービスがロンドンの他の地域よりも良好でない状況を計画書で確認しながら，2020年までに改善することを目標としていた。「健康格差縮小のための地域行動プログラム委員会（Local Action Programme Board）」が中核組織であるが，2012年までの中期目標を定めており，福祉サービスの改善，サービスの質やサービスへのアクセスの改善，健康格差の縮小，医療や福祉面での住民への適切な処置が明記されている（London Borough of Newham 2007：49）。高齢者の生活の質を高めようとするニューハム高齢者戦略（2005～2008年）はLAA全体にも反映されて，活動的な市民としての高齢者の役割が「活動的で包括的なコミュニティ」で位置づけられている（London Borough of Newham 2007：51）。

「積極的で包摂的なコミュニティの構築」は地域行動パートナーシップ委員会（Local Action Partnership Board）が担当し，地方議員やコミュニティ・フォーラムなどを通じて，地域のサービスで住民の声が届くように配慮された。最も貧困な地域であるゆえに，貧困住民がコミュニティとの連帯を強くすることを目標にして，「社会的排除」のリスクを軽減することをアウトカムに据えたのは当然である。コミュニティの連帯や住民の地域活動への参画には，ヴォランタリーセクターやコミュニティセクター，宗教セクターが重要な役割を果たすことを強調していた。

(c) 健康改善の具体策

最大の目標は，2020年までに住民の健康状態を他のロンドンのバラと同程度に改善することである。地域行動パートナーシップ委員会は，2020年のヴィジョンを実現するために，2012年までの5つの目標を設定した。以下が5つの目標である。
①健康の改善や福祉サービスの戦略的方針を具体化すること
②サービスの質とサービスのアクセスを改善し，サービスが住民のニーズに近いものとすること
③ニューハムとロンドンとの健康格差を縮め，近隣地域内でも健康格差を縮めること

④個々の住民が，健康や福祉に責任を持てるよう適切な環境をつくること
⑤健康の大幅な改善や福祉の恩恵を維持し，特に循環器系で健康を保つよう働きかけること　　　　　　　　　　　　　　(London Borough of Newham 2007：49)

　ニューハムの戦略では，ヴォランタリー，コミュニティ，宗教セクターの積極的な活用が期待されており，LAA でも行政と民間セクターとの協働に力が注がれた。特にヴォランタリーセクターの役割はサービス供給者として重要であり，LSP 委員会は福祉を促進するように彼らに働きかけ，フィットネスクラブや総合病院で機能するようなスキームを設けた。社会的企業が参入して，健康づくり運動は現在でも変わらない。

　ウェルビーイングという考えが浸透し始めた時期でもあり，公共の場での喫煙の禁止や学校給食の改善が図られた。社会起業家ジェイミー・オリバー (Oliver, J.) の学校給食改善キャンペーンの下地はあったのである。就労できるように住民の健康を促進する様々な支援があり，行政やヴォランタリーセクターのパートナーシップが今も活かされている (London Borough of Newham 2007：51)。

　全体的な目標は，①健康促進と健康格差の縮小，②若くして死ぬ人たちを減らすこと，③住民の自立を支援することであり，特に喫煙や運動不足を抑制し，食事や栄養摂取を奨励することであった (London Borough of Newham 2007：52)。「健康格差を縮小する」地域戦略は以下の通りになっている。

- 北側のイースト・ロンドンを対象にした身体的活動への取り組み（北側のイースト・ロンドン戦略的健康当局とスポーツイングランド）
- 高齢者の評価（ロンドン高齢者戦略の代表）
- ロンドンのための健康および持続可能な食物（ロンドン健康食品戦略の代表）
- ロンドン医療戦略（ロンドン医療委員会）
- ロンドンの医療ケア：活動に関するフレームワーク
- ロンドン HIV/AIDS 戦略

(d) LAA の財源の仕組み

　近隣地域再生資金は LAA の開発のために割り当てられたもので，ニューハムは配分額に関して，国内においては 4 番目，ロンドンでは最大であった

128　第Ⅲ部　高齢者福祉の市場化，地域化，連携化

表6-4　ニューハムの地域再生資金の構成

(単位：ポンド)

資金の流れ	交付額	期間
NRF総額	38,774,348	2006-2008
統合コミュニティ事業	169,101	2006-2007
より安全で強いコミュニティ基金	1,902,304	2006-2007
コミュニティのためのニューディール	54,600,000	2000-2010
ヨーロッパ社会基金	500,000	2006-2007
ロンドン開発エージェンシー	1,000,000	2006-2009

(London Borough of Newham 2007) に基づいて筆者作成

(London Borough of Newham 2007：5, 11)。各優先的アウトカムの資金面でも，近隣地域再生資金が中心となっていた。[10]

　ニューハムは地方公共サービス協約で所期の目標を達成できなかったため，LAAにおいては現実的な数値目標にとどめていた。数字よりもむしろ地域の声を反映させる住民自治に力を注いだのである。LAAという仕組みが，インセンティブと制裁という要素を持ち，フレームや目標の数値化は中央政府の指示が働くこともあって，集権的な姿勢が地方を萎縮させる感は否めなかった。

　ニューハムの事例から得られた知見は以下の通りとなる。

- ニューハムLAAでは市長が熱心にコミュニティ・リーダーとして指揮し，各セクターの代表者が民主的に選び出されていた。
- 移民グループが多く存在することから，LAA委員会は住民組織との接点を重視し，多文化共生社会を維持し，幅広い住民参画を保障するために様々なフォーラムを設けていた。
- 「より健康なコミュニティ」と高齢者福祉の関係からは，2012年までの中期目標を定めていた。それは福祉サービスの改善，サービスの質やサービスへのアクセスの改善，健康格差の縮小，医療や福祉面での住民への適切な処置等を目指していた (London Borough of Newham 2007：49)。

3．LAAの考察

　LAAの構造は，地域ベースの事業が増える中で，それらを統合する機能を

持っていた。中央−地方関係からみて，ナショナル−リージョナル−ローカルのマルチレベルのガヴァナンスが貫かれていた点が重要である。LAA は中央政府−地方自治体−パートナー間の実施契約であり，地方自治体や地域のパートナーは中央政府が要請するアウトカムの合意に責任を負っていた。したがって，LAA は中央政府との交渉ツールであり，中央と地方との政治的綱引きが展開されるが，中央の優先事項を反映する傾向があったことは否定できない。

　このような脈絡を踏まえて，課題をまとめてみたい。まず中央政府は地域再生の実施枠組みを設けて，優先事項の雛形を地方に提示したが，地方自治の点から「前向き」の政策であったのか疑問の余地を残している。広域自治体（リージョン）の役割は，分権化の流れとも合致して注目される存在となっていった。一方，基礎自治体は地域ニーズを踏まえた上でアウトカムを定め，様々な分野でパートナーシップ組織を創設し，所定の期間で優先的アウトカムを実現しようとした。これはローカル・ガヴァナンスの貴重な経験となった。

　地方自治，住民自治で課題とされたのが財源の扱いである。目標達成の成否が自治体評価と関わり，優れた業績を達成した地方自治体には報奨補助金が与えられ，業績が振るわなかった自治体には中央が介入するという信賞必罰の形態はあまり肯定できるものではない。中央主導の実施枠組みの中で，地方側はどこまで地域の主張，主体性を出し切れたのかという疑問が残る。

　さらに財政面に注目すると，中央政府は地域型事業の財源に透明性や柔軟性を発揮するよう工夫していた。可能な限り資金は一般補助金で，使途の制約を設けない補助金に切り替える必要があった。その理由は，一般補助金が資金の使途を決める際，最大限の柔軟性を地域に与えるからである。

　次に，資金は LAA 補助金を通じて提供され，4つの「ブロック」に分けられたが，この方法で資金の利用を過度に固定していけば無理が生じる性格のものであった。パートナーが柔軟に資金を利用できなくなるといった問題を起こすからである。

　「より健康なコミュニティと高齢者」は健康の不平等を扱っていたが，対象が高齢者に限定されたために，他の項目と比較して優先順位が低いことが事例研究から明らかである。健康促進は「児童と若者」のブロックにも盛り込まれており，対象者が分散されたからである。

その意味で，LAAはコミュニティ戦略の実施計画として完全ではない部分もあった。健康の不平等を縮小するという目標を達成するには多くの団体の協力が必要で，一定程度はパートナーに目標を実現することを義務化せざるを得ない。地域ニーズにそった形で財源の優先順位が変更できるように，LAAが地域事情に対応できるよう柔軟な構造でなければならなかった。

ハックニーとニューハムの事例研究では，優先策の濃淡が明らかになった。ハックニーでは「チーム・ハックニー」が牽引組織となり，コミュニティ戦略「格差の是正」を掲げて不平等や貧困の課題に取り組んでいた。その中身は，児童と若者に重点を置いていたのが特徴である。これに対し，高齢者の健康への財源配分は限定的であった。優先順位や財源の配分が若者対策に当てられていたのは，若年人口が多く，かつ若年者失業率が高かったことと関連している。一方，ニューハムでは，「より健康なコミュニティと高齢者」において2012年までの中期目標を定めていた。そこでは福祉サービスの改善，サービスの質やサービスへのアクセスの改善，健康格差の縮小，医療や福祉面での住民への適切な処置等を目指していた。

中央からの補助金が不足したことは重要である。地域再生は国の責任で住民の生活を保障する要素があり，しかも財源構造はきわめて集権的である。基本的には，地域再生のインフラについて，国からの財政支援は限定的なものであってはならないだろう。とはいえ，地域で内発的に再生事業に取り組むべき部分もある。これらの複雑な要素がLAAで交錯していたことは確かである。

4．デービスの国家論からみたガヴァナンス

社会的包摂や住民参画を重視する政治に対して慎重な意見がある。ジョナサン・デービス（Davies, J.）の国家論を参考しながらローカル・ガヴァナンスを検討してみてみたい。かつて都市の再生と協働ガヴァナンスの議論では，ストーン（Stone, C.）の都市レジームやローズ（Rhodes, R.）の分化型統治モデル（differentiated polity model）がもてはやされた。いわゆるネットワーク・ガヴァナンスのねらいは基本的には資源の調整にあり，ストーンやローズは権力の構造を注視していない。

デービスはこの点を鋭く批判しており，市民のエンパワメント活動はプライ

バティズム（私的主義 privatism）またはセルフヘルプ（self-help）へと移行しただけで、上滑りのものになったと喝破している。民主的な方法で住民の声を吸い上げるという意義はあったものの、下層の階級の利益を守れていないという。その理由はネオリベラリズムの再構成とリスケーリング（Rescaling）が生じているからである。

デービスの批判は、ブリストル市の地域再生研究から実証されている。同市はリスケーリングの動きを示し、近隣地域のレベルからより拡張された広域エリアに基盤を移している。ブリストル市は本来私的主義の気風が強く、プライバティズム、セルフヘルプが台頭している。

現在、緊縮財政の時代になって、近隣地域への投資はない。デービスは社会的企業を含むセルフヘルプで地域支援を進めても、貧困地域の蘇生はないと指摘する[11]。むしろ事態は、自由放任（レッセフェール）または住民に自律を求める自助社会へと変化している。もし彼の立論が正しいとすれば、社会的包摂や住民参画の政治はレトリックに過ぎなくなり、社会的コントロールを媒介としたガヴァナンスは新自由主義と親和的になっていく。デービスはガヴァナンスと構造的権力のあり方を問いかけているが、新多元主義への楽観主義を戒めつつ、彼の警鐘を受けとめたい。

【小　括】

本章の要点をまとめると以下の通りとなる。

第1に、LAAは全国的な展開をみせ、大きな社会的広がりを示した。

第2に、LAAは地域戦略パートナーシップなどの流れを継承したもので、地域再生の集大成という性格を持っていた。そこでは優先事項を設けて、持続可能なコミュニティ戦略の実施計画を立てていた。

第3に、LAAの最大の特徴は、地域再生関係の補助金のプール化と関係機関の連携であり、中央政府、地方自治体、パートナーの優先事項を両立させることを企図した。

第4に、LAAは中央政府との交渉で合意されるもので、国家の優先事項を反映する部分が多い。地方側が地域の独自性、主体性を出し切れたのかという課題は残ったままである。

第5に,LAA はナショナル-リージョナル-ローカルの三層構造の中で取り決められ,中央政府と近隣地域との間に位置する広域ゾーン(リージョン)が広域調整の役割を果たした。

1) 呼び水型補助金は,地方公共サービス協約への計画策定に当たって地方自治体に交付する財源になった。1つの例としては,スタッフ訓練用の補助金があった。呼び水型補助金の必要額は,地方公共サービス協約の構成部分ごとに査定され,数値の合計が定められていた。その数値は,人口の頭数当たり75万ポンド+1ポンドと推定されていた(合意された PRG の最大3分の1に値する)。一方,業績報奨補助金は,合意されたアウトカムの達成を目指した報奨で,地方自治体の年間歳入・歳出の2.5%に値した。報奨金は,12の合意された目標すべてにわたり公平に配分され,最終的な支出配分は達成される目標の数に基づいていた。これらは多額の補助金で,地方自治体の意欲を引き出す誘因になったことは間違いない。
2) 包括的業績評価は,地方自治体を業績に応じて5段階に評価し,その結果を記載したスコアカードを公表する制度であった。
3) 循環器系障害では,シティーとハックニーで1週間に約10人が死亡していた。ちなみにハックニーでは,1975年代の循環器系障害による死亡は地方自治体の全国ワースト5位であった。結核の罹患率は他の発展途上国よりも高いという数字が出ている。このような結果から,ハックニーの男性はイングランドの平均よりも平均寿命が2年短くなっている。
4) 最終年次の国語と数学ではレベル4に到達した生徒の比率は,2007/08年の65%に対して2011年では76%と改善しており,全国平均の74%を上回っている。2006年以後の16歳以降の成果についてもかなりの改善をみせており,2010年には1人当たりの平均スコアは523.6から649.1に上昇し,全国的に最も改善した自治体になっている。
5) レベル4以上の資格を持つ者も33%から46%に上昇している(ロンドン平均39%,全国平均29%)。
6) 癌検診は改善しているが,乳癌,子宮頸癌,大腸癌では全国平均より低い。特に貧困層で癌の危険性や兆候に対する意識が低い。またメンタルヘルスの問題については,ロンドンでは依然として高く,入院率は2009/10年に上昇している。
7) 重大な窃盗(acquisitive crime),再犯率(54%低下),凶悪な暴力犯罪(26%低下),銃犯罪(43%)は減少している。若者関連の犯罪も改善しており,若者の裁判件数は2007/08年以降半分に減少している。
8) これはロンドンで2番目の規模の安価な住宅供給の計画と関係している(特に社会住宅の供給)。
9) 2010年総選挙の投票率も2005年から改善している。
10) 「健康格差縮小」は,2007/08年度では229万3239ポンドの近隣地域再生資金が配分されており,他のプロジェクトはない。「包摂的なコミュニティの構築」をみると,2007/08年度に475万1,574ポンドの近隣地域再生資金が配分され,NRF 近隣地域エレメント(NRF Neighbourhood element)に51万6,000ポンド,合計で526万7,574ポンドであった。サービス全体に関わる財源については,ニューハム LAA 内で厳しい財政事情がみてとれた。ニューハム当局は,政府の補助金額に影響を与える人口の推計値が低す

ぎると算出方法に不満を表明したが，公共セクターのエージェンシーを通じて支出先を変えるよう協働する必要があった。(London Borough of Newham 2007：6, 49)
11) 社会的企業の関係では，ネットワーク・ガヴァナンスのようなソフトなテクノロジーが，起業家精神，自立，市民社会の中の信頼という要素を新につくり出していると，デービスは指摘している。

第7章 福祉と医療の財政的連携・統合
——合同財政とプール予算などの検討

　英国では，医療は国の制度，社会的ケアは地方自治体の提供となるため，両者の効果的な連携が求められてきた。医療と福祉の連携は積年の課題であるが，それを阻害する要因は，組織構造的なものなのか，または現場レベルでの技術的な問題なのか，この点を見極める必要がある。これまで医療と社会的ケアの政策をめぐって数々の組織改革が行われてきた。ただし統合に向けた改革は，必ずしも意図した成果をもたらしてはいない。その理由は，改革が政権交代に伴い度重なる頻度で実行されており，準市場そのものも複雑な状況を生み出してきたからである。

　本章は，1970年代の合同財政とブレア労働党政権によるプール予算との比較を中心にして，イングランドにおける医療と福祉の連携を考察していく。検証するのは，次の3点である。①合同財政が創設された背景，合同財政の仕組みと運用上の課題，②プール予算が創設された背景，プール予算の仕組みと運用上の課題，③合同財政とプール予算の比較から得られる知見を明らかにしたい。なお，制度の適用の範囲から，研究対象はイングランドに限定している。

1　医療と福祉の協働の略史

1．戦後から1970年代へ

　医療と福祉の協働について，戦後から1970年代の動きをみておく。第二次世界大戦後，ベヴァリッジ報告に基づいて，医療と福祉は医療＝国営，福祉と公衆衛生＝地方自治体という体制が整備された。医療と福祉の連携が求められたのは，医療と福祉の所管をめぐる分離したシステムに端を発していた。高齢化が始まる時期から長期ケアの需要が高まり，医療・福祉の連携が一層重要になったが，時期を区分してみると，1970年までの状況は高齢者を中心とする長期ケアは医療や福祉サービスの周辺的な位置にあったと考えられる。NHSの

病院内に療養病床やナーシングホームが設けられ，原則無料のサービスが提供され，退院後の段階になると地方自治体の福祉介護が用意されることとなった。施設ケアが必要な場合，自治体ソーシャルワーカーは入居施設や民間の施設に送致（refer）するという仕組みが設けられていた。

1970年代においては様々な改革が着手されている。イングランドの地方自治体では1971年に社会福祉部が創設され，1974年には地方自治制度とNHSの両方で大きな組織再編成が行われた。当時政府は，医療と福祉において効率性と効果性を改善する大規模な改革が必要であると論じていた。この時期の改革では，14のリージョン保健局（Regional Health Authority）が設立され，その内部で90のエリア保健局（Area Health Authority）が設置されていた。ミーンズらによれば，エリア保健局の下で205のディストリクト運営チーム（District Management Team）が活動を展開しており，在宅保健サービスが地方自治体からNHSに移されたのに対し，医療／病院のソーシャルワークはNHSから社会福祉部に移管されていた（Means, Morby and Smith 2002：73）。

1973年NHS再組織法（NHS Reorganisation Act 1973）第10条に注目してみたい。そこでは保健局と地方自治体のジョイント・ワーキング（joint working）を求めていた。この共同行為は，その後白書 *Caring for People*，1990年NHSおよびコミュニティケア法（NHS and Community Care Act 1990）に引き継がれ，保健局と地方自治体との連携を本格化させる契機となっている。

1970年代はまさに医療と福祉の連携をつくり出す草分けの時代で，1974年に合同諮問委員会（Joint Consultative Commission, JCC）が設置され，双方の当局の担当者で構成された合同プランニング・チームは合同諮問委員会を支援するために設置された。合同財政（joint finance）は医療と福祉の連携に財政的なインセンティブをつけるために設けられたものである。この時期の前後において，医療と福祉の連携が二次医療と福祉との関係で必要になっていたことにも留意しておく必要がある。病院の入院には待機問題があり，退院促進という課題があった。

2．転換期の1990年代

医療と福祉の協働について，転換期となった1990年代の動きをみておく。

サッチャー政権の下では、すでに述べた通り、政府は1990年にサービスの購入者／供給者の分離を行った。これは、1988年のグリフィス報告を受けて、1990年のNHSおよびコミュニティケア法が法制化されたことに伴った動きである。病院をトラスト化し、予算管理権をGP（General practitioner：一般医）に委譲し、内部市場を構築しようとした。一方、福祉では、同じくサービスの購入者／供給者の分離に伴って、独立セクターの施設を増加させた。1990年NHSおよびコミュニティケア法は、長期入院型の病院から、（特に知的障がい者のための）コミュニティケアへの移行を図ったのが注目される[1]。

同法は、医療から福祉へと資源を大きく転換する必要性を強調し、医療と福祉との境界を再規定する契機をつくり出していた。ただし、GPが地方自治体と連携するのは新たな負担となり、合同計画にとまどっていたと言われている。医療のファンドホールダーであるGPにとって、ケアの質と効率を目指していたものの、住宅や福祉サービスを購入する業務の実施は追加的な負荷が伴った（山本 2003：179-80）。

ブレア政権になると、NHSと地方自治体との共同活動はさらに重視されることとなる。1997年の白書 *The New NHS : Modern, More Dependable* は、医療と福祉との「ベルリンの壁（Berlin Wall）」を取り壊すことを公言し、NHSと地方自治体とのパートナーシップに関する新たな法的な義務を示した[2]。さらに同政権は、1998年に医療と福祉の統合を促進する合同ユニット（joint unit）を新設し、翌1999年に *Health Act Partnership Arrangements* を制定して、医療と福祉の連携を強化した。1999年法では、新しいパートナーシップ協約が提唱され、第31条の下でパートナーシップが実践されるに至った。その目的は、資金のプール化と機能の委譲（コミッショニングと供給の統合）を通じて、サービスを改善することであった。この規定は、NHSと地方自治体の機能に焦点を当てており、サービスの確保と調整（coordination）、革新的アプローチ等を推進する権限を持たせたものである。

特に次の2点は留意しておく必要があろう。第1に、地域保健局を縮小し、主に情報収集とその提供、医療サービス機関の監督を行う戦略的保健局（strategic health authority）へと組織再編を図っている。第2に、福祉に対しては、連携の推進主体をプライマリー・ケア・グループ、プライマリー・ケア・トラ

スト（Primary Care Trust）としている。さらに2001年医療および社会的ケア法（Health and Social Care Act 2001）は，プライマリー・ケア・トラストを発展させ，ケア・トラストを任意で設置させることにより，医療と福祉の連携を充実させる方向へ導いている。

　高齢者という視点からは，1970年代から1980年代中頃まで，医療と福祉に関する優先策はとられていなかった。しかし1990年代に入って，「コミュニティケア改革」によって大きく状況は変化していった。1990年代後半の労働党政権は準市場路線を継承したが，高齢者サービスの改善は，ナショナル・サービス・フレームワーク（National Service Framework）を通じてさらに進んだとみてよい。ナショナル・サービス・フレームワークは，①年齢差別，②本人を中心としたケア（person—centred care），③中間ケア，④総合病院でのケア，⑤脳卒中，⑥転倒，⑦高齢者の精神保健，⑧健康促進，という高齢サービスに関する8つの重要な基準を設けている。これは高齢者福祉には大きな前進である。ただし，政府の財源配分は中間ケアに向けられており，上記の8つすべての基準を満たせるような予算配分となっていなかった。中間ケアに重点的な予算配分を行う背景には，高齢者の生活の質（QOL）ではなく，ベッド・ブロッキング（bed blocking）——急性期病棟で高齢者がベッドを占有する状況——を是正したいとする政治的意図が働くからである。長期ケアの政策では，民間の介護施設やナーシングホームから短期リハビリテーションへと方針転換が試みられている（*DoH National Service Framework 2001*, pp. 12-14）。

　最後に，「ガバメント」から「ガヴァナンス」へという地方統治をめぐる変化に触れてみたい。英国では，地方カウンシルが地域生活に影響を及ぼすサービスを提供している。しかし今日では，これらのサービスはカウンシルの独断で決定されるとは限らない。保健当局（Health Authority），住宅協会（Housing Association）といった他の機関に委ねられることがある。その意味で，地域の意思決定とサービス供給はもはや単一の機関の分野ではない。例えばコミュニティケアにおいても，社会福祉部，保健当局，ヴォランタリー機関の積極的な協働を必要としている。ローズ（Rhodes, R.A.W.）が指摘するように，ローカル・ガヴァナンスには，組織の境界を越えた複数機関の活動，パートナーシップ，政策ネットワークが関係している（Rhodes 1997：9-13）。ローカルなレベル

でのガヴァナンスは，単に地域で管理されるものではなく，公共サービスと政策過程へ重要な地域のインプットを関係づける機能に焦点を当てている。それは，医療サービス，対人社会サービス，教育と訓練サービス，公営住宅等に当てはまる。

現代のローカル・ガヴァナンスをめぐる主要な課題は，住民の意思を尊重した形で，いかに諸機関の境界を越えて協働を成功させるかということである。そのためには，協働を推進するための法的義務が必要となり，このことはコミュニティケアと医療との連携事業に当てはまる。ただし，異なる機関の連携と統合的な事業の実施は様々な理由で容易ではない。保健当局は地方自治体の活動分野と隣接することもあれば，一致しないこともある。特にプライマリ・ケア・グループは，自治体活動の境界線と地理的に合致しないことがある。イングランド型ローカル・ガヴァナンスには特有の地域性・複雑性がみられるからである。

以上から，本節の要点をまとめておきたい。
- 医療と福祉の連携が求められるようになったのは医療＝国，福祉＝地方自治体という分離システムに端を発するが，高齢化が始まる時期から長期ケアの需要が高まり，医療・福祉の連携が重要な政策課題となった。
- 1970年までの状況は，高齢者を中心とする長期ケアは医療や福祉サービスの周辺的な位置にあった。1970年の前後では，医療と福祉の連携問題は二次医療と福祉との関係で生じていた。
- NHSおよびコミュニティケア法は，医療から福祉へと資源を大きく転換する契機をつくり，双方の境界線を再規定する動きをつくり出した。
- ブレア政権では，NHSと地方自治体との共同活動がさらに活発化し，NHSと地方自治体とのパートナーシップによる法的な枠組みが設けられた。

2　合同財政の創設とその運用

1．合同財政の創設の背景——医療と福祉のねじれた関係

ここでは，医療と福祉の協働の初期段階を形成した合同財政の創設の背景をみておく。1970年代はまさに医療と福祉の改革の時代であった。1970年代は，

石油危機に端を発してスタグフレーションが世界経済を襲い、その余波を受けて公共支出が抑制された時代である。英国内でも資源抑制の下で、保健社会保障省という巨大省の創設に象徴されるように、組織の合理化が図られた。医療と福祉の関係では、1971年にイングランドの地方自治体で社会福祉部が新設され、1974年に地方自治制度とNHSの改革が実行されたのが重要である。政府は医療と福祉の効率性を高める改革が必要であるとし、NHSが医療と福祉の連携・統合を進める機軸と考えていた。

このような組織改革の機運の中で、諸サービスの移管が行われている。在宅看護（home nursing）や保健師の在宅訪問（health visiting）等の在宅保健サービスは自治体管轄であったが、NHSに移された。一方、医療／病院のソーシャルワークはNHSから社会福祉部に移管されていった。同時に、虚弱な高齢者を支援する在宅サービスやデイヘルスサービスが地方自治体の責任として明確にされたのが注目される。しかしながら1974年のNHS改革は、多層型の複雑なシステムを生むものとして批判され、効率性の改善の目標を達成するものとは評価されなかったのである。

社会福祉部の創設以降も、医療が高齢者福祉に影響を及ぼしていた点をおさえておく必要がある。NHSの費用増大は制度発足以来大きな政策課題で、特に1970年代中頃の景気後退と公共支出の抑制はNHSに財政的な圧力を加えていた。地方における資源の割当基準は高齢化の趨勢を考慮して、予防に重点が置かれ（DHSS 1976）、このような事情を背景にして1976年に、政府は諮問文書 *Priorities for health and personal social services in England* を発表し、医療と福祉の合同財政を提案し、導入に踏み切った。[3]

医療と福祉を財政面でみた場合、NHS＝国の税財源、社会福祉部＝政府補助金・地方税（当時はレイト）という2つの異なった体系を描くことができる。両者の制度が抱える問題は費用負担の仕組みの相違である。地方自治体にとっては、患者を病院に長く入院させるほど、地方の福祉サービスへの需要は相対的に減り、引いては地方税を抑制することができる。これに対し、医療にとっては、このような療養病床の維持はコスト高を助長させることになるのである。

地方自治体は、ベッド・ブロッキングを解消するため、NHSと協働すると

いうモチベーションをあえて持たない。加えて，中央－地方の財政関係から，政府は地方税を低位に維持するよう地方自治体に求めていた。こうした事情から，ベッド・ブロッキングはむしろ自治体財政の節減効果をもたらしていたとも言える。この「ねじれたインセンティブ (perverse incentive)」は医療と福祉の連携を明らかに阻害していたと考えられる。

合同財政の創設前の状況に触れておくと，ベッド・ブロッキングの問題を最初に扱ったのは Guillebaude 委員会（1956）で，その解消のためにすでに4半世紀にわたって一連の措置がとられていた。1973年 NHS 再組織法は，合同諮問委員会 (joint consultative committee) を基盤にして，医療と地方自治体との合同プランニング (joint planning) を策定するよう要請した。合同プランニングの主な目的は，長期入院型病院を削減し，虚弱な高齢者をケアするコミュニティ・ベースのサービスを確保することであった。合同プランニングは1976年に結ばれた保健局と地方自治体との合同プランニング協約に基づいており，行政ベースの制度であった。1983年以降，同協約は利用者中心のモデルを取り入れて，計画づくりを進め，その後も購入者／コミッショナーのレベルで，医療と福祉サービスを代替，補完する役割を担っていた。

合同プランニング協約の中身をみると，それは3つの柱からなっている。すなわち，①複数の機関が共同でニードを把握し，ニード充足の戦略に合意した上でこれをコミッショニング協約に組み入れること，②共同によるサービス購入を行うこと，③共同による特別なサービスを供給することであった。同協約の意義は，医療と福祉の連携において先駆的役割を果たしたところにある。しかしこの取り組みは，内発的な動きが生まれず，予想ほどには伸展しなかった。そのため政府は財政的誘因を注入することで，合同財政の設置に踏み切ることにしたのである[4]。

2．合同財政の目的とその仕組み

1970年代中頃に労働党政権は合同財政を導入するが，その目的は病院からの退院を促進することにあった。合同財政は，NHS 予算の縮減に資する自治体コミュニティケア事業に NHS 財源を移転する制度であった。合同財政の仕組みは次の通りである。長期入院型病院の退院患者に対して，社会福祉部が一定

表7-1　社会福祉部と保健当局との間の合同財政における資本支出と経常支出

	1976/77	1977/78	1978/79	1979/80	1980/81	1981/82
合計額（1000ポンド）	4203	17532	31169	39825	601.7	72780
資　本	70.5%	50.8%	49.9%	41.3%	38.7%	32.4%
経　常	29.5%	49.2%	50.1%	58.7%	61.3%	67.6%

資料：Finance division DHSS
出典：Wistow 1983：33-37

　の期間にわたってコミュニティ・サービスを提供する際，その財源を保健局から受けることができる資源移転アプローチ（resource transfer scheme）を採用していた[5]。表7-1は，保健当局から社会福祉部への資源移転の状況を示している。

　合同財政の運用は，エリア保健局（Area Health Authority）が担ったが，その交付条件の下で上位のリージョン保健局から下位のディストリクト保健局（District Health Authority）へと資金は流れていった。その後エリア保健局は廃止され，ディストリクト保健局で資金が分割されたために配分額は零細になり，事業規模は小さなものになった。つまり，ディストリクト・レベルでは，施設建設等の大きな事業を取り扱わず，また医療主導の制度という特徴を持っていたのである（Means, Morby and Smith 2002：73-74）。

　1977年の保健社会保障省の文書 Priorities in the Health and Social Services : The Way Forward と，翌年の討議文書 Collaboration in Community Care : A Discussion Document は，合同財政の強化を目指した[6]。合同財政が実施されて数年後，短期型プロジェクト補助金という性格を帯びていった。先にも触れたように，初期において合同財政の規模は小さく，1980年代では対人社会サービス予算のわずか5％を占める程度であった[7]。地方自治体への特定補助金は，地方のNHS当局が同意し，地方自治体が資金の30％を支出するという条件の下で交付されていった（表7-1参照）[8]。長期的資金が活用できる補助金としては，精神保健特定補助金があった。

　合同財政の利用先について，ミーンズらの研究を手がかりにして検討してみたい。実施当初，地方自治体は合同財政を利用して，介護施設入居者の要介護状態の悪化に対応する事業を展開していたという。例えばメトロポリタン当局

（Metropolitan Authority）は，重度の要介護高齢者用施設を増設し，小規模事業として補装具の提供や住宅改修を進めていた。1980年代に入ると，合同財政による新規事業として，既存の自治体施設を活用した形で看護職員を配置する事業を実施している。地域保健局が拠出した合同財政の事業では，交付期間を延長するものもあった。合同財政の運用においては様々な困難が伴った。社会福祉部が新規計画案を保健局に提案し，合意に至るまでには相当な苦労があったという関係者の証言がある。合同財政が経常コストを保証していないために，高い施設人件費をどのように処理するのかという問題が生じていた（Means et al. 2002：88）。合同財政は長期看護ベッドの供給を削減するという条件をつけて，コミュニティ・サービスに財源の余地を与えていた。当時の事例では，メトロポリタン当局が合同財政を用いて洗濯サービス，ロンドン・バラは休息サービスを実施した。一方，県レベルのカウンティ（county）では，在宅ケアやデイケアの供給を拡充するところもあり，宿泊施設を当時のエイジコンサーン（Age Concern, 現 Age UK）に委託していた（Means et al. 2003：75-90）。

　医療と福祉の実務者レベルでは，微妙な緊張関係が生まれていた。その理由は，合同財政の交付期間が終了した段階で，地方自治体が経常コストを負担するからで，地方自治体には負担増の懸念が付きまとっていた。そのため1976年10月に，地方自治体が以下の決議を出したのが注目される。

- カウンシルは将来合同プランニングのコストのいかなる部分の責任も認めないことを保健局に通知する。
- 事業スタッフは，（当該組合との協議後）3年間の期間のみ指名されるべきである。実施後に，コストの100％が保健局によって賄われるのであれば，スタッフには常勤という条件で新しい指名を行うことができる。
- 一定部分のコストがカウンティに課された場合，その事業コストを賄うため，将来数年間追加財源の割り当てはないことを事業委員会に通知する。

　このような決議が出された後も，地方自治体には不安は消え去らなかった。合同財政の短期的施行という性格から，地方自治体は経常コストの算定を見込まなかったからである。そのため合同財政に基づく事業計画は，経常コストを要しない短期事業に偏る傾向がみられた。

　一方，ミーンズらの研究調査からは，地方自治体は合同財政の運用に不満を

持っていたことが明らかになっている。地方自治体は長期的事業を提案するため、保健局との合意は難航することがあった。双方の打ち合わせにおいて、社会福祉部の不満が募り、「保健局が資金を掌握している」（社会福祉部副部長／エリア担当部長のコメント）との発言が記録されている。地方自治体の不満は、先の財政問題に限られるものではなかった。国が共同事業を奨励する背景には、公共サービスの削減というより大きな問題から注意をそらすものという批判もあった。また現場からは、合同財政の規模は医療と福祉の予算総額と比較してきわめて少額であり、合同プランニングの会議も「トークショップ（話をするだけの場）に過ぎず、建設的な意見はほとんど出てこない」という証言も出ていた（施設サービス担当者／管理サービス担当主任のコメント）（Means et al. 2002：89-90）。

とは言え1980年代に入ると、高齢化による医療と福祉への影響を想定した政府文書が相次いで出されて、資金の増額、交付期間の延長などを含む合同財政の拡大を政府は指示していった。

3．合同財政の規模とその効果

合同財政の交付期間は1990年代後半まで続いた。合同財政の資金の流れをみると、当時のDHA（ディスリクト保健当局）から資金が下位組織に配分された。当初NHSが経費を支出する期間は5年間であったが、1977年に7年間まで延長され、その後交付期間は再々延長が決められている。試行錯誤の跡が見受けられる。交付額は、支出条件が緩和されたことから拡大の一途をたどったが、1976/77年に1,640万ポンド、1980/81年に6,660万ポンド、1998/99年には約1億5,500万ポンドにまで達している。ただし1990年代中頃にピークを迎えたものの、それ以降はマイナスに転じ、合同財政に基づいた保健当局への特別資金配分は1998/99年に終了した（Wistow 1983：33-37）。

合同財政はどの程度の効果をもたらしたのか。**表7-2**は合同財政による福祉予算増加率への寄与率を示しており、1970年代に限って合同財政の効果を把握することができる。1975/76年から1980/81年までの対人社会サービス予算総額の増加率（実質）は、合同財政を含んだ場合の増加率が19.5％であったのに対し、合同財政を除いた場合の増加率は16.8％にとどまっている。ここから

表7-2　合同財政による対人社会サービス予算増加率への効果

	1976/77	1977/78	1978/79	1979/80	1980/81	1975/76-1980/81
合同財政を含んだ場合の増加率（％）	2.9	2.5	4.5	4.9	3.4	19.5
合同財政を除いた場合の増加率（％）	2.7	1.7	4.0	4.7	2.8	16.8

資料：Social Services Committee, Session 1981/82, House of Commons Paper 306-ii
出典：Wistow 1983：35

1970年代においては，合同財政による若干の寄与率が認められる。

以上から，本節の要点をまとめておきたい。

- 1970年代中葉は公共支出抑制の時代で，特に資本計画はその余波を受けていた。合同財政は福祉予算の不足を補う役割を果たし，地方自治体は新規事業を進めることが可能になった。
- 合同財政の規模は，医療と福祉の予算総額と比較して小さな範囲にとどまったが，その後拡大を遂げた。
- 合同財政の運用では，保健局がイニシャティブを握ったものの，長期療養ベッドを減らす条件の下でコミュニティ・サービスの財源に充てられた。
- 地域保健局は合同財政に一定の拠出を行い，交付期間を延長して事業を支えた。しかし医療と福祉には緊張関係が伴った。
- 合同財政の交付期間が終了すれば，社会福祉部が経常コストを負担するため，合同財政に基づく事業は経常支出を伴わない資本プロジェクト中心になりがちとなった。

3　プール予算の創設とその運用

1．プール予算の創設とその背景

　時代は1990年代後半へと移り，再び医療と福祉の財政統合が試みられた。この時期から，部局間のパートナーシップ政策の推進に拍車がかかってくるが，医療と福祉ももちろん例外ではない。政府がパートナーシップを重視したのは，総選挙で公共サービスの改善を国民に公約したからで，つなぎ合わせると

いう意味のジョインドアップ (joined-up) は国策を象徴する用語となった。

先にも触れたように，医療と福祉のパートナーシップは，1999年医療法 (Health Act 1999) の制定が契機となっており，NHSと自治体福祉の双方に地域レベルでのパートナーシップを進める義務を課していた。医療と福祉のパートナーシップ協約では，一定のプール化された財源とマネージメントの統合が含まれた点が重要である。そのプロセスを監督するため，政府は医療・社会的ケア合同対策室 (Health and Social Care Joint Unit) を設置した。以下で，プール予算の仕組みと運用状況をみていきたい。

さらに両者の連携を本格的に進めたのが1999年医療法の制定である。同法は政府の討議文書 *Partnership in Action*（1998）を契機として法制化され，医療と福祉の機関に対して，①プール予算の創設，②資金を他機関にも移管できるコミッショニング，③医療と福祉のサービスの一体的な供給を奨励していた (DoH 1998：8)。

2．プール予算の目的とその仕組み

ここでは，*Partnership in Action* にしたがってプール予算の目的および仕組みを説明していきたい。プール予算[9]の目的は，以下の通りである。
① (リハビリテーションや回復サービスを含む) 病院からの退院促進
②病院，介護施設，ナーシングホームへの不要な入所の防止
③就職や雇用継続のためのリハビリテーション
④緊急入院の増加傾向の歯止め

これと関連して，1999年医療法はジョイント・ワーキングをさらに推進するために法制化されたもので，医療と福祉のサービス機関は，プール予算の執行，資金を他機関に移管できるコミッショニング，医療と福祉のサービス供給の統合を実施できるようになった。プール予算は医療と福祉を部分的に統合するために資金の一部を相互に活用でき，合同コミッショニングは医療と福祉のサービス購入を可能にし，ホスト機関はその責任を負った (DoH 1998：20)。

プール予算は個別分野を越えて，諸機関がクライアントのニードの充足に向けて，ジョインドアップを促進するものとして期待された。様々な規模の事業が想定され，保健局，NHSトラスト，プライマリ・ケア・トラスト，地方自

治体が参画した。運用に当たってはプール予算マネージャーが配置され，既存のスタッフからの推薦またはパートナーからの任命によってホスト機関が定められていた。GP はプール予算マネージャーになれないが，行政当局を代表して予算を運営することができた点も注目される。パートナーシップの取り決めでは，まずパートナーシップ協約を定めて，目標とアウトカムを明示し，健康改善計画（Health Improvement Plan）と関連づける必要があった。財政，サービスの質と量の点から，パートナーシップの実績は行政評価を受けることになっていた。

　プール予算の交付期間は，単年度または複数年度とされたが，パートナーは予算の規模や変動に注意する必要がある。パートナーの拠出の規模に制限はない。留意したい点は，プール予算はパートナーが拠出した額の多寡とは関係なく，パートナーシップ協約で合意されたサービスに活用されることである。つまり，事業への支出はパートナーの拠出レベルと関係づけられることはなく，利用者のニーズに基づくことが保証されている（DoH 1998：22-25）。

3．プール予算の構成と予算額

　患者とサービス利用者の利益の観点から，地方の医療と福祉の組織はどのように資金をプールするかを決める裁量権を持っている。大部分のプール予算は，①主流の予算と，②政府から交付される短期の特定補助金（ear-marked grants）との組み合わせから構成される。ただし，②は特定補助金であるために裁量は利かず，生じた余剰金は外部のサービスに流用することはできない。支出の後では，資金の使途を示す特別報告書を政府に提出することになっていた。プール予算の総額は2007年の公表データでは約3億5,000万ポンドであった（DoH Practical Advice Pooled Budgets for Urgent Care）[10]。

4．プール予算の評価・監査体制

　プール予算はどのような形で評価を受けていたのか。それはパートナーシップの目的，アウトカムの設定という視点から業績が評価され，予算の活用はベストバリューの視点から評価を受けるというものであった。監視態勢では，パートナーが予算に対する拠出の状況を明らかにし，ホスト機関は4半期ごと

に監視結果の報告書を公表する。監査も，ホスト機関がパートナーシップの会計監査を行い，拠出した諸機関への報告では，プール予算の目標の達成を確認するデータを公表することになっていた。

5．監査委員会による評価

　プール予算の運用状況を知るには，監査委員会（Audit Commission）*Governing Partnerships Bridging the accountability gap*（2005）が参考となる。この資料から，2002/03年から2003/04年という限定された期間ではあるが，地方自治体でプール予算の活用が増えていることがわかる。最も多いのはカウンティで，次にロンドン・バラとメトロポリタン・バラと続き，この三者は横一線で並んでいる（図7-1）。プール予算全体では，医療と福祉のプール予算が最も伸展している。[11]

　医療のプール予算は，図7-2をみると，2002/03年から2003/04年にかけて徐々に増加している。プライマリ・ケア・トラストがホスト機関となった場合，プール予算の活用が多い。医療におけるプール予算では，プライマリ・ケア・トラストが群を抜いて多い。NHSトラストがホスト機関としてプール予

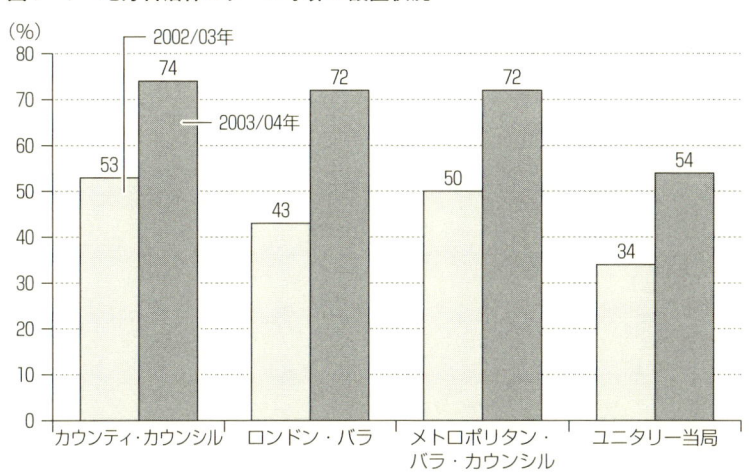

図7-1　地方自治体のプール予算の設置状況

自治体種別	2002/03年	2003/04年
カウンティ・カウンシル	53	74
ロンドン・バラ	43	72
メトロポリタン・バラ・カウンシル	50	72
ユニタリー当局	34	54

出典：Audit Commission 2005：50

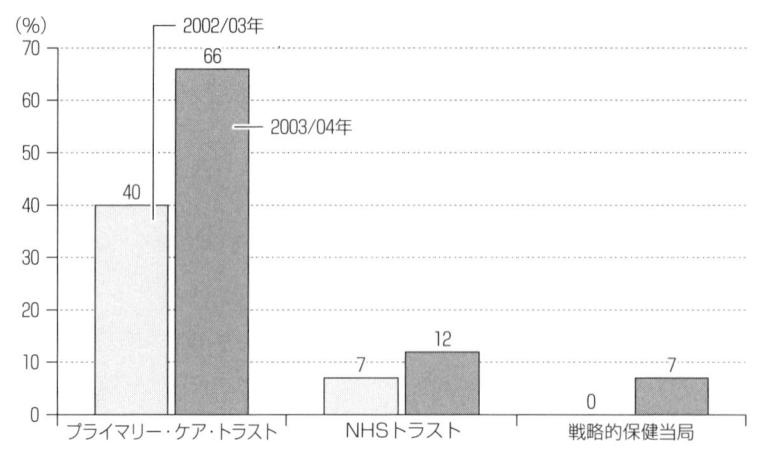

図7-2 医療におけるプール予算の設置状況

(%) プライマリー・ケア・トラスト：2002/03年 40、2003/04年 66
NHSトラスト：7、12
戦略的保健当局：0、7

出典：Audit Commission 2005：51

算を運用した場合，問題の発生が少ないのも注目される（**図7-3**）。

　プール予算はパートナーシップが持つ利点とリスクを表現していた。プール予算の利点は，目的を共有し，財源を統合させて，より優れたサービスを提供するところにある。他方でリスクは，パートナーシップがうまく機能するかはマネージャーの力量に左右される。図7-3によれば，プール予算に関する問題は，NHSを除いて，「問題あり」が約4割，「問題なし」が約6割となっている。パートナーシップが抱えるリスクを抑制するため，関係機関はプール会計覚書（the pool memorandum of accounts）を交わして，プール予算の取り決めを定める。そして責任者がプール会計覚書を作成し，収支計画を示して，各パートナーに送付する。

　一方，医療と福祉のプール予算を運用するホスト機関の役割は，プライマリ・ケア・トラスト以外にもベストバリューに認定された地方自治体が担った。プール予算に加わる機関はマネジメントのリスクを共有するが，予算運用を担当しない機関にもアカウンタビリティが課されるため，プール予算の覚書に同意する必要があった。政府はジョイント・ワーキングの進捗を気にかけ，その成果を事業別，地域別に公表することで，グッドプラクティスの浸透

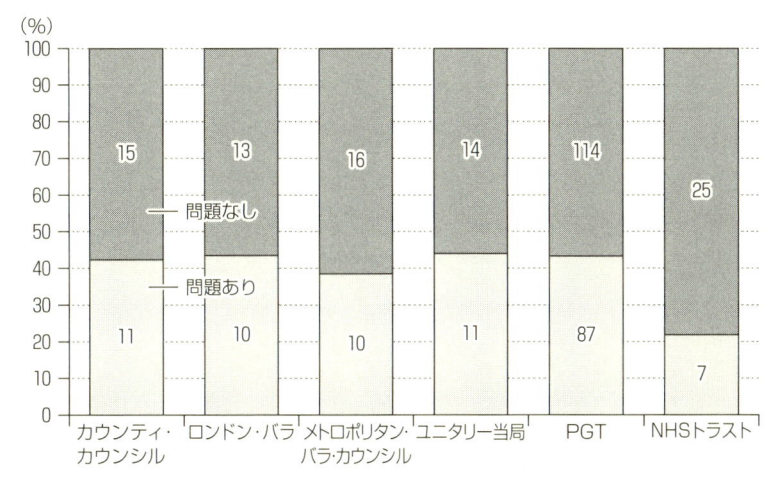

図7-3 プール予算に伴う問題発生の有無

(%)
カウンティ・カウンシル: 問題なし15、問題あり11
ロンドン・バラ: 問題なし13、問題あり10
メトロポリタン・バラ・カウンシル: 問題なし16、問題あり10
ユニタリー当局: 問題なし14、問題あり11
PGT: 問題なし114、問題あり87
NHSトラスト: 問題なし25、問題あり7

出典：Audit Commission 2005：52

をねらっていた。医療と福祉のプール予算は，連携の旗振り役を演じたのである。

5．事例からみるプール予算の運用状況

プール予算の事例は多くは報告されていない。ここではオックスフォードシャーの事例をみてみたい。保健省が出している *Practical Advice : Pooled Budgets for Urgent Care*（2007）がオックスフォードシャーのプール予算の成果を紹介している。オックスフォードシャーはロンドンの北西にあり，人口約60万人超の田園地域である。カウンティ・カウンシルの社会的ケアと医療の担当部長が，緊急ケア・ネットワーク（Emergency Care Network）の指揮を執っている。高齢者サービスのプール予算は約5,000万ポンドで，社会的ケアを扱うカウンシルとプライマリ・ケア・トラストが運用している。参考として，2007/08年の成人ケアの経常予算は1億1,575万3,000ポンドであった。[12]

プール予算の運用は，サービス購入のリスト作成から始まる。長期用と短期用の介護施設とナーシングホーム，施設を活用したレスパイトケア，中間ケアのサービス購入計画を立てる。この計画では地方の施設供給に加えてNHSの

継続的ケアも取り入れ，住民が地域生活を継続できるよう高額の複雑なケアパッケージを設けている。プール予算の目標は，病床転換の遅延を最小限にし，介護施設のベッドを購入できる資金力を高めることである。購入の対象となったのは，精神保健のニーズをもった高齢者用介護施設，標準的なナーシングホーム，特別なナーシングホームである。オックスフォードシャーは2003/04年に重要な改革を成し遂げている。以下は，達成した事業項目である。

- 独立セクターを利用して中間ケアを増床した。
- コミュニティ病院から介護施設への転換を図るため，レスパイトケアを再開した。
- 長期ケアの待機者が多く存在することから，病院から退院できるように転換病床を購入した。
- ブロック契約を活用して，身体障がい者施設の25床を確保した。
- ターミナルケアと訪問薬物治療の利用者を増加させた。
- ケアの質の良い施設を安定的に供給するため，ブロック契約を活用して169床増やした。
- オックスフォードシャーのNHS病院全体で病床転換の遅延を縮小した。

Practical Advice によれば，オックスフォードシャーのプール予算は退院管理に大きく貢献し，患者が4時間以内に治療を受ける目標の98％を達成することができた。高齢者サービスを査察するCSCI（当時）も，効率的なサービスと優れたアウトカムをもたらしたと評価している（2004年9月時点）。財政的には，2003/04年に約100万ポンドの余剰金を生み出していた。翌2004/05年でもさらに成果をあげており，以下はその内容である。

- 独立セクターの中間ケアに投資を増強した。
- 病院の退院を遅らせないようにする一方，「選択に向けての指示書（Directions on Choice）」を達成するため，55床の移行ケアの投資を増強した。
- 退院の遅延をさらに縮小した。
- 不要な入院を抑制した。
- 中間ベッド（interim bed）を利用して，NHS予算で約80万ポンド（推計）を節減した。

このようにオックスフォードシャーのプール予算の取り組みは効果をあげて

おり，プール予算の効果は大きいとみてよい。

次の事例はロンドンのハマースミス＆フラム区（Hammersmith & Fulham）で，これはヒアリング調査に基づくものである。同区はロンドンの西部に位置し，インナー・ロンドン・バラの1つである。成人または高齢者全体の約20％が社会福祉部によるアセスメントを受けている。なお，同区の詳しいプロフィールは第9章で記されている。

同区でもプール予算を運用しているが，プライマリ・ケア・トラストが主に資金をプールし，カウンシルも拠出していた。予算の個々の細目はGPが執行し，全体的な予算はリード・コミッショナー（lead commissioner）が統括する。両者には緊張関係がある。プール予算マネージャー（pooled budget manager）というポストを設けていたが，自治体福祉部でプール予算を執行する場合，学習障がい者の事業に充てることが多い。そのため，学習障がい者の事業にはカウンシルの方が多くを拠出することがあった[13]。

以上から，本節の要点をまとめておきたい。
- プール予算はジョイント・ワーキングを推進する政府の方針から生まれたもので，医療と福祉のプール予算は1999年医療法で規定されたものである。
- 医療と福祉のプール予算では，1つのサービス供給機関が資金を他に移管できる取り決めで，両方のサービスを購入することが可能になっている。
- 1999年医療法の規定により，退院した成人の対応では，地方自治体が退院後の準備を遅延させた場合，罰金が課される。
- 医療と福祉には緊張関係が存在するものの，プール予算の成果は一部の地域で確認されている。

4　合同財政とプール予算の比較

1．制度創設の背景

先にも触れたように，1970年代は医療と福祉の連携をめぐる萌芽期であった。合同諮問委員会が1974年に，合同ケア計画チームが1976年に設置され，連携を財政面から支える形で合同財政が1976年に導入された。合同財政の創設には，公共支出の抑制という時代背景があり，結果的には合同財政が設けられた

からこそ，自治体予算の抑制が強化されたにもかかわらず，福祉サービスの供給を継続できた。合同財政は財政危機の時代の産物ともいえ，支出抑制時代の資源移転策の性格を持っていた。その後20年を経て，1990年代に再び連携・統合のための改革を迎えることとなった。1990年NHSおよびコミュニティケア法を契機にして，医療と福祉の連携が強化されることになり，それを加速化させたのは1999年医療法で，同法の下で設けられたのがプール予算であった。これは政府が強力に推進する公共サービス改革の脈絡から捉える必要があり，特にパートナーシップ政策の目玉となる試みであった。

2．制度の目的

合同財政の目的を再度確認しておくと，それは長期療養ベッドを減らす条件の下でコミュニティ・サービスの財源に充てることであった。これに対し，プール予算では医療法規制緩和規定（flexibilities）がその目的を端的に示している。その規定によれば，①制度の重複と断片化を整理することにより，サービスの効率性を高めること，②医療と福祉の境界があっても，最大限の効果を生み出すよう資源の利用において柔軟性を発揮すること，③最前線のサービスの提供においてよりうまく調整を図ることをうたっている。あえて言えば，プール予算の方が医療と福祉の連携に関して幅広い取り組みを目指していると考えられる。規制緩和条項については，後に触れる。

3．資金の運用

合同財政は資源移転アプローチとして機能した。当初は障がい者・高齢者等の長期入院患者の退院を促進する事業に充当される予定であったが，その後既存の福祉事業に活用することも認められた。すでに触れたように，合同財政では補助金交付が終了した後に，地方自治体が事業の継続費用を負うという問題があった。これとは別に，1970年代から高齢化や他の社会変動に対応する福祉予算の拡充が必要になっていた。実際には合同財政は長期間継続したが，その利用目的はコミュニティケア全体に広がり，財政の増大を支える役割を担った。

一方，医療法の規制緩和規定は地方には任意適用で，地方の判断に委ねられ

表7-3　イングランドの1999年医療法により導入された規制緩和規定

規制緩和の対象	内容の詳細
プール予算	NHSと地方自治体が特定のサービスを提供するために'プールする'ことを認めている。プールされた財源は，医療と社会サービスの区別はなくなり，双方のスタッフはプール化された財源をどのように医療と福祉の分野を越えて支出するかを決めることができる。
リード・コミッショニング	一方のパートナーはコミッショニングの責任を他のパートナーに委譲することができ，医療と福祉を代表して，双方の統合された管轄範囲を統括することができる。
統合された供給者	規制緩和条項は，一方のパートナーの組織が医療と社会的ケア・サービスの双方を供給することを認めており，そのことで適切な範囲でスタッフは供給をすることを認められている。

出典：Hultberg et al. 2005：534

た。同規定は2000年4月に施行されたが，その活用は当初控えめで，2000年11月にはイングランドでわずか32の地域で規制緩和の適用を受けるに過ぎなかった。しかし，2002年になると130の地域に増えている。プール予算はこの規制緩和規定を活用して，患者集団の諸サービスを統合でき，関連するサービスの数や予算の規模は地方によって実に様々であった。規制緩和規定を活用したプロジェクトの目的は多様で，地域差もみられた（Hultberg et al. 2005：540）。

　プール予算では，**表7-4**が示すとおり，権限を委譲されたリード・コミッショナーまたは供給者の統合組織の下で医療と福祉の連携が可能で，合同財政と比較して，分権的な取り組みが保障されている。また，急性期の病院ケアから予防的な地域福祉サービスへと支出バランスを転換できる素地がつくられている。他にも，入院リスクを持つ虚弱な高齢者，中度・重度の精神疾患を抱える人々，学習障がい者へのサービスにプール予算が充当された。このように目的が多角化した点は，合同財政とプール予算の類似点である。

4．全体的な評価

　合同財政の評価は，何よりも社会福祉部への財政面での貢献に尽きる。第1には，合同財政の導入までは，地方自治体はコミュニティケアを発展させる財政的インセンティブを持たなかった。この制度がコミュニティケアの突破口になったと評価できる。第2には，1970年代の公共支出抑制の時代に，自治体福

表7-4 合同財政とプール予算の比較表

		合同財政	プール予算
法　律		1977年NHS法28A条，28BB条	1999年医療法29条，30条，31条
目　的		障害者・高齢者等の長期入院患者の退院を促進すること	①制度の重複と断片化を整理することにより，サービスの効率性を高めること，②医療と福祉の境界があっても，最大限の効果を生み出すよう資源の利用において柔軟性を発揮すること，③最前線のサービスの提供においてよりうまく調整を図ること
権　限		28A条は，保健当局の権限として，対人社会サービス，障がい者教育，住宅の購入のために地方自治体に費用を支払うこと，また28BB条は，地方カウンシルからPCTまたは保健当局のいずれかに資金を移転させることを認めている。	任意の（permissive）権限。1999年医療法29条は，1977年NHS法28A条を拡大したもので，NHSから地方カウンシルの保健関連サービスへの資金移転を認めている。その条件は，①資金移転の目的がNHSの機能または個々人の健康に関連していると，PCTまたは保健当局が認めることと，②そのような移転が，NHSの同じ支出額よりも一層効果的と認めた場合に，資金を移転することが可能となる（ヴォランタリーセクターが利用者である場合にも同セクターに移転は可能）。PCTまたは保健当局は，資金移転の量や交付期間を地方自治体と取り決める裁量を持っている。1999年医療法30条は，PCTまたは保健当局の一定の機能に関連して生じる支出に対して，地方カウンシルからPCTまたは保健当局のいずれかに資金を移転させることができる。機構上は，リード・コミッショナーまたは供給者の統合組織に権限が委譲されている。
補助金の構成と額の推移		保健当局に対する特別年次配分金，他の合同資金協約から支出。DHAから資金が下位組織に配分。保健当局への特別資金配分は1998/99年に終了。交付金総額：1976/77年の約2000万ポンド〜1998/99年の約1億5500万ポンド。	①主流の予算と，②政府からの短期特定補助金との組み合わせ。プール予算額は，2007年の公表データでは約3億5000万ポンド。

（筆者作成）

祉予算を支えてきたことの意義は大きい。ただし，所期の目的を達成したかどうかは疑わしい。長期入院患者の退院促進または介護上の理由による入院の抑制という目的は，その効果は疑問視されている。1990年代に入ると，コミュニティケア改革に伴う「購入者／供給者の分離」の導入によって医療と福祉の境界線はさらに接近し，合同財政の運用は複雑化した。総括すれば，合同財政の使途はコミュニティケア全体に広がり，財政の膨張を招く結果となった。

　課題は主に２つあった。第１には，上級職員レベルでの動員が必要となり，マネージメント経費が大きくなった。第２には，同じ地域内において，サービス，クライアントの間で不公平が生じるリスクが生じた。例えば，特定の少数の患者へのサービスの質と量を改善することと，多数の住民のニーズとを政策的にバランスさせることが必要となった。その成果について，グレンディニングは以下のように述べている。

　　　予算のプール化の結果は，その評価としてコスト削減を示すことができていないし，特にサービス利用者にとってパートナーシップ，ジョイント・ワーキング，他の連携の形態の成果を示す証拠は少ない。……サービスが重複する分野が明らかにされる一方で，それらのサービスの組織における効率性と費用効果性を改善する変化が現れるのにはまだ時間を要する。
　　　　　　　　　　　　　　　　　　　　　　　　　(Hultberg et al. 2005：540)

合同財政とプール予算の比較から得られた知見は，以下の通りである。
- 財政的な連携では，単に財務面で複数機関がつながるのではなく，担当機関の連携への意欲，引いては地方の政治姿勢が問われた。地方の医療と福祉の関係者は，地域に見合ったサービス開発と戦略目的にかなうよう的確な判断が求められ，特にプール予算の利用は地方の判断に委ねられた。政府は医療と福祉の連携・統合への決断を地方に投げかける形で政策誘導を行った。
- イングランドでは，費用負担の仕組み——無料か有料かという制度上の相違——は専門職者の活動や利用者の需要に影響を及ぼしている。この制度上の整理は決着をみていない。
- 近年では連携を含むあらゆる業績評価が行われ，政府の権限が増している。NHSは政府に責任を負っており，医療サービスは厳格に評価されている。同様に，地方自治体や第三者機関から業績監視，査察，規制を受けている。

強化された垂直的な行政組織間の関係と，市場での供給者の競争という水平的な場面が縦横に交錯している。

5 最近の動き

1．保守党の削減政治の始動

　保守党・自民党連立政権の政策からみておきたい。2012年に制定された「医療および社会的ケア法（Health and Social Care Act）」は医療ケアの改善機能をプライマリ・ケア・トラストから地方自治体へ移す計画を盛り込んでいる。この関連で，地方自治体が社会的ケア，医療ケアや関連サービスのコミッショニングを進める責任を負うとしている。この機能は，地方自治体は域内で「共同戦略ニーズアセスメント（Joint Strategic Needs Assessment）」の役割を担い，「地方やコミュニティの組織のより一層の参画の促進」と「さらなる地方での調整や業務の統合の機会」の提供といった点で優先順位づけを行う（HMSO, Health and Social Care Act 2012）。

　2012年には，白書『われわれの将来に向けてのケア（*Caring for our Future*)』が国の基本理念と政策枠組みを示している。同白書の基本理念はウェルビーイングと自立の促進で，この目標を達成するために盛り込まれた内容はマクロ・メゾとミクロのレベルから構成されている。マクロ・メゾのレベルにおいては，ニードを最小限に抑えることを最重要視している。そのために，予防を強調している。増大する予算を念頭に置いて，ニードを最小限に抑え，需要を最適規模に収めようとしている。具体的には，介護ビジネスの成長を支援し，市場化・イノベーションを促進し，それによって質の向上を図るという方針である。また自己管理型のケア（self-directed care）を推進することも目指している。

　一方，ミクロのレベルにおいては，個人の健康，ウェルビーイング，自立，権利を中心的な理念とし，尊厳と尊敬を重視することを打ち出している。パーソナライゼーションと選択は充実した生活を実現し，社会とのつながりを保つものとして奨励している。他にも，スキル，資源，ネットワークを駆使して，ケアラーを配慮するとしており，また熟練したケアワーカーが個人，家族，コ

ミュニティとのパートナーシップにおいてケアの質を保証する役割を担うことを指摘している（HM Government 2012）。

　高齢者の増加と費用の増大により，医療と社会的ケアのジョインドアップは政府の重点策になっている。ジョインドアップを円滑に進めるためにプール予算が執行され，両者の間で資金を移管できるコミッショニングが行われてきた。合同コミッショニングという取り決めが，プール予算と相まってジョインドアップを達成する方法になっているのである。ただし，医療部門と地方自治体はそれぞれの機構改革に関わってきたために，両者の連携統合の作業は活発化してこなかった。保守党・自民党連立政権はジョインドアップの推進を重視したが，その進捗度には不満を表明し，合同財政をさらに強力に推し進める姿勢をみせていた。

2．ベター・ケア基金—医療ケアと社会的ケアの連動策

　ベター・ケア基金（Better Care Fund）は介護関連サービスを統合化する目的で，2013年度の政府歳出見直しを機に設けられた。この基金は全国的レベルでは，2015/16年に38億ポンドの規模に達し，医療ケアや他の福祉関連の補助金を社会的ケアに移転させる仕組みをとっている。新たに財源がつくられたわけではないが，社会的ケアには追加財源となる好機である。ただし，幾つかの条件が設けられており，それらは以下の通りである。

- 医療ケアと社会的ケアの共同計画を策定すること
- 予算削減を緩和するために，社会的ケアの財源を確保して内容を改善し，地域住民に成果をもたらすように工夫すること
- ベター・ケア基金の利用計画が地域の保健ニーズおよびJSNAの意向を反映していること
- NHSの提供する統計資料を踏まえて，データの共有化を図ること
- 週末時退院に必要な社会的ケアのサポートを含めて，7日間の医療ケアと社会的ケアの取り組み計画を立てること
- アセスメントに対する共同アプローチをとること
- 地域でのベター・ケア基金の利用に際して，急性期セクターへの影響度を協議すること

自治体の事例でベター・ケア基金に関する動きをみてみると，ロンドンのサザーク区とランベス区では次のような試算を行っている。ベター・ケア基金の利用により予算の35％増が図れると見立てている。この２つの区は共同して高齢者福祉に取り組んでいるが，試算によれば，通常の資金割当と比較した場合，医療ケアと社会的ケアにおける２つの区の需給の財政ギャップは2018/19年には３億3,900万ポンドになる。政府が推奨するように，予防とケアの調整を実施すれば，この財政ギャップを縮めることが可能となる。

　さらには，地域のデータをモデル化した際に，ベター・ケア基金を通じた統合化により１億6,300万ポンドのギャップを縮小することが可能となる。ただし，新しいサービスも創設することが必要になり，そのために3,900万ポンドが必要で，純節減額は１億2,400万ポンドになるという。とはいえ，緊縮財政で苦境に立つ自治体にとって財源確保の好機であることは確かである。試算上，ケアの統合化は２つの区の医療ケアと社会的ケアにおいて将来必要額を11％縮小することができる。

　ただし，このことは，臨床の場と運営の場とで当局が統合化の働きかけを行い，コミッショナーとの新たな契約方法を採用するという内部改革を必要とする。また，ケアの統合化に伴う節減と投資の見込みは，医療ケアと社会的ケアの支出バランスを変えることになる。例えば，急性期トラスト（acute trust）への資金投入は1,900万ポンド減額となり，プライマリ・ケアへの資金は4,600万ポンドが必要となる（NHS Southwark Clinical Commissioning Group 2014 Update on Integration and Better Care Fund in Southwark, Southwark Governing Body：3-5）。これまでの介護法制を集約した「2014年介護法」はサービスの統合促進やパートナーシップを強調しているが，同法を根拠法にして，地方自治体は社会的ケアをNHSや住宅サービスなど他機関と連携させているところである。

【小　括】

　本章の要点をまとめると以下の通りとなる。
　第１に，1970年代に医療と福祉の協議の要件が設けられ，後に連携を支援する補助金が設けられた。これが1976年創設の合同財政へとつながり，公共支出抑制の時代に自治体福祉の予算を下支えする役割を果たした。

第2に，1990年制定のNHSおよびコミュニティケア法は，医療と福祉の連携強化を目指して，地域の複数機関が主導的な役割を担うことを求めた。当時医療と福祉の連携は，主に精神医療や精神障害の分野で施行されていた。

第3に，1999年医療法はプール予算の創設，資金を他機関にも移管できるコミッショニング，医療と福祉のサービスの一体的な供給を奨励した。

第4に，医療と福祉の連携で専門職者間の意思疎通が問題となり，また度重なる組織再編が連携の動きを弱めることもあった。国の医療と自治体の社会福祉との管轄の違いが構造的な隘路を生み出しており，第一線での協働活動に影響を及ぼしてきた。

1) グレナスターは福祉財政研究を深めた研究者であるが，(Glennerster 1997：199-202) で福祉財政の仕組みを詳細に説明している。
2) *New NHS: Modern, More Dependable* では，それまでの市場を通した競争を抑制し，コミッショニングの機能をフルに活かして agreement という形態を重視している。また医療の内部市場化を廃止して，代わりにプライマリー・ケア・トラストを組織し，予防から長期ケア，福祉までをカバーする組織を提言している。
3) 山本隆，平岡の研究書に合同財政への言及がある。山本隆，平岡のいずれも joint finance に「合同財政」という訳語を当てている。しかし本章では，医療と福祉の連携に関するスキームすべてに joint という言葉が使われており，状況に応じて「共同」と「合同」の言葉を使い分けた。
4) (Means, Morby and Smith 2002) は，1970年代の医療と福祉の諸事情を詳細に伝えており，参考になる。
5) 「資源移転アプローチ」は Webb と Wistow が使う言葉である。(Webb and Wistow 1986) を参照されたい。
6) *Priorities in the health and social services : The way forward* は1970年代の動向を把握できる貴重な資料である。
7) (Means, Morby and Smith 2002：chapter 5) で示されたデータを参考にした。
8) (Glennerster 1997) の説明に負っている。
9) Pooled budget の訳語については，直訳すれば「合同予算」となろうが，これでは joint finance の訳語「合同財政」と紛らわしい語感を持つ。かつてわが国で福祉施設に携わる職員の労働条件改善策の一環で，公私間格差是正（公立施設と民間施設——特に保育所保育士——に従事する職員の労働条件の格差是正）が課題となった時期がある。このときに「プール資金」という言葉が使用されており，プールという言葉が使われた実績を考慮して，本章ではプール予算という訳語を当てている。
10) プール予算の全国的な総額については，政府からその詳細が明らかにされていない。
11) 監査委員会文書 *Governing Partnerships Bridging the accountability gap* (2005) は，政府が進めるパートナーシップ政策に関する重要文書で，協働活動で基本となる accountability を自治体・関係機関に強く求めている。

12) Revenue Budget 2007/08, Social Care for Adults, Gross Expenditure からの数字。
13) ハマースミス&フラム区の説明は,コミュニティ・サービス副部長・ティムパーキン(Tim Parkin)氏によるものである。2006年3月9日のヒアリング調査資料(責任者・関西学院大学 山本隆)を参考にした。

第8章 高齢者福祉とローカル・ガヴァナンス

　英国の高齢者福祉では，市場化という軸と，行政と住民との協議という軸のベクトルにおいてその方向性が定められている。今日，市民は政府（ガヴァメント）の営みによる生活保障を超えたものを希求している。行政に対して公平性，一律の対応を望むだけではなく，社会的なリスクを管理する能力，民間のアクターをネットワークする運営能力を市民は望んでいるのである。ローカル・ガヴァナンスの議論は1990年代中頃から本格的に始まったが，それはローカリズム（localism，地域主義）という概念に行き着いており，社会福祉はコミュニティのニーズから出発するという発想に基づいている。

　本章は，第1に，高齢者福祉の新たな展開を踏まえて，ローカル・ガヴァナンスの意義，地方自治と住民自治，住民参画，サービス利用者の参画の実態を明らかにし，第2に，市場化が進んだ公共分野を再帰的に捉えて，ステークホルダー（関係当事者）参画型の高齢者福祉の可能性を検討していく。

1　ローカル・ガヴァナンスとは何か

1．ガヴァメントからガヴァナンスへ

　ガヴァナンスの概念の説明から始めたい。かつてロッド・ローズは，ガヴァナンスとは自己統治（self-governance）と相互統治（inter-governance）のネットワークを通じて実行される統治と表現した（Rhodes 1997：15）。ジェリー・ストーカーは，地方政府が地方機関の大きな再編によって，単一の組織として扱うことは不可能になった現状を指摘し，問題提起をしている（Stoker 1991；1999）。このようなガヴァナンスの論者は，私たちに何を語っているのだろうか。ガヴァナンスの議論の背景には，英国で多くのサービスが行政から民間に委託され，新たな準公的な機関が生まれた結果，地方自治体が様々な機関のネットワークの中で位置づけられたという事情がある。もちろんネットワーク

の中で，地方自治体が中心的なアクターであることは論を待たない。ただし状況次第では，地域の民間または住民による機関が地方自治体を牽引することもあり得る。そのような場合には，代表制民主主義は混乱をきたし，意思決定のあり方が問われることも考えられる。

　ガヴァナンスで重要なのは，フォーマル，インフォーマルにかかわらず，アクターが政治に関わることである。ガヴァナンスは，単に様々な公共機関の間の関係だけではなく，市民と公共機関の関係を問い正し，正統性をめぐって多様な関係の中で意思決定のあり方を追求する。その意味でガヴァナンスは，公民の諸機関のローカルなレベルにおける相互作用と集合的な意思決定のあり方を問う規範概念と捉えることができる。

　ガヴァナンスにおける最も重要な問いかけは，多様なアクターがどのような場で，どのように意思決定を行うのかというもので，焦点は集合的意思決定のあり方に関わってくる。ガヴァナンスにおける集合的概念とは，利害関係者が相互に影響力を及ばすことや相互のコントロールを意味するのである。この点でストーカーは，ガヴァナンスにおける社会的な相互作用は交渉，シグナル，コミュニケーションなどに依存すると述べている（Chhotray and Stoker 2009：4）。

　ガヴァナンスでは公民のアクター間の調整プロセスが変化し，そこから新たなインパクトとその成果が期待される。ローカル・ガヴァナンスへの止揚では，「目的」が変化すること，つまり市民主導の統治形態が登場してくるとの期待感が市民の間で高まってくる。ストーカー自身もこのような楽観論者であった。この点について，ギデンズ（Giddens, A.）は以下のように述べている。

　　情報をめぐるグローバルなアクセスが増えるに伴い，個人の自律性が高まり，再帰的な市民がより多く登場することは，社会の民主化が民主的政府に帰結しつつあることを示している。　　　　　　（Giddens 1998：71）

新たな民主化を求める運動や公共性を追求する動きとして，ネットワーク化されたガヴァナンスへの関心は今も高い。

　ローカル・ガヴァナンスとは，基礎自治体のリーダーシップの下で，公民の様々なアクターがパートーナーシップとネットワークを編制する過程を意味する。ただし先に述べたように，市民社会セクターの意思決定が公式に認められ

ることが前提となる。したがってローカル・ガヴァナンスを定義すると，基礎自治体の持つ権能の下で，様々なアクターが参画し協議する集合的な編制ということになる。

今日，ほとんどすべての地方自治体は，組織の境界を越えて活動しようとしている。そこでは，地方自治体，地方議員，民間組織，住民組織が躍動的に活動することを求められている。ローカル・ガヴァナンスはコミュニティの課題に様々なアクターを関与させることで，問題解決能力を向上させる可能性を秘めている[1]。

2. 重層的なガヴァナンスの構造

ローカル・ガヴァナンスでは，第6章の「中央－地方関係からみた地域エリア協約（LAA）の考察」で検討したように，広域と狭域の調整という課題を抱える。それは単に基礎自治体レベルで機能するだけではなく，他のレベルのガヴァナンスと関わってくる。特に近隣地域との関係が重要であり，ローカル・ガヴァナンスの境界として，リージョナル（広域自治体）と近隣地域との調整を検討する必要がある。ネットワーク化されたローカル・ガヴァナンスは，近隣地域，狭域と広域の自治体，国家，超国家的レベルにおいて中心的機能となり，それが多様なネットワークを展開していく。このミクロ－メゾ－マクロの多層的なガヴァナンスのつながりに留意する必要がある[2]。

ガヴァナンスでは，地域の諸問題の解決に向けて，ローカル，リージョナル，ナショナルといった各層での対応はもとより，各層間の相互依存が進展し，重層的展開が生じると考えられる。ローカル・ガヴァナンスにおいては，地域の少数派市民を含めたすべての住民ニーズを把握する必要があり，小地域レベルにおける意思決定権限を実現することが重要で，その意味で小地域レベルでの予算，資源，人員などの保障が必須条件となってくる。

2　高齢者福祉とサービスの利用者参画

ローカル・ガヴァナンスの確立を求めたブレア政権時代では，地方自治体に目標値（target）を設定させ，地方行政における経済性，効率性，有効性を監

視した。その目標は,業績の改善とサービス供給の拡張であった。ただし,地方への財源移譲は正面から取り上げられることはなかった。地方自治体の提供するサービスの有効性または効果性の客観的な評価基準は確立しているわけではない。保健の分野では臨床的な有効性がエビデンス・ベース(挙証主義)で調査され,有効性を評価する一定の基盤を持っている。これに対し,社会福祉,教育,住宅ではその基準は広義のもので,必ずしも厳格なものではない。

　ローカル・ガヴァナンスを高齢者福祉との関わりで検討してみたい。コミュニティケアにおいては,自治体社会福祉部,保健当局,ヴォランタリー機関との積極的な協働が必要となる。地域生活に影響を及ぼすサービスは地方自治体だけで決定されるとは限らず,保健当局,住宅協会といった他の機関が主要な役割を果たすことがある。その意味で,地域の意思決定とサービス供給は単一の機関のマターではない。ローカル・ガヴァナンスは公共サービスと政策過程に対して重要な地域のインプットを投入する機能である。それは高齢者福祉にも当てはまる。

　英国には住民自治の伝統があり,住民参加の例は多くある。例えば苦情手続きは,利用者は行政や事業者に苦情を表明し,その結果を行政が施策に反映させる。利用者運営(user management)は,住民が公共サービスとその資源の管理に関与する権限を持ち,例えば,借家人運営協同組合,地域運営の託児所,青少年クラブ,コミュニティ・センターなどが役割を果たしている。またサービス利用者フォーラム(user forums)は,高齢者デイケアセンター,公園やレジャーセンターなど,公共施設の管理運営や特定の公共サービスに関する評価,改善の問題を検討している。課題フォーラム(issue forum)は,高齢者施策,健康増進,地域の犯罪防止等といった特定の行政課題を行政と住民の間で検討する場を提供している。[3]

　ベレスフォードは,利用者参画について,消費者主義的アプローチ(consumerist approach)と民主主義的アプローチ(democratic approach)の2つを指摘している。消費者主義的アプローチは,20世紀最後の4半世紀に発展したもので,国家の介入や国家による供給を否定し,公共政策で市場アプローチを掲げるニューライトが発展させたものである。そこでは,サービスの購入,個人化された制度,健康や福祉に対する自己責任を強調している。それを端的に示す

のが，福祉サービスの利用者を'消費者'として位置づける考えである。ベレスフォードによれば，近年政府は市場アプローチをとる際，ハーシュマン (Hirschmann, A. O.) の'選択，発言，退出'というレトリックを巧みに使ってきた。[4]

　消費者主義的アプローチは参画の方法を利用者との協議や様々なデータの収集に力点を置き，利用者の情報収集の手段として機能する。消費者主義的アプローチは，国家，供給者，利用者の'パワー'の関係を組み替え，意思決定の構造を変革するタイプのものではないと彼は指摘する（Beresford 2005：78-79）。

　これに対して，民主主義的アプローチは高齢者の組織や運動と関係している。これまで利用者参画において経営主義を重視し，サービス計画，アセスメント，苦情手続きといった既存の参加制度を活かして参画の要素を強めてきた。確かに，福祉機関や制度に対して発言力を持つことは重要である。参加への利用者の関心は，ソーシャル・インクルージョン，自立，人権やシティズンシップの保障といった政治哲学または社会哲学にまで向けられている。参加はセルフアドボカシー（self-advocacy）の表現の1つとも言われており，代表者が発言し，行動する形態がある。セルフアドボカシーは高齢者組織による集団行動を生み出し，積極的な参加に駆り立てる要素となる。このように参画への民主主義的アプローチは政治的な性格を持っている。それは主に参加者としてのサービス利用者が，生活の場を改善し，政策に影響力を行使できる'パワー'を獲得させる要素を持つものである。ベレスフォードは，民主主義的アプローチが'パワー'の問題を正面から見据え，当事者に権限を与えるものと述べている（Beresford 2005：79-80）。

　以上，参加に関する消費者主義的アプローチと民主主義的アプローチの2つをみてきた。これらには共有する部分もあり，対立する部分もあろう。消費者主義的アプローチは情報を集める手段で，'パワー'または高齢者政策を根本的に変えることはしない。むしろ政策や供給システムを強化するためのものである。一方，民主主義的アプローチは政治的な変革とエンパワーメントの実践を目指し，高齢者の自立に対して当事者運動を通じて実現しようとするものである。消費者主義的アプローチは基本的に供給者主導であるが，あたかも中立的で政治とは無関係のようにみられる。そのため，消費者主義的アプローチは

公共政策で重視されやすいのに対し,民主主義的アプローチは高齢者の集団行動としてみられて批判を受けやすい。民主主義的アプローチの目的は,利用者主導 (user-led) または利用者管理 (user-controlled) を推進するもので,政治的志向を持つ (Beresford 2005:79-80)。

3 事例研究:
自治体高齢者福祉におけるローカル・ガヴァナンスの展開
──ロンドン・ハマースミス&フラムの参加アプローチ

1. ハマースミス&フラムの高齢者福祉の現状と課題

本節では,事例研究としてロンドンのハマースミス&フラム (Hammersmith and Fluham) を取り上げ,高齢者福祉におけるローカル・ガヴァナンスの可能性を追究してみたい。ここでは,高齢者福祉における意思決定への参画プロセスを考察する。ハマースミス&フラムを取り上げる理由は,政策決定の過程で高齢者の参画を重視しており,フォーラムを設けて高齢者の意見を聴取するなど積極的姿勢をとっていたからである。同区における熟議民主主義を進める手法は,住民との協議,市民パネラー,フォーカスグループの組織化,そしてソーシャルワーカーの取り組みである。

(a) 社会的特性

同区は,13のインナーロンドン特別区の1つで,シティとヒースロー空港を結ぶロンドンの中西部に位置している。南北に長く狭い面積で,南から南西部にかけてテムズ河の端に位置している。ロンドン市 (City of London) を別にして,ロンドン特別区では3番目に狭く,1,640ヘクタールの面積である。人口は2011年時点で18万2,493人,人口が密集した地域で,若者の比率が大きい。高齢者数は1万6,400人,高齢化率は9%である (2011年)。経済面では大きな商業センターが幾つかあり,賑わいをみせている。国際的な大企業も数社あり,メディアやエンターテイメント産業が充実している。デプリベーション指数は,2010年時点で,全国326自治体で31番目,ロンドンで13番目に位置している (London Borough of Fluham 2014)。

表8-1 コミュニティ・サービス部の予算の変化（2005/06～2006/07年時点）

(単位：1000ポンド)

サービス分野	2005/06年の推計	2006/07年の推計
生活，財政，情報に関する資源	7,936	6,910
執行部予算と支援サービス	1,870	2,099
戦略，パートナーシップ，業績レビュー	6,528	9,080
コミュニティ・ケアサービス	40,797	43,723
住宅手当支出と管理	2,005	1,768
戦略および民間営利部門のサービス	4,472	4,209
オプションとアセスメント	4,965	4,610
中央および支援費用	1,508	2,400
地域再生	798	1,089
より安全なコミュニティ	2,485	3,632
合　計	73,364	79,520

(London Borough of Hammersmith & Fluham 2006) に基づいて筆者作成

(b) 行政評価

　ハマースミス＆フラムの行政評価からみてみたい。調査時点では，包括的業績評価で，excellent（優秀）の評価を与えられていた。第4章で述べたように，包括的業績評価は地方自治体に対して5つのランクに基づいた格付けをすることになっていたが，包括的業績評価の結果次第では，優れた地方自治体は政府の介入の軽減を求めることができ，サービス計画をより自由に柔軟性をもって策定することが認められていた。

　高齢者福祉行政は住宅部と提携してコミュニティ・サービス部を創設しており，地域サービスの中核部分を形成して，高齢者にとって重要な機関となっていた。福祉サービスの業績評価では，2003/04年に社会的ケア査察委員会からgood（良好）と判定され，2つ星が付された。これは児童サービスで改善があったことが評価された結果である。また児童トラストがexcellentと評価されていた。高齢者福祉の評価は高齢者ニーズのアセスメントで改善がみられ，promising（見込みあり）を得ていた。

　行政サービスすべてが政府から評価を受け，その結果が公表されることに

なっていために，同区は中核的業績計画（Core Performance Plan）を策定し，組織全体でサービス改善に取り組んでいた。この計画では，高齢者福祉は3つ星を目指していた。

これまで触れてきたように，行政の努力目標は数値化され，その結果が他の自治体と比較されるからである。コミュニティ戦略（Community Strategy）では，様々な組織とのパートナーシップに積極的に取り組み，利用者とケアラーに高い質のサービスを提供できるように優先策を絞りこんでいた（London Borough of Hammersmith & Fluham 2006）。中核的業績計画を財政面で支えるのが，「中期財政戦略（Medium Term Financial Strategy）」で，職員訓練，サービス開発，リスク・マネージメントを重視していた。利用者とケアラーに向けてアウトカムを達成できるように密に計画目標を立てており，その目標は戦略的マッピング[7]，内部レビュー，保健省の業績アセスメント・プロセスと関連づけていた。

第6章で考察したLAAにおいて，社会福祉部が中心となって，包括的業績評価改善計画を進めた。LAAの高齢者施策では健康格差の縮小に焦点を当てており，外部のパートナーとの協働を通じて，住民の健康改善を目指していた。業績計画は目標値を掲げた業績指標が設定されており，その指標は全国的な業績評価フレームワーク（Performance Assessment Framework）に沿ったもので，目標年数は3年を設定していた。自治体内で毎月モニターされ，業績指標の報告，財務情報が発表されていた。実施計画は4半期ごとに国の監査を受け，保健省によって「実施と改善文書」の公式評価にリンクされていた。

ここで3つの優先策を紹介しておきたい。地域アプローチを高度化させる3つのプログラムは，部局を通じて職員とともに開発されていた。その内容は，以下の通りである。

①第1の優先策：利用者に焦点を当てたサービス開発

第1は，利用者中心主義の徹底である。サービスの条件整備やソーシャル・インクルージョンを進めるため，利用者本位の発想を行政全体に浸透させ，プライマリ・ケア・トラスト（PCT）とのサービスモデルの推進を目指していた。利用者本位のアプローチは，高齢者の権利を原点にしたものである。このアプローチでは，個人が抱える個別の障害というよりも，社会が生み出す障害

を問題視し，社会的不利をもたらす状況や社会的排除に着目している。この社会的なハンディキャップを乗り越えるために，シティズンシップや自己決定などを完全に実現できるよう，高齢者や障がい者の福祉権の実現に腐心していた。

利用者本位のアプローチを通じて，同区がソーシャル・インクルージョンやコミュニティ開発を達成し，個人の生活の質（QOL）を高める権利，福祉サービスを決める際の個人を尊重する権利の実現を公約としていた。そのアウトカムは，住民の健康管理の促進，住民の自立支援に据えられ，第1の優先策を実施するために，プライマリ・ケアを柱としたコミュニティ基盤のサービスモデルを開発し，高齢者の生活向上を目指していた。

②第2の優先策：資源の有効活用

利用者に質の高いサービスを提供できるのは職員の力量にかかっており，職員の支援を重視した。ソーシャルワーカーの募集は同区では困難で，資質の高い職員を確保できるように努めていた。2006/07年の中期財政戦略（Medium Term Financial Strategy）において資源の有効活用に取り組んでおり，優先策を具体化する行動は，①学習開発戦略の実施，②戦略的なIT能力の開発，③新しいクライアント・システムの実施，④部局内での中期財政戦略の推進，⑤コミュニティ・サービス部の充実となっていた。

③第3の優先策：学習組織（learning organisation）への転換

学習組織への志向では，サービスを改善するために，職員，利用者，ステークホルダーに耳を傾ける組織を志向していた。例えば，国の医療当局と地方自治体とのパートナーシップを強化することにより，組織改革，意識改革を試みた。このような協働作業を通じて，利用者とケアラーに向けたアウトカムの改善を実現し，専門職者がより効果的に働けることに期待を込めていた。優先策を具体化する行動としては，①利用者参画の戦略の推進，②学習文化を広めるためのマネージャー・フォーラムの開催，③政府方針「高齢者のためのより良い政府（Better Government for Old People）」の実施，④訓練補助金の増額から得られる部局収益の最大化がプログラム化されていた。

(c) 福祉財政

　社会福祉部にとって、同区が策定した中期財政戦略 (Medium Term Financial Strategy) は重要項目であった。同区が抱える課題は、独立セクターの利用強化、看護ケアの費用増大、職員採用の経費、人口構成の変化への対応であった。同区が予算逼迫に直面していたため、社会福祉部も中期財政戦略において財政的な貢献を表明しなければならなかった。中期財政戦略では節減計画が3か年単位で表されており、予算期間内で対応を練ることになっていた。同区予算は、優先策が財源と一致するように毎年検討され、均衡財政の形で地方債を発行するようなことはない。全部局のマネージャーは予算増の可能性、予算不足、節減可能な部分を明らかにしなければならず、社会福祉でも中期財政戦略と同じ実施計画のサイクルをとっていた。

　同区が抱える最大の問題は、調査時点で財源逼迫であった。2005/06年の純経常予算は、社会福祉に対しては5,760万7,000ポンドで、社会福祉部は同年において、以下の分野でコスト上昇による財源逼迫に直面していた。

- 身体障がい者や学習障がい者の増加
- ダイレクト・ペイメントの利用増加。ダイレクト・ペイメントは潜在していたニーズを掘り起こしており、2004/05年にはダイレクト・ペイメントを受ける新規サービス利用者は50％増であった。
- 物価調整。独立セクターは事業を継続するためにインフレ率よりも高い物価調整を必要とした。
- 職員経費。ロンドンでのソーシャルワーカーの不足は著しく、資質の高い職員を採用するための経費を押し上げていた。

　財源逼迫から効率性の追求が至上命令となり、中期財政戦略の目標を効率的な運営を通じて財政負担の抑制に置いていた。ただし、サービスの質の低下を回避し、改善を継続していくことも配慮された。そこで、財政効率を高めるプログラムが計画され、コミュニティサービス・マネージメントチームは組織財政戦略委員会 (Corporate Finance Strategy Board) によってモニターを受けたが、効率性を高める具体策は、①自治体再編とコミュニティ・サービス部の創設に関連した支援サービスの合理化、②事業のレビューとIT開発による入所措置の改善とされた。

(d) 顧客優先（Customer First）アプローチ

　利用者戦略と人的資源の対策では，顧客優先アプローチを実施していた。すべての職員に顧客優先アプローチを徹底させ，事業全体で「より良い顧客ケア（good customer care）」を志向していた。また次項で述べるように，どのようにサービスを最良の形で改善できるかを判断するため，サービス利用者の参画を促していた。社会福祉部が持つ情報を利用者と共有するために，「部局の日（Departmental Day）」を定めることとし，サービス利用者に有益な情報を提供できる特別な機会を設けることを企画していた。

　社会福祉部は「顧客優先」というテーマを掲げて，民間企業にも似たマーケティング戦略に打って出ていた。当時政府が旗振り役をした「高齢者のためのより良い政府」というスローガンを掲げて（政策文書 Better Government for Older People から生まれたもの），定期的に利用者から意見を求めた。また苦情手続きをモニターし，住民の意見を聴取することでサービス内容の充実に努めていたが，これも顧客アプローチの一環である。特に住民との継続的な協議による参画システムを重視した。全国的にも人的資源の開発が福祉分野には重要な課題となっており，同区では新たに「学習＆開発マネージャー・ポスト」を創設して，人的資源の優先策では新規募集や労働力開発を推進していた。

　高齢者福祉の計画目標は以下の通りであった。
- 効果的なリーダーシップ，ビジョン，指示を示す際にマネージャーを支援する。
- 職員採用に際して平等戦略を徹底する。
- 職員募集策を開発する。
- 職員の能力を開発できるように，職員の動機づけを高める。職員が適切にスキルを獲得し，訓練を受け，資格を得ることを保証する。
- 職員と双方向のコミュニケーションの仕組みを確立する。
- 医療とのパートナーシップとジョイント・ワーキングを進める。
- 労働力計画を実施する。

2．ハマースミス＆フラムの参加アプローチ

　ハマースミス＆フラムの参加アプローチの展開は，サービスの企画・開発・

運営において高齢者などの住民参画を奨励している。戦略文書「私たちのコミュニティの参画 市民とサービス利用者の参画政策 (*Engaging Our Community: A Public and Service User Involvement Policy*)」(2006) は，地域アプローチの筋道を示した政策文書で，住民および利用者の参画を徹底し，意思決定への最高レベルの参画を目指している。その具体策は，政策過程で高齢者の参画を促し，そのためのフォーラムを設けている。このフォーラムがローカル・ガヴァナンスの形成を導いている。当然ではあるが，ソーシャルワーカーは日常的にクライアントに接して意見を傾聴し，ニーズの把握に努めている。

同区が意味する参画とは，行政サービスの企画・開発・運営に対して住民やサービスの利用者が集団的な影響を及ぼすことである。「効果的な参画」を実現するために，以下の問いかけをしている。
- 住民の参画によって何を達成するのか。
- 誰を参画の対象とするのか。
- どのようにして住民は参画の輪の中に入るのか。
- どのような方法で参画を進めるのか。
- どのようにして政策決定者が住民の声に耳を傾けるのか。
- どのようにして参画が効果的に行われているかを確認するのか。

(London Borough of Hammersmith & Fluham 2006：6)

また，「代表性 (representativeness)」への疑問の解消に取り組んでいる。代表性は効果的な参画を促す重要な要素で，同区は2つの考え方を提示している。第1は統計的代表性で，すべての人口集団に照らして集約された意見とみなす。第2は民主的代表性で，様々な集団の意見を反映するため，参加者個人としての正当性を重視する (London Borough of Hammersmith & Fluham 2006：7-8)。

この点で，アーンスタインの「住民参加の梯子論」，「市民参加の8段階」を想起させる。市民参加論としては，「非参加的な場」，「協議の場」，「参加の場」という3類型がある。「非参加的な場」は，最終決定に影響を与える機会があったとしても，参加者がほとんどいない場合を指す。「協議の場」は，最終決定に対してわずかではあっても参加者の声が届くケースである。「参加の場」は，スタッフや参加者がパートナーシップの下で協働し，政策決定の責任を共

有することを指す（Arnstein 1969）。アーンスタインの類型論を踏まえると，情報提供は法律，サービスの現状を住民に知らせる意味で重要である。協議は参画の一般的な形式で，住民に特定の問題やサービスへの意見を述べる機会を与えるもので，正式に政策決定の過程に関与する機会として重要であり，参加者の視点や意見は政策決定に影響を及ぼす。このように参加は，住民や利用者が対等な関係で公的な意思決定に関与できる機会と考えられる。

同区の参画の方法は1,200人の市民パネラーを募集する。市民パネルでは，住民の意向や要望を地方行政に反映させるために，住民の中から代表パネラーを選び出し，公共サービスの評価と課題，改善点，行政需要につながる住民意識の変化等を把握する。パネラーの人数は通常750～2,500人程度で，住民のうちパネルの参加に同意した者から無作為に抽出された代表で構成される。パネラーは1年に3回質問表を配布され，それが市民の意見を知る情報源となる。メンバーの情報はすべての調査によってチェックされる。回答者は年齢，職業，障害，エスニシティー，性別を尋ねられ，回答は関連部署へ提出される。2003年の調査では，回答者は治安からリサイクル，景観や深夜の娯楽まで多岐にわたる問題への意見提案を求められている。調査の回答率は54％であった（London Borough of Hammersmith & Fluham 2006：16）。

最終的に重要になるのは，市民パネルの結果がどのように扱われるのかという問題である。この問いに対して，同区は参加者の視点を意思決定に反映させるように最大限の努力をするとしている。先の調査結果はフィードバックされ，中期地域戦略の見直しで活用されている。同区は自治体計画の中で，意思決定への住民参加の成果を示しているのである。住民のメッセージを行動に移すメカニズムを確立できなければ，住民はたちまち行政への理解や関心を失う。その場合，地方行政への意見は減少し，自治のリスクが表面化する。

同区において参画の効果性を測れるように工夫しているのが注目される。住民の視点を原点にし，開かれたサービス体制を構築することによって，自治体への市民の信頼を築き上げられるからである。以下の質問を出すことで，住民からの反応を得ることにしている。
・利用者や一般市民は意思決定に影響を与えているか。
・自治体全体で参画の機会は増えたか。

- 苦情の数や質に変化はあったか。
- 利用者や市民から，自治体への信頼は高まったか。
- サービスへのニードは明らかにされているか。
- 効果的な財源が保障されているか。
- 市民や利用者の意見がサービスに影響したか。
- 少しでも多くの住民がサービスを利用しているか。

(London Borough of Hammersmith & Fluham 2006：23-24)

　ソーシャルワーカーの業務におけるコミュニテイ・アプローチがある。ソーシャルワーカーは高齢者などのクライアント・グループと日常的に接しており，絶えず変化するニードをつかんでいる。また地域に住む高齢者は一堂に会し，集団で意見を述べる会合を組織化しており，その集まりは定期的に開催されている。ヒアリング調査において，担当者から，ローカル・ガヴァナンスとして以上の取り組みを実践していることを確認した[8]。

【小　括】

　本章の要点をまとめると以下の通りとなる。
　第1に，ローカル・ガヴァナンスは，基礎自治体を中心として多様な機関の編制のあり方を問うものである。その意思決定の形態は，単に公共機関との関係だけではなく，市民と公共機関，様々な利害関係者との諸関係と結びつけたものである。
　第2に，ローカル・ガヴァナンスは地方レベルでの集団的な意思決定の新しい形態で，政府は住民参画や利用者参画を重視したが，一般には政策や計画への利用者参画は消費者主義的アプローチをとることがある。
　第3に，行政，供給者，利用者は対等な立場に立ち，利用者の権利を尊重した政治的・社会的・経済的な改革を生み出す仕組みを追求する。その意味で，民主主義的アプローチの強化が重要となり，高齢者の生活や生活環境の改善を優先させる利用者運動によって，民主主義的モデルが発展する。
　第4に，ハマースミス&フラムは行政サービスの企画・開発・運営に対して住民やサービス利用者の参画を奨励していた。その参画の方法は市民パネラーの活用で，市民パネルの調査結果をフィードバックし，自治体戦略に位置づけ

ていた。

1) どのようにローカル・ガヴァナンスは機能するのか。アカウンタビリティを担うのは，公選の市長，議員，行政の運営責任者などである。アカウンタビリティを履行する方法は，選挙，レファレンダム（住民投票），討議フォーラム，監査機能等となる。
2) マルチ・レベル（multi-level）は広域狭域の行政組織の「層」を意味する。
3) 近年利用者の権利が進んでいる背景には，キャンペーングループが活発であることと，積極的に発言する活動が増えていることがある。これらの組織の多くは，キャンペーン活動，アドボカシー，助言，サポートサービスを組み合わせている。
4) 経済性，効率性，効果性の3つのE（economy, efficiency, effectiveness）を強調することで，市場化テストや顧客フィードバックという手法を活用し，利用者参画を'商品の改善'として捉えてきた。
5) ダイレクトペイメントは利用者主体の管理型アプローチをとっており，同時に消費者主義的アプローチの性格も併せ持っている。
6) 活用した資料は，*Borough Profile 2006, Revenue Estimates 2006/2007, Performance Plan for Adult Social Services (Community Services Department) "Access, Independence and Empowerment"2005/2006, Engaging Our Community A Public and Service User Involvement Policy* である。2006年3月9日のヒアリング時に提供された。
7) Mappingとは，地理的に展開した計画案を意味する。
8) 2006年3月9日のコミュニティ・サービス部でのヒアリング調査から。対応者はコミュニティ・サービス部副部長のパーキン氏（Mr. Tim Perkin, deputy director of the community services）と在宅ケア戦略担当者のスピラー氏（Ms. Sue Spiller, Strategic for Home Care）であった。

第9章 高齢者福祉の費用負担

　日本では介護給付費は年々増えてきた。2015年度から介護保険の利用者負担は，一定以上の所得がある人は2割に引き上げられ，特養補助は打ち切られた。制度改正では，住民税非課税の低所得者でも，単身で1,000万円超，夫婦で2,000万円超の預貯金があれば，補助を廃止することとなった。不動産の所有者については，今後の検討課題にとどまっている。介護サービスの費用負担については，英国と同じように資産を考慮する路線を歩み始めている。

　一方，英国においては，約400万人の高齢者——65歳以上人口のおよそ半数——が介護ニーズを持っているものの，85万人しか国の援助の資格を持っていない。自分で費用を賄う者（self-funder），つまり行政からの援助を受けずに自分で介護費用を支払っている者で，在宅サービスを受けている者は約85万人で，ケアホームやナーシングホームの入居者は45万人にのぼる。英国の特徴であるが，社会的ケアはミーンズテストを伴い，介護の費用負担では国民は分断されている。英国の高齢者福祉の最大の課題は費用負担のあり方である。

　本章では，財政改革案を提示してきた『サザーランド報告』，『ワンレス報告』，白書『ナショナル・ケア・サービスの構築』，『成人社会的ケアのヴィジョン』，『ディルノット報告』をそれぞれ検討し，介護の費用負担の課題と展望を明らかにする。

1　高齢者福祉の費用負担をめぐる政策提案の流れ

1．労働党政権時代の政策提案：
サザーランド報告『高齢者に敬意を込めて　長期的ケア権利と責任（With Respect To Old Age: Long Term Care-Rights and Responsibilities）』

　長期的ケアの財政のあり方を検討するために，労働党政府はスチュアート・サザーランド卿（Sir Sutherland, S.）を委員長とする勅許委員会に諮問した。

1990年代後半以降，費用負担をめぐる政策提案の最初のものである。その結果として，1999年に報告「高齢者に敬意を込めて 長期的ケア権利と責任」（保健省1999）を政府は公刊している。この報告書は『サザーランド報告』と呼ばれている。

同報告書は多数派報告と少数派報告の二部構成となっている。まず，多数派報告の主張をみておきたい。要点として，長期的ケアの効率性と公平性を重視し，長期間に及ぶ集中的なパーソナルケアは長期的医療ケアの扱いと同様に位置づけるべきと指摘している。その根拠は2つある。第1は，長期的医療ケアと社会的ケア（福祉）に明確な境界線を引くことは事実上無理との判断であり，第2は，医療と福祉のそれぞれのサービスを提供する場合にその重複部分は大きく，異なる財源を充てることは公平原則に反するという判断を示している。介護現場では，1人の高齢者に医療行為と介護行為の双方を行うが，確かに両者の線引きには微妙なものがある[1]。

これらを踏まえた上で，サザーランド報告は，医療と福祉の費用負担の境界は，一方ではケアという要素があり，他方では食費や住居費（ホテルコスト）という要素がある点に言及している。多数派報告が示した費用モデルが紹介されているが，今後半世紀間のGDPと対比した長期的ケアの経済コストを推計している。そのモデルケースは，高齢化とジェンダーの依存割合は変化せず，介護のパターンも変化しないと仮定した上で，パーソナルケアを無料にした場合の納税者の負担増は2051年までにGDPの0.3％相当と見積っている（DoH 1999：Chap.2）。

これに対し，少数派報告は異を唱えている。反対の根拠は，コストの試算と将来のニーズの増加に関する想定に向けている。少数派報告は，多数派報告の提案がコストを過小評価しているとして，パーソナルケアの無料化に慎重論を示している。パーソナルケアの利用でミーンズテスト（means test：資産調査）を廃止することは，中流階層を優遇する策であるとも指摘している。そこで少数派報告が示した提案は，ミーンズテストの上限を3万ポンドまで引き上げ，国が個人保険（private insurance）を奨励するというものであった。前者については，上限を大幅に引き上げた場合，基準以下の利用者は自宅を売却しなくて済むと主張している（DoH 1999：Chap.2）。個人保険と抱き合わせた複合型パッ

ケージ案は，後に発表される委員会報告や政府文書でも継承されることになる。

サザーランド報告を受けた労働党政府は，パーソナルケアを無料にした場合に莫大な費用を要するという少数派報告の見解を支持した[2]。ここに英国政治における増税政策への躊躇と，介護政策への消極的姿勢がみてとれる。ただし，看護ケア（nursing care）の無料化を政府は追認し，新たに病院から地域に復帰できる「中間ケア（intermediate care）」の財源案を提案した点は注目される（DoH 2000）。「中間ケア」とは不必要な入院・入所を抑制するスキームであり，政府は2006年までNHSおよび地方自治体立の施設1万床以上を「中間ケア」の対象にすると発表をしていた[3]。

サザーランド報告の論点を整理すると，まずは医療と福祉との区分を通じて，施設のホテルコストでは一定の所得基準を超える者には自己負担（self-fund。以下，セルフファンド）を求めた。包括的なサービス概念から，個人が受ける便益を分離し，個人の便益を強調した点に注目したい。また，医療と福祉のサービス提供では，資産の有無にかかわらず財政支援を行うべきとし，福祉の普遍主義の一端を垣間みせており，包括型サービスを志向する趣旨を明らかにしている。

サザーランド報告後の動向をみてみたい。スコットランドでは，パーソナルケアは無料となり，他方イングランドでは，看護ケアのコストは政府負担で賄われ，パーソナルケアは有料制で据え置かれた。課題を先送りした政府は，後に再びパーソナルケアの財政問題に直面することになる。課題はサービスの質の扱いである。労働党政府はサザーランド報告の公表直後に2000年介護基準法（Care Standards Act 2000）を通過させた。同法は看護ケアと社会的ケアを区別し，看護ケアを特殊専門職的なものとして，看護師のみが医療的役割で遂行できるものと規定した。国民的な議論がサービスの質や水準にも及んだことが注目される。

そこで，介護基準法の規定が新たな論争を呼び起こすことになった。なぜなら，看護ケアはイングランド，ウェールズ，スコットランドでは料金が課されず，費用はNHSで賄われているからである。これに対し，先にも述べたように，パーソナルケアはイングランドとウェールズではミーンズテストを要件と

表9-1　イングランドにおける高齢者サービスへの支出配分 (2004/5年)

提供されるサービス	支出総額（料金徴収後の純支出）(単位：100万ポンド)	総純支出の割合（パーセント）
施設ケア入所	3,040 (2,150)	33.7
ナーシングホーム入所	1,420 (990)	15.5
他の施設供給	30 (20)	＜1
在宅ケア	1,700 (1,510)	23.6
アセスメントとケアマネージメント	860 (860)	13.5
デイケア	320 (300)	4.7
他の高齢者サービス	240 (230)	3.6
用具と改造	90 (80)	1.3
食　事	100 (50)	＜1
人々の支援	180 (170)	2.7
合　計	7,980 (6,360)	

出典：Wanless 2006：90

しており，一定の所得基準を超える虚弱な高齢者は自宅を売却するよう求められていたからである。

その後政府は，サービスの水準や目標値などに関する多数の文書を出していくが，中心機関は社会的ケア査察委員会（Commission of Social Care Inspection）であった。同委員会は2004年に，全国介護基準委員会（National Care Standards Commission）の機能を引き継いだもので，さらに医療と福祉を統合化した形で医療委員会（Health Commission）が継承していった。

同報告が出された後，施設ケアの利用は減少していき，代わって代替的なケアが使われるようになった。特に重度の障がいを持つ人々に集中的なケアを提供するよう財政面での重点化がみられるようになっていった。[4]

2．ワンレス報告（Wanless Social Care Review）

サザーランド報告以降も，イングランドでは長期的ケアの財政に関する議論が下火になることはなかった。争点は，誰が公的財源によるサービスを受ける資格があるのかということであった。特に長期的ケアの財政の規模と，財源調達における公平さが大きなテーマとなっていた。キングズ財団（King's Fund）の企画の下で，[5]デレク・ワンレスを委員長とする委員会が組織され，国民に対

表9-2　国家レベルと民間レベルでの65歳以上の高齢者サービス支出

(単位：ポンド)

国家レベルの高齢者サービス支出

高齢者サービスへの保健省純支出（2004/5）	63億
介助手当と障がい生活手当（ケア要素）65歳以上対象（2004/5）	37億
高齢者長期的ケアへのNHS支出（PSSRモデルの数字）（2003）	30億
合　計	130億

民間レベルの高齢者サービス支出

ケアホーム入所へのセルフファンド	19億
ケアホーム費として地方自治体に支払われる料金	13.8億
在宅ケアのセルフファンド	4億1700万
在宅ケアとして地方自治体に支払われる料金	1億6000万
合　計	38億5700万

出典：Wanless 2006：101

して，政策オプションを提示したのがワンレス報告（Wanless Social Care Review, Securing Good Care for Older People Taking a Long-term View）である。

ワンレス提案の財源提案は次の通りであった。

第1は，国家が支える介護システムではミーンズテストを実施しないというものである。ミーンズテストを行わず，国の支援による社会的ケアをすべての者が受けられる権利を提言した。これは，スコットランドで実施されている無料のパーソナルケアなどを意識したものとみられる。

第2は，社会保険モデルの奨励で，パッケージによるケアを提供するものである。制度の加入者がサービスを必要とした場合，国が保険者となって一連のサービスを提供する。

第3は，個人と国家のパートナーシップモデルを提唱しており，国と個人との間で費用を分け合うことを示している。

第4は，責任の有限性（limited liability）に基づくモデルで，ある一定の期間の後または特定の支出額を超えた後に，個人に費用の責任を負わせる仕組みである。

第5は，貯蓄を基礎としたモデルで，個人がサービスの費用を支払うために貯蓄するが，それには国も協力するというものである。年金支給に関連させた

仕組みを想定している。　　　　　　　　　　　　(Wanless 2006：Chap.12)

　ワンレス報告自体はパートナーシップモデルを推奨している。長所はミーンズテストを介助手当（Attendance Allowance）などの給付金に限定し，サービス自体には適用しないところにある。したがって最低限のサービスを保障でき，普遍的，包括的な仕組みをイメージしている。パートナーシップモデルでは，高齢時のニーズに備えるために，国民に貯蓄を奨励するねらいを込めている。

　コストの面では，どうであろうか。パートナーシップモデルは，ミーンズテストを要件とする制度と比べて費用は多くなるが，メリットは大きいとみている。料金を課すものの，これは一定のレベルを超えるサービス利用を抑制し，重要な収入源にもなる。何よりも，給付と負担の関係が明確になるとしている。これに対し，パートナーシップモデルの短所は，ミーンズテストを要件とする場合と比較して，富裕層と貧困層の支払額の差が少なくなるとしている（Wanless 2006：Chap.13）。ワンレス報告の要点は，無料のパーソナルケア，ミーンズテストの改革，パートナーシップの取り決めという3つのアプローチを選択することを政府に迫った点にある（Wanless 2006：Chap.14）。

3．緑書『ともにつくるケアの将来（Shaping the Future of Care together）』

　ベビーブーマー世代の高齢化に伴う介護の問題が政治化する中，ワンレス報告を受けた『緑書』が2009年に公表されている。それは協議文書で，介護政策の転換をより鮮明に打ち出している。特に費用負担における公平さを重視し，利用者ニーズと料金政策を両立させることを重視している。『緑書』のポイントは以下の6つである。
- 国民の期待するケアを実現すること
- 自立を維持できる予防サービス（退院後のリエイブルメントのサービス含む）を整備すること
- 居住地がどこであろうと，イングランド全域を対象としたアセスメントを検討すること
- 関係機関の連携によるサービスの円滑な提供を実現すること
- 利用者本位の情報とアドバイスを提供すること

- 個別化された (personalised) ケアとサポートを提供すること

(HM Government 2009：7-23)

　焦点はやはり財源で，国，利用者，家族との間で，費用負担の配分を問うている。また資源の地理的な偏在をいかに解消していくのかを問うている。制度設計としては，公平性を保証し，簡素でわかりやすく利用しやすいもの，普遍性，国民の権利や受給資格を保障し，誰もが負担できる範囲のもので，個人のニーズを個別に捉えたパーソナライゼーションと柔軟性を備えたものを提案している。[6]

　財源方式は5つを提示している。第1はセルフファンドのモデルである。これは自己責任に基づいて費用を支払うが，大半の高齢者が負担の重さからサービスを受けられなくなることから，この選択肢は除外される可能性が高いとしている。

　第2はパートナーシップモデルである。一部の費用を政府が支払い，残りを利用者が負担するもので，これまで述べたように，国と利用者が分担し合う仕組みである。例えば，政府負担を3分の1にする案が提唱されているが，低所得の高齢者には政府負担を3分の2とし，最下層の高齢者には全額公費とする。財政シミュレーションとしては，政府負担3分の1の場合に2万ポンドがセルフファンドになる。また，要介護度の高い場合には自宅などの資産を充てるとし，このオプションはすべての年代層にメリットがあると指摘している。

　第3は保険モデルである。パートナーシップ型と同様の仕組みであるが，セルフファンドでは希望者は保険によりカバーする。保険は個人保険または公的保険が想定されている。このモデルは，介護費用が高くなるリスクに備えて高齢者がセーフガード（保護措置）を選べるが，保険方式であることから個人ニーズにあわせた柔軟な設計も期待できる。ただし，個人保険の商品が豊富であるという前提条件が付く。注目されるのが，高齢者と家族などは後払い (deferred payment) または一括払いを選択でき，基本サービスを無料で受けられる提案が盛り込まれている点である。[7]セルフファンドの額は2万から2万5,000ポンドと想定されており，この場合，定年後の世代にメリットがある。なお，保険支払い後，資産や自宅の価値は保全され，資産を子どもに残すことは可能である。

図9-1　パートナーシップモデル，保険モデルへの移行イメージ

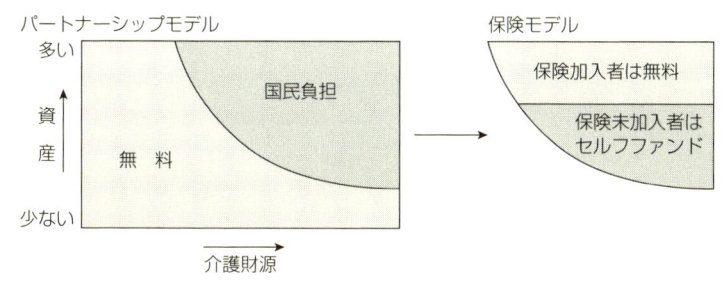

現行制度

[図：縦軸「資産（多い／少ない）」、横軸「介護財源」。曲線の上側が「国民負担」、下側が「無料」の領域を示す。]

パートナーシップモデル

[図：縦軸「資産（多い／少ない）」、横軸「介護財源」。曲線の上側が「国民負担」、下側が「無料」の領域を示す。]

保険モデル

[図：上部「保険加入者は無料」、下部「保険未加入者はセルフファンド」。]

出典：Wanless 2006：115

　第4は包括モデルである。これは資産を持つ高齢者は分担金を拠出するが，介護が必要な時には無料になる仕組みである。貯蓄や資産に応じて拠出するため，低所得の高齢者にはサービスを利用しやすい。分担金は1万7,000ポンドから2万ポンドを想定し，分担金の拠出後は資産や自宅の価値は保全され，資産を子どもに残すことが可能である。包括モデル（強制介護保険）は，65歳以上の高齢者を対象とする強制加入方式で，日本の介護保険制度に類似している。保険料納付は負担能力に応じて一定比率または定額方式とする。英国民にとっては新たに保険料負担を求められるが，一定の保険料を納付すれば，必要な場合に介護サービスを受けられるメリットがある。
　そして第5は税負担モデルである。費用は税財源とし，必要な時に基本サービスを無料で受けられる。ただし，現役世代の負担が過重となることから，選択肢から除外される可能性が高いとしている（HM Government 2009：84-127）。
　『緑書』の提言を整理すると，実現性の高い政策オプションはパートナー

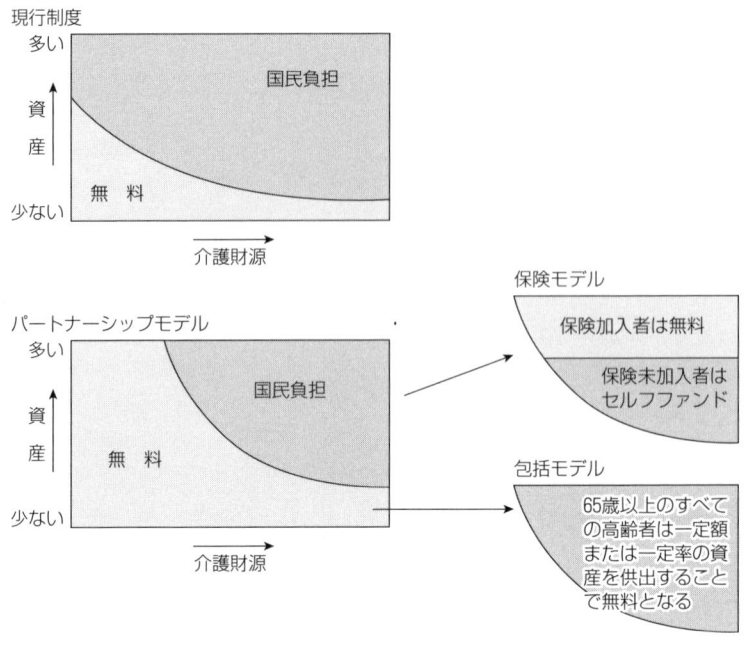

図9-2 保険モデル，包括モデルへの移行イメージ

[現行制度の図：縦軸「資産（多い／少ない）」、横軸「介護財源」、上部「国民負担」、下部「無料」]

[パートナーシップモデルの図：縦軸「資産（多い／少ない）」、横軸「介護財源」、上部「国民負担」、下部「無料」]

[保険モデル：保険加入者は無料／保険未加入者はセルフファンド]

[包括モデル：65歳以上のすべての高齢者は一定額または一定率の資産を供出することで無料となる]

出典：Wanless 2006

シップモデル，保険モデル，包括モデルの3つに絞られてくる。政府の考えはパートナーシップモデルの政策化で，従来通りの税方式を踏まえて，費用負担を国と個人が分担するパートナーシップモデルを採用したいとしている。繰り返しになるが，これは個人と国との間でコストを分担する方式で，介護認定を受けた高齢者に介護費用の一定割合を公的に支給する。仮に国の負担が4分の1または3分の1という比率で決定されれば，公的負担はさほど大きくはない。重要な点は，公的給付以外の部分はセルフファンドとなるが，自宅を売却しなくても済むように配慮して，死亡時に後払いする方式を提案したことである。高齢化が進むなか，費用が高額化する可能性があり，保険型（高額化への対応は保険による自己選択）と包括型（高額化への対応は強制的）を候補にしたことが注目される（HM Government 2009：94-127）。

4．白書『ナショナル・ケア・サービスの構築（Building the National Care Service)』

　『緑書』を受けた政府は，公開討論「介護の国民的議論（Big Care Debate）」を呼びかけ，2009年7月14から11月13日にかけて実施した。方針は，すべての人々に介護費用を保障し，自宅や貯蓄を失うことはあってはならないとするブラウン政権時代のナショナル・ケア・サービスの創設案を示したものである。公開討論には2万8,000以上の正式回答が寄せられ，ミニ会議にも数千人が参加した。国民から広く意見が聴取されたことを受けてそれらを整理し，政策提案としてまとめたものが2010年白書『ナショナル・ケア・サービスの構築』である。政府の意思表明は以下のように示されている。

> 今が，この国における介護財源を変革する時期だと確信している。本白書はすべての人々が介護費用を保障され，必要な費用を満たすために自宅や貯蓄を失うことのないよう，政府に対して包括的な制度を創設することを求めるものである。　　　　　　　　　　（HM Government 2010：123）

　『白書』は現行制度を批判して，全体として低所得者向けの制度となっており，中間層以上は国からサポートを得られていないことを指摘している。制度改革がない限り不公平な制度は続き，『緑書』で示した3つの選択肢に対する国民の反応を紹介している。「包括モデル」に対する賛成は41％，「パートナーシップモデル」には35％，「保険モデル」には22％の賛成という結果であった。Big Care Debateなどの結果や国民の反応を踏まえて，政府の立場として「包括モデル」を推奨している。

　政府が表明した包括的なナショナル・ケア・サービス（National Care Service）には6つの原則がある。
- 受給資格者であればすべての国民が対象となる普遍性
- 支払い能力よりもニーズを優先し，要介護時のサービスの無料化
- 市民との協働を重視するパートナーシップの重視
- 尊厳を伴う処遇，人権の尊重，自己決定権などを保証する選択とコントロールの保証
- 家族，介護者，コミュニティへの支援
- アクセスの良さ　　　　　　　　　　　　　　　（HM Government 2010：13）

さらに，包括的ナショナル・ケア・サービスの構成は6つの柱からなっている。
- 自立維持のための予防とウェルビーイングのためのサービス提供
- イングランド全域であるが，統一された受給資格の設定
- 社会的ケアの提供や障がい者手当の給付のための統合されたアセスメントの実施
- ケアとサポートに関する利用者本位の情報とアドバイスの提供
- 個人予算（ダイレクト・ペイメントのパーソナル・バジェット）を通した個別化されたケアとサポートの提供
- 納税者，受給者，各世代，そして国にとって持続可能性を保障できる財政的公平さの保証 (HM Government 2010：14)

施設のホテルコストは2つの要素を明らかにしている。第1はケアの費用で，包括型ナショナル・ケア・サービスでは認定を受けた施設利用者の費用は国によって支払われる。第2は設備のコストや食費等の関連費用で，改革案の適用範囲ではなく，可能であれば個人で賄うことを想定している。施設利用料を支払うため存命中に自宅を処分するということのないように，後払い制度 (deferred payment system) を推奨している。介助手当や障がい者生活手当は受給者が支払うことのできない重要な補助金であるとして，この制度の継続を示唆している (HM Government 2010：137-38)。

ナショナル・ケア・サービスを支える財源が重要になるが，財政責任法 (The Fiscal Responsibility Act) の下で，政府は赤字を4年間で半減させることを義務づけられ，増税の可能性は狭まっていた。そこで『白書』では，医療と福祉における協働を通じて調達できる新たな財源を想定した。つまり，福祉と医療の統合を図ることでNHSから節減額をつくり出し，福祉財源に充当する案を示したのである。楽観的ではあるが，福祉医療の効率的運営から財源は調達できると見立てていたのである。効率性向上計画 (efficiency plans) が進行するなかで，在宅ケアプランに新しいテクノロジーを導入し，政策文書「すべての分野：公共サービスへの全域アプローチ」(Total Place:A Whole Area Approach to Public Services) で示された管理システムの共有化と共同運用を下敷きにしていた。[8]

『白書』の反響であるが，『緑書』を受け継いだものとして，概ねほとんどの関係機関から好意的に受け入れられた。例外は地方政府協議会（Local Government Association, LGA）であった。地方政府協議会は『白書』の議論に強い反対を表明した。第1の理由は，中央と地方の関係からみて，全国型のサービス設計は自治体が調達計画（コミッショニング）を行う際，自治体の柔軟性を損ねるというものであった。コミッショニングは地域で利用者のニーズを扱う重要な業務であるだけに，全国統一的な仕組みは地方にはなじまないという立場である。第2の理由は，福祉，医療，住宅，他の制度との連携を進める自治体にとって，画一的な制度形態は自治体機能を弱体化させ，地方のアカウンタビリティ（責任性）を薄めることを懸念した[9]。

英国型コミュニティケアは，地域主導のコミッショニングが最大の特徴であるゆえに，こうした地方の反応は理解できる。『白書』の実現は，2010年5月の総選挙の結果，労働党は敗北し長期政権の座から去ったことでお蔵入りすることになった。

5．保守党・自民党連立政権時代の政策提案：
   『ケアとサポートの財源検討委員会（The Commission on Funding of Care and Support）』報告—ディルノット報告

2010年に発足した保守党・自民党連立政権は，先の労働党政権とは異なった考え方に立っていた。その政策提案は『成人社会的ケアのヴィジョン』でその一端が示されている。政策文書『成人社会的ケアのヴィジョン』の概念は，政権が掲げる「大きな社会（Big Society）」構想を意識したもので，そのねらいは，「繁栄する社会市場（flourishing social market）」を目指して幅広いサービス供給者を育成することにあった。特に政府が念頭に置いていたのは，市場競争の強化で，供給者の間の競争を認めていた前政権の政策をスケールアップしたものであった。

保守党・自民党連立政権でも，現行制度における不公平性を重視し，地域によってサービス内容が異なり，高額な費用負担が利用者を苦しめているとの判断から，財源検討委員会を設け，ディルノット委員長が解決案を示した[10]。

ディルノット報告は，費用負担の高額化に歯止めをかけるために，料金に上

限を設けるキャッピング制度の導入を検討しており，3万5,000ポンドの上限案を提示している。ミーンズテストは継続するものの，施設ケアを受ける場合の資産分岐点の引き上げ幅は2万3,250ポンドから10万ポンドの範囲を示している。国による高齢者への無料のケアも提案しており，障がい者給付制度との調整も検討課題であることを指摘している。施設における食費やホテルコストなどの生活費は利用者負担を設け，サービス受給資格に関する全国共通の基準を提案している。他には，関係機関と連携したサービスの情報やアドバイス，ケアラーへの支援，財政改革のために医療と福祉との連携統合などが目標に挙げられている（Commission on funding of care and support 2011：5-8）。これらは労働党政権時代の議論を継承したものとなっている。

　同報告では，個人と国がともに拠出を増やす必要があり，特に国民負担を増額することで，制度の基盤を強化できるというヴィジョンを描いている。また地方自治体に財源を保障すべきとの認識を示しているが，同時に自治体は改革に対応する能力をつける必要があることも指摘している。委員会の推計では，キャッピング制度を導入した場合，5万ポンドの分岐点では介護費用は13億ポンド，2万5,000ポンドの分岐点では22億ポンドの増額になるという推計をしている。

　ディルノット報告から受ける印象は，前政権下の制度改革の認識を共有しており，資産保護の観点は共通している。ただし財源の幅を考えた場合，労働党時代のナショナル・ケア・サービスの構想よりは後退している印象を与える（Commission on funding of care and support 2011：5-8）。

6．2014年介護法による費用負担の取り決め

　2014年介護法（Care Act 2014）はこれまでの介護を規定した法律をまとめたもので，費用負担の取り決めを整理している。その要点は以下の2点である。
①ケアとサポートへの料金のあり方
　料金の設定枠組みは2015/16年に明らかになるが，現行とは大きく変わらない。わずかな変更としては，ケアホームへの入居後の12週間は資産とは関係しないとしている。投資債券と先払いの葬儀計画にも言及している。入所施設を選択できるようになり，割り増しの支払い（top-up payment）を認めている。

規制としては，経済状況のアセスメントのプロセスを明確にして，料金を課す権限の制限と入所施設の選択を設定している。

②後払い方式の取り決め（Deferred payment agreement）

　ケアとサポートの費用を「後払い」で支払うことができるとしている。そのため，緊急時に自宅を売却する必要はない。通常延期できる金額は自宅のローン価値の割合に基づく。支払いができないリスクを相殺するために利息を課したり，コストを中立に保つ権限を設けている。

　今後の費用負担は，「BBCニュース」によれば以下の新たな仕組みとなることを伝えている。

- 介護の費用負担は2016年から上限が課され，高齢介護サービスに支払う額に初めて制限が設けられる。
- 現在2万3,250ポンド以上の資産を持つ者は，介護サービスのすべての費用を支払う必要がある。在宅ケアでは，費用の負担能力調査を通じて貯金，株式や有価証券が査定対象となる。一方，施設ケアの場合は，持家の価値が査定対象となる。したがって，介護費用を支払う際に数千ポンドを準備することになる。介護制度を利用する人の中で，10人に1人は10万ポンドの料金を支払う。
- 2016年4月からは，65歳以上の場合，介護サービスに支払う額は7万2,000ポンドが上限となる。要介護認定を受けるには，地方自治体により非常に高いニーズ（very high needs）を持つと判定される必要がある。自宅または施設でサービスを受けているかどうかは，カウンシルが設定に用いるレートが上限額としてカウントされる。[11]
- 配偶者など近親者が同じ敷地に住んでいる場合は，その家は査定の対象とはならない。ただし，閾値は2万7,000ポンドに下がる。在宅サービスを受けているか，または他のコミュニティサービスを利用している場合，閾値は同じ2万7,000ポンドである。これらの閾値を下回った場合，カウンシルが個人の費用負担にどの程度拠出できるかを試算する。高所得者，例えば十分な企業年金を受けている者には，全額費用を支払うケースも出てくる。
- 公的な財政援助を受けずに，自分で料金を支払う場合，カウンシルにケアホームの料金を交渉することを依頼することは可能である。しかし多くのケ

アホームは地方自治体のレートでは介護コストをカバーできないと説明するのが通例である。[12]

- 費用負担のための自宅売却のケースは，2015年4月から，すべてのカウンシルは後払い方式（deferred payment schemes）を採用する。この仕組みでは利用者本人の死亡後に，介護コストが不動産から徴収され，2.65％の金利ローンを課すことになっている。ただし条件があり，自分の固定資産の他に，2万3,250ポンド未満の資産を持っている場合のみに限られる。この条件を満たせば，カウンシルは後払い方式の利用を認める。

（BBC News How the cap on care costs workshttp://www.bbc.com/news/health-30922484）
ただし，今後の費用負担に対する政府方針について，キャメロン首相はキャップ制を先延ばしすることを決めている。これは終章で議論する。一連の政策提案を整理すると，以下のようにまとめられる。

- 国家の財政責任について，1999年の王立委員会は高齢者サービスの費用は国家によって支払わなければならないと勧告している。
- ミーンズテストの適用について，ケアホームにおける食費や居住費の補助にはミーンズテストが実施され，在宅援助にも適用されてきた。
- 福祉サービスの無料化について，歴代政府は税財源を充てた無料サービスを認めてこなかった。
- 費用負担のパートナーシップについて，2006年のワンレス・レビューとそのパートナーシップモデルでは，国家と個人との間で支出を配分することを提案した。
- 民間保険の未整備について，政府は費用負担に関連したセーフガードを設ける際，民間の保険を奨励してきた。しかし民間の保険会社は，利潤幅の小ささから社会的ケア市場に大きな関心を示していない。
- 地理的不公正について，最も多かった批判は各地方自治体が異なる認定基準を設けているために公平性が欠如していた点であったが，2014年介護法で是正される動きとなった。

2 福祉サービスの利用料金論

1. 費用負担に関する政策提案の検討

　英国では近年，高齢者ケアの質が問題視されており，ケアのあり方が質量ともに不十分であるとの認識が高まってきている。利用者がケアホームなどの介護施設へ入所する場合，施設入所の費用は公的支援を受ける者とセルフファンドの者とに分かれている。地方自治体が補助する場合，申請者はミーンズテストを受けることになっている。一定の基準を超える者には，自宅を売却して，その費用を支払うという義務が課せられてきた。

- 国家の財政責任：1999年の王立委員会は，高齢者サービスの費用は国家によって支払われなければならないと勧告している。
- ミーンズテストの適用：ケアホームにおける食費や居住費にはミーンズテストが実施され，在宅援助にも適用される。
- 無料サービスの否定：政府は税財源を充てた無料サービスを認めてこなかった。
- 費用負担のパートナーシップ：2006年のワンレス・レビューとそのパートナーシップモデルは，国家と個人との間で支出を配分するとしている。
- 遅れる民間保険の供給：政府が費用負担に関連した保護措置（セーフガード）を構築する際，民間の保険を奨励する提案があった。しかし民間の保険会社は，社会的ケア市場に大きな関心を示していない。
- 地理的不公正：最も多かった批判は，各地方自治体が異なる認定基準を設けているために，公平性が欠如していた点であったが，2014年介護法で是正される動きになっている。　　　　　　　　　　　　　　　(Humphries 2013：4)

　英国では，要介護者が介護施設へ入所する場合，特に利用者の資産が一定の基準を超える場合には，費用徴収が行われている。有資産者は持ち家を売却して，介護費用を支払うことに抵抗感を持っている。保守党・自民党の連立政権（総選挙前の時点）は，高齢者介護政策の見直しを行い，セルフファンドとなる保有資産の水準を緩和した。自宅を売却する方法については，入居後12週間は利用者の資産を考慮せず，「後払い」が可能となった。

表9-3　介護財政改革案の動き：1996年から現在まで

1996年	政府「高齢者ケアのための新たなパートナーシップ」の開始。
1999年	長期ケアに関する王立委員会の報告書（サザーランド報告）の公刊。
2000年	政府無料のパーソナルケア提案の拒否。ミーンズテストの改正，ケアホームでの無料NHSナーシングケアの導入。
2002年	財務省ワンレス卿に権限付与。
2005年	緑書『自立，ウェルビーングそして選択』の発表。
2006年	*Securing Good Care for Older People* の刊行。パートナーシップ型の財源モデルを推奨。白書 *Our Health, Our Care, Our Say* は，2005年の緑書に対応したもの。特定の財源案は明示されず。
2009年（7月）	緑書『ケアの将来を共に形成する』は，「より大きなケアの議論（Big Care Debate）」の着手に注目。
2009年（10月）	保守党は，「在宅保護計画」の導入公約。民間保険を推奨。
2009年（11月）	政府は，最重度のニーズを抱えた人々に無料の在宅パーソナルケアを約束する法案を導入。
2010年（3月）	政府は，白書『国民ケア・サービスの構築（*Building the National Care Service*）』を刊行。ワンレス報告：「より多くの人々のためのより良いケアを保障すること（Securing Good Care for More People）」を改定。段階的な長期的改革案を提案。
2010年（5月）	キャメロン連立政権，独立委員会の設立。民間保険やパートナーシップモデルを提案。
2010年（6月）	ディルノット委員会「持続可能な財源システムに関する推奨」。
2011年（7月）	ディルノット委員会報告書『より公平なケアの財源供給（*Fairer Care Funding*）』の刊行。
2012年（7月）	超党派会談中止。白書『財源改革に関する我々の将来に向けた経過報告書（*Caring for our Future Progress Report on Funding Reform*）』の刊行。「ケアと支援の法律（Care and Support Bill）」の草案提出。
2013年（2月）	政府，社会的ケア財源改革の発表。2017年4月からコスト上限モデルを実施。
2013年（3月）	予算，2016年までのコスト上限モデルの実現に向けて取り組まれる。上限7万2,000ポンド（約1,400万円）で設定。
2013年（5月）	介護法，ディルノット提案を実施するための条項を導入。

出典：(Humphries 2013) を筆者修正

2．費用負担をめぐる政治イデオロギーの対立─新自由主義 vs 社会民主主義
(a) 新自由主義に基づく政策理念

　市場化の推進と料金の強化については，セルドン（Seldon, A.）の新自由主義に基づく政策理念からその本質がみてとれる。彼はシンクタンク経済問題研究所（Institute of Economic Affairs）のアドバイザーで，自由主義経済の立場を貫き，サッチャー政権の経済政策に影響を与えた。

　セルドンは国家が福祉サービスを無料で供給することに強く反対した。国家による福祉サービスの財源は税とし，この税財源を利用して普遍サービスを支持した。しかし当時のサービス供給体制は，国民が望むものにはなっていないと批判した。彼は改革案として，サービスの負担能力のない者にヴァウチャー制を導入し，選択と競争の原理を導入することで，福祉の「市場」を形成すべきことを主張した。彼の自由主義の立場からすれば，無料サービスに基づく制度は質の良いサービスを要望する者にとって選択の自由を奪い取ることになる。その結果，負担能力がある者には税財源による制度は不満を抱かせているという。このような論拠から，福祉サービスに対する利用料（charge）の導入を積極的に主張したのである（Seldon 2005：8-15）。

　公共サービスは，サッチャー政権以降セルドンの思想に沿う形で民営化が進められ，社会福祉分野も例外なく市場の原理で運営されることになった。セルドンの新自由主義に拠って立つ経済理論によれば，適切な価格で財やサービスを交換することで，政府は消費者の選択の自由を保証する必要がある。セルドンは，社会福祉の分野も例外なく利用料制度（charging）を導入すべきだと主張している（Seldon 2005：146-47）。サービスの有料化は貧困層にとって厳しい政策とする反論に対して，セルドンは貧困対策とサービスの対価は分けて考えるべきで，「負の所得税（negative income tax）」を導入すれば，貧困層も利用料を支払うことは可能であると主張する。

　このようにセルドンは無料サービスを提供する体制を批判し，代わってサービスに「価格づけ（pricing）」を推奨したのである。セルドンによれば，「価格づけ」には7つの要素があり，その意義を以下のように述べている。

① 「中立性：Price is neutral」は，サービスの消費者と供給者の双方にとって重要な政策判断の基準になる。

② 「有用性：Price is useful」は，サービスの重要性や「価値」を測るのに適した基準となる。
③ 「平和性：Price is pacific」は，市場で財やサービスの価格を決めることができない場合，政治の介入を招くことになる。それは独裁的な政党による支配を招く危険性を否定できない。
④ 「情報伝達での適格性：Price is knowledge」は，財やサービスの調達に必要なコストや価値のガイドとして適した基準になる。
⑤ 「非権威性：Price is non-authoritarian」は，価格を廃止した場合，政府による配給制をもたらす。統制経済を避けるための基準になる。
⑥ 「教育性：Price is teacher」は，価格の比較，購入の際の注意点を示し，サービス利用の際の事前計画が学べることで，消費者にとって教育的な役割を果たす。
⑦ 「不可避性：Price is unavoidable」は，過去の歴史的な経験から，不可避的に統制経済は市民の側から拒否され，公定価格とは異なる価格づけが行われる。
(Seldon 2005：115-120)

　セルドンは市場の価格機能を過大に評価するあまり，福祉サービスの価格づけの下でどのように供給が保障されるのか，社会権はどうのように扱われるのかという課題を明らかにしていない。これに対し，公共サービス改革において自由化を認めつつも，社会性・公平性を求めたのがルグランの準市場の議論である。

(b) ナショナル・ケア・サービスの創設案

　一方，政策面で注目したいのは，ブラウン政権時代のナショナル・ケア・サービスの創設案である。普遍的な制度として介護費用を保障し，介護費用を捻出するために，自宅や貯蓄を失うことのないように包括的な制度を提案していた。「集合的責任（collective responsibility）」という言葉を使って，介護の社会性を強調した点は評価したい。

　ただし，ブラウン提案で問題は解消されるわけではない。制度運営の主役は身近な基礎自治体に置くべきである。基礎自治体に権限や財源を移譲し，自治体と地域住民が工夫を凝らして，福祉サービスを提供する方式を開発していく

ことが望ましい。その理由は，ニーズを最も把握しているのは地域だからである。また，医療と福祉の連携や行政と住民との協働も地域ベースとなるからである。高齢者を含む社会福祉は地域ニーズを把握している基礎自治体が担うべきであると認識すれば，そのアクターは'自立した地方政府'とそれを支える市民セクターということになる。

長期的視野に立てば，社会福祉の充実のためには地方自治体の自主財源を拡充する必要がある。そのためには，中央政府が国の予算を拡大したうえで，地方自治体への税源移譲を目指した地方財政改革が前提条件になってくる。

3　介護の費用負担の分析

1．介護の財政スキーム

これまで，1990年代末からの介護の費用負担に関する改革案をみてきた。論点を整理するために，長期的ケアの財政構造，地方財政に占める社会福祉の位置を確認し，高齢者福祉の充実を視野に入れた地方財源の拡充策を検討していきたい。長期的ケアの財政構造は非常に複雑である。その仕組みを確認しておくと，行政からの補助を受けるにはミーンズテストが前提となる。イングランドの場合，2万3,250ポンドを超える資産を持つ高齢者は，介護費用の全額を支払う必要がある。

国と地方自治体による公的援助については，国は資産および社会保障給付を含めた収入の合算額に上限を設けている。先に示してきた通り，イングランドのガイドラインは2万3,250ポンドである。一方，地方自治体も基準を設けている。イングランドでは1万4,250ポンドを下回る者が地方行政から財政的援助を求めることができ，「標準レート（standard rate）」または「契約レート（contract rate）」と呼ばれている。地方行政による基準は自治体によって異なり，地域間格差はポストコード・ロッタリー（postcode lottery）と呼ばれ，地域差に国民は不満を抱いてきた（Humphries 2013）。

また地方自治体は，介護支出をできる限り利用者から回収するために，費用徴収を徹底している。地方自治体は収入を拡大するために，利用者が権利を持つ国の給付を代理申請することさえある。また処分の対象となる資産には，銀

行口座，国債，株，貯金，遺産などが含まれる。問題となっている自宅の処分については，例外規定がある。それは，配偶者またはパートナーが住んでいる場合，60歳以上の親族が住んでいる場合，障がいを持つ親族が住んでいる場合などが例外となる。施設入所の初期期間では費用徴収はない。地方自治体は施設入居後の最初の12週間は費用徴収の対象となる住宅資産を除外する。12週が経過した後，資産価値が2万3,250ポンドを超える場合，自宅は資産処分の対象となる。このように英国では個人レベルでの費用負担が重く，老後の財政負担を広く社会的に共有するという制度にはなっていない（BBC News）。

　後で触れるように，高齢者福祉は主として中央政府の補助金で賄われており，地方自治体の責任の下で運営されている。この中央－地方の政府間財政関係が高齢者福祉財政を左右する。公的なサービスで高齢者のニーズを満たすには財源は明らかに不足しており，ミーンズテストを通じて利用者に料金を課してきたことは再三指摘した通りである。特に施設サービスの費用負担は重く，その費用は利用者の貯蓄が充当され，持ち家の場合には自宅を売却して費用を捻出するという厳しい現状がある。一般的な国民感情として，次の世代が相続するはずの資産が介護費用のために使われることへの不満や不安があり，利用者の費用負担は政治問題化してきた。しかも，これまで要介護度の高い高齢者はNHSの運営する公的病院に無料で入院できたが，最近では高額の料金が課される他の施設に移されることも社会問題になっている。

　地方自治体が行う高齢者福祉の運営をみると，自治体がニーズのアセスメントとサービス調達の責任を負っているのは記述の通りである。地方自治体の認定を受けて高齢者はサービスを利用するが，そこで問題となるのが，過重な費用負担，サービス利用者の限定，地域間格差などである。これらの要因は財源が不十分なことに関連する。地方自治体によっては認定基準が厳しく操作されることがあり，契約額を十分に認められない場合にはサービス事業者は余裕のある経営を行えない現状がこれまでみられた。

2．ハンコックらの研究調査の検討

　ここで，ハンコック（Hancock, R.）らの研究論文（2007）を参考にして，介護財政改革の政策オプションと利用者負担の最終的な帰着を検討してみたい。ハ

ンコックらは介護制度と想定した政策オプションにおける費用負担の帰着を推計しており，利用者と国が負担する介護費用の平均値について，所得水準と住宅所有形態，自宅所有者と非所有者に分けて分析している。

彼女らは2つのシミュレーション・モデルを基礎にしている。1つ目はパーソナル・ソーシャル・サービス研究所（the Personal Social Services Research Unit, PSSRU）によって開発されたモデルで，想定した改革オプションの集合的効果を分析するものである。2つ目のCARESIMは，介護財政の効果分布を分析するミクロのシミュレーション・モデルである。これは家計資産調査（British Family Resources Survey, FRS）の3年分から2万1,334人の高齢者のデータを使い，各人の支払う施設または在宅サービスの料金シミュレーションである。2002年を基準とし，2022年を想定して，この2つの時期を分析している。2022年では，85歳以上の高齢者を対象にしている（Hancock et al. 2007：385-86）。

さらに，独立セクターや地方自治体立の介護施設，独立セクターのナーシングホーム，低度・中度・高度の3つの要介護度の在宅サービスの利用について，別のシミュレーションを行っている。各々のサービスを利用する高齢者は，施設ケア調査に基づいて各々の施設における利用期間が未完了であると仮定している（Netten et al. 1998）。利用者負担は，費用徴収に即して資産価値が減少するという前提を立てており，また在宅料金は利用者がサービスを18か月間利用したという仮定に立っている。一方，CARESIMは施設の料金規定を厳密にモデル化しており，制度改革前の在宅料金は標準のミーンズテストを適用するというシミュレーションを前提にしている[13]。

所得水準別で推計した場合，第1に，所得は世帯（独身の高齢者か，高齢者カップル）の純所得とし，どのようなケアも受けずに自宅で暮らす場合に得られる所得としている。第2に，所得階層の分析においては，高齢者個人を所得5分位に分類し，年齢層は85歳以上を採用している。第3に，改革オプションは所得税の引き上げを想定し，すべての世代に影響を及ぼすとしている。第4に，個人，総人口の所得配分によって分類している。第5に，所得は，最初の成人を1，それに続く14歳以上に0.6，14歳未満の子どもに0.4という等価スケールを用いて調整している（Hancock et al. 2007：385-86）。

加えて，介護料金に対する5つの負担財源は次の通りである。ナーシングホームでの看護ケアへのNHS負担（政府の保健予算），NHS負担とミーンズテストによって決定された利用者負担の差額への自治体負担（政府の社会福祉予算から），介助手当，年金クレジット，その他となっている。このような前提作業から，利用者が得る便益について費用を賄った後の可処分所得における変化に基づいて推計している（Hancock et al. 2007：386）。

(a) 分析結果

ハンコックらの分析結果は以下の通りである。

【第1の分析結果】

ミーンズテストの改革シミュレーションでは，ミーンズテストの廃止と無料パーソナルケアを比較している。パーソナルケアの無料化を想定したオプションは，ミーンズテストを廃止したケースよりも多くのコストを要することになり，低所得層よりも高所得層に利益をもたらすことになる。ミーンズテスト廃止は低所得層を配慮したものであるが，パーソナルケアの無料化は高所得者の税率引き上げで賄い，全人口への影響を考慮すれば，最も高い所得層が実質的な「敗者（loser）」となる（Hancock et al. 2007：386）。

図9-3は，施設ケアに特化にしたシミュレーションから生じる利益を比較したものである。対象者は85歳以上の施設利用者で，5分位の所得階層と持ち家の所有者でクロス比較をしている。改革シミュレーションの条件としては，個人出費額控除（personal expenses allowance，通称「小遣い手当」）[14]を十分に増やし，介護費用への拠出を生涯制限（lifetime limitation）の10万ポンドと設定している。

図9-3から以下の3点が確認できる。

① 「小遣い手当」の増額から得られる利益について，低い所得層の3層は平均よりも10～13％の範囲で高くなり，第4所得層平均と最高所得層は平均の60％となる。これは明らかに再配分効果を生み出しており，小遣い手当の増額は上位分岐点を下回る資産を持つすべての高齢者に利用者負担を軽減する効果を持つ。ただし，施設利用者は資産に手をつけるまでに，小遣い手当以外のすべての所得を施設利用料に充てると仮定している。施設料金を全額負担する上

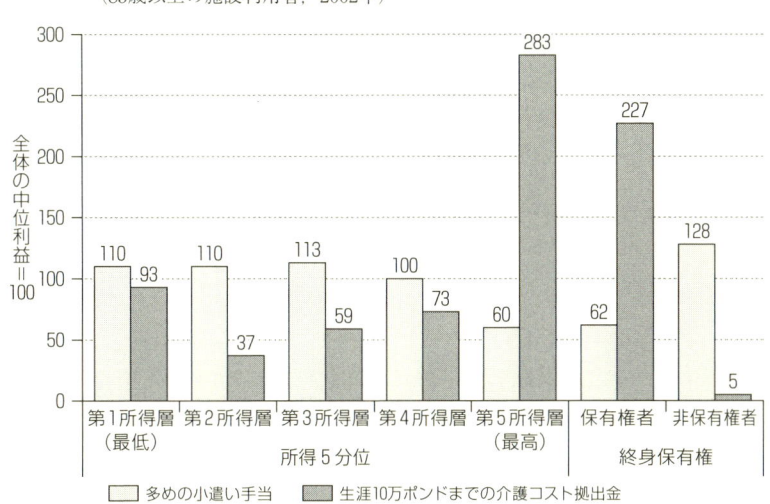

第9章 高齢者福祉の費用負担　199

図9-3　施設ケアに特化したシミュレーションから生じる利益の比較
（85歳以上の施設利用者，2002年）

区分	多めの小遣い手当	生涯10万ポンドまでの介護コスト拠出金
第1所得層（最低）	110	93
第2所得層	110	37
第3所得層	113	59
第4所得層	100	73
第5所得層（最高）	60	283
保有権者	62	227
非保有権者	128	5

（全体の中位利益＝100）
所得5分位／終身保有権

出典：Hancock et al. 2007：390

位の分岐点を上回る資産を持つ高齢者にとっては，小遣い手当の増加案は相続資産を利用する割合を増やすことにつながる。

② 高齢者の手持ち金を増やすと仮定した場合，資産の平均的な減少は，現行の介護財政制度と比較して約2,000ポンドとなる。低所得3層における平均的な減少は1,000〜15,00ポンドの範囲で，第4所得層では2,000ポンド，最高所得層で4,300ポンドになる。

③ 施設利用者の負担に対する生涯制限は，以前に持ち家があり，最高所得層に属していた施設利用者には最大の利益をもたらし，平均的利益の2倍以上（それぞれ，127％と183％）となる。これに対して，自宅非所有者には利益はほとんどなく，最低所得4層の平均的な利益は全体平均を下回り，第2所得層ではすべての中での最低（平均のわずか37％）となる。　（Hancock et al. 2007：390）

【第2の分析結果】

図9-4はパーソナルケアの無料化から生じる利益を示したもので，85歳以上の施設または在宅ケアの利用者を対象にしている。このシミュレーションでは，2002年時点で，改革案から得られる利益は，最高所得層と自宅所有者では

200　第Ⅲ部　高齢者福祉の市場化，地域化，連携化

図 9-4　無料パーソナルケアから生じる利益の比較
（85歳以上の施設または在宅ケアの利用者，2002年試算）

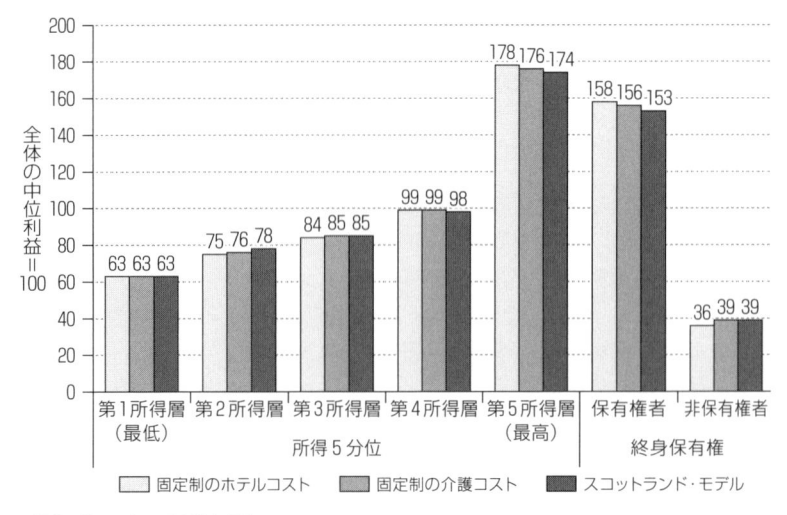

全体の中位利益=100

	固定制のホテルコスト	固定制の介護コスト	スコットランド・モデル
第1所得層（最低）	63	63	63
第2所得層	75	76	78
第3所得層	84	85	85
第4所得層	99	99	98
第5所得層（最高）	178	176	174
保有権者	158	156	153
非保有権者	36	39	39

所得5分位／終身保有権

出典：Hancock et al. 2007：391

平均以上となっている。最高所得層にとっては74～78％の増加となり，自宅所有者にも53～55％増となる。これに対して，最低所得3層と自宅非所有者は平均以下となる。効果の帰着としては，最低所得層と自宅非所有者にとって利益は最も少なく，平均と比べて最低所得層は約40％も低く，自宅非所有者は約60％も低い。

　図9-5は2022年を想定したシミュレーションである。図9-4と比較すると，無料パーソナルケアの配分効果は20年後では大きく変わらない。最高所得層の利益は，2002年には平均より76％高かったが，2022年には約60％高くなり，最大であることに変更はない。自宅所有者にとっては，利益はわずかに減少する。最低所得層と自宅非所有者の利益は，無料パーソナルケア・モデルによって幾分異なるものの平均以下となる（Hancock et al. 2007：391-92）。

【第3の分析結果】
　図9-6は，増税を伴う無料パーソナルケアから生じる得失を示したシミュレーションである。増税を伴う無料パーソナルケアからの利益は中所得層に集中している。税率の引き上げによって，最高所得層は週に平均35ペンスを得る

第9章 高齢者福祉の費用負担　201

図9-5　無料パーソナルケアから生じる利益の比較
（85歳以上の施設または在宅ケアの利用者，2022年試算）

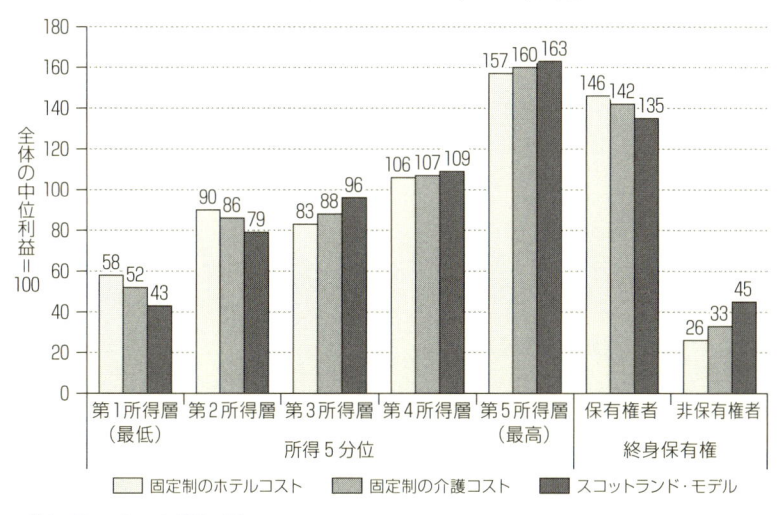

所得5分位	固定制のホテルコスト	固定制の介護コスト	スコットランド・モデル
第1所得層（最低）	58	52	43
第2所得層	90	86	79
第3所得層	83	88	96
第4所得層	106	107	109
第5所得層（最高）	157	160	163

終身保有権

	固定制のホテルコスト	固定制の介護コスト	スコットランド・モデル
保有権者	146	142	135
非保有権者	26	33	45

（全体の中位利益＝100）

出典：Hancock et al. 2007：392

図9-6　増税を伴う無料パーソナルケアから生じる得失
（2002年時点のシミュレーション）

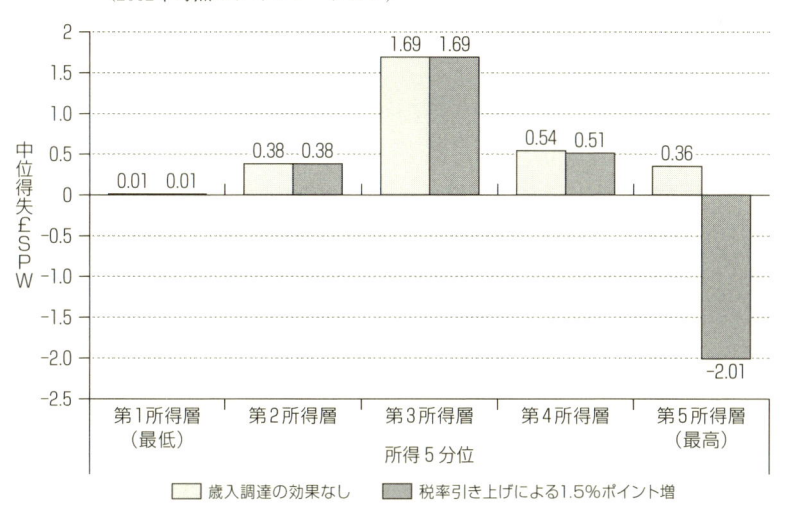

所得5分位	歳入調達の効果なし	税率引き上げによる1.5％ポイント増
第1所得層（最低）	0.01	0.01
第2所得層	0.38	0.38
第3所得層	1.69	1.69
第4所得層	0.54	0.51
第5所得層（最高）	0.36	-2.01

（中位得失£SPW）

出典：Hancock et al. 2007：391

代わりに，週に平均2ポンドを失う（Hancock et al. 2007：391）。

以上からハンコックらの研究結果を整理すれば，以下の通りとなる。

- 施設コストの個人負担に対する生涯制限は，最高所得層と自宅所有者にとって最大の利益をもたらす。
- 小遣い手当の増額オプションは，低所得層が平均以上の利益を得られる一方で，最高所得層には最も低い利益となる。また，小遣い手当の増額は自宅非所有者に利益となる。
- 無料パーソナルケアのオプションは，最も富裕な所得層と自宅所有者に最も大きな利益をもたらす一方，最低所得層と自宅非所有者に最も少ない利益となる。ただし国民全体で考えれば，無料パーソナルケアの利益は中間所得層に集中する。
- パーソナルケアの無料化を高所得者の税率引き上げによって賄った場合，最高所得層の利益は減少するが，他の所得層への影響は少ない。

(b) ハンコックらの研究の講評

このような費用負担における所得階層・資産保有者別の得失に関する分析で問い返されるのが，財政原則の1つである所得再分配機能のあり方である。個人と社会のそれぞれの便益を集合性という視点で捉える必要がある。財政とは本来，国民すべてにとって必要不可欠な財とサービスをいかにして供給するかを前提にしたものである。財政における所得再分配機能は，社会保障の給付やサービスを提供することで国民の生活を安定させることができる。「サービスはニーズに応じて，負担は能力に応じて」という財政思想の下で，ニーズに応じた給付，支払い能力に応じた財政負担という原則が国民の生活安定に資するものになる。そのため財政を支える所得税や相続税などでは，個人の所得や財産の大きさに応じて税率に段階をつける累進課税が採用されている。

そうであるから，財政思想においては再分配の原則が重要となり，個々人の得失を明示的にすることは想定されない。ここでノン・アフェクタシオン（非充当関係）の原則を考えておくことが重要である。これは特定の収入と特定の支出を結びつけないという原則である。特定の収入と特定の支出を厳密に関連させれば，技術的に収支を合わせる不合理が生じる。このことから，ノン・ア

フェクタシオンの原則が認められている。

　拠出と受給の明確化は，介護などの社会福祉制度においてどのように機能するのであろうか。介護サービスは排除可能で競合性を持つ側面がある。このことから民間の介護保険制度が存在し，個人保険に加入して将来のリスクに備えることができる。しかし，現実に介護のリスクが発生した場合，しばしば自己責任の範囲を超えることがある。若くして認知症になった者は，本人も家族も生計を立てることができなくなる。このようなケースでは，自己責任原則の強い介護負担は，大きな社会的な損失を生み出す可能性が大きい。介護破綻や介護離職などによる家族崩壊を避けるために，政府は介護リスクを社会全体でカバーする仕組みを設ける必要がある。介護は，サービスの特性から判断して，集合性の強い性格を持っている[15]。

【小　括】

　本章の要点をまとめると以下の通りとなる。

　第1に，英国では制度外の個人負担が重く，老後の財政負担を広く社会的に共有するという制度にはなっていない。高齢者福祉への公共支出割合が低い結果として，福祉と負担のバランスが悪く，利用者負担はきわめて重い。

　第2に，国は集権性を持ち，制度では市場の要素が色濃く，同時にインフォーマルケアに強く依存する傾向がある。今後は利用者のみならずケアラーの経済的保障も重要であり，介護の社会性を強調する必要がある。

　第3に，包括的な制度の創設が必要で，長期的視野に立てば社会福祉の充実のためには地方自治体の自主財源を拡充する必要がある。

　第4に，北欧諸国のように「脱商品化」や「脱家族化」が徹底されていない。NHSの擁護論が強いことを踏み台にして，高齢者福祉の分野で福祉レジームの転換を図る必要がある。

1) 第1章で，パーソナルケアの定義を示しているのが興味深い。委員会の定義によれば，パーソナルケアとは，排泄や着脱の介助，入浴や食事の介助，服薬の管理，身辺の安全を保つ支援というサービス枠組みである。また，医療ケアやパーソナルケアを公的な財源で支える場合，専門職者の種類およびサービスの種類から一定の判断が可能とも述べている。

2) (DoH 1999) は,サザーランド報告に対する政府回答を示しているが,わが国の高齢者介護政策に相通ずるものがあり興味深い。
3) 中間ケアにはいくつかのモデルがある。保健省は,当初迅速な対応(サービス提供),在宅医療,入所リハビリ,退院支援,通所リハビリの5つを提示していた。その後,保健省委託の中間ケア調査により,12のサービスモデルを明らかにしている。中間ケアの目標は,大別すれば,退院促進,不必要な入院・入所回避の2つである。コミュニティ病院モデルは,退院促進に該当する。中間ケアについては,(児島 2007) が詳しい。
4) サザーランド報告の発表時の動きとしては,施設利用は減少しており,その代替措置に基づいた比較的安価な施設が使われるようになっていた。その代替ケアは集中的な在宅支援のニーズに対応していた。さらには重度の障がいを持つ者に集中的なケアを与えるよう,重点化の傾向がみられるようになり,重点化が予防施策を弱めるという懸念も生じていた。この点はミーンズらの著述が詳しい (Means et al. 2002:170)。
5) キング財団は,1907年に議会制定法 (Act of Parliament) の下で法人格を取得し,2008年に女王からの勅許 (Royal Charter) により新しい法人格を得ている。
6) ポストコード・ロッタリーは,住居地によって人生が左右されたり,サービス利用の権利が左右されるという意味でよく使用される表現である。
7) 後払い方式に類似したものに,日本ではリバースモーゲージの制度がある。リバースモーゲージとは,自分が居住する住宅や土地等の不動産を担保にして融資を受ける制度である。利用者は死亡等で契約期間が終了した場合に,担保不動産の処分等によって元利を合わせて一括返済する。1981年に武蔵野市がリバースモーゲージを導入して注目され,武蔵野方式と呼ばれた。最近では,契約件数は停滞している。
8) 当時のブラウン政権は4年間で純借入を半減させる責任を負い,赤字削減計画を進めるために,2009-11年度以降低めの投資成長を想定していた。『白書』案は財政再建と一体のものでなければならず,スペンディング・レビュー (Spending Review) では厳しい節減を求められていた。2014年からは,より統合を強めた制度の中で社会福祉制度を運営するために,NHSが支出する18億ポンドを含む合計40億ポンドの節減と,新たな財源調達が必要であった。
9) Local Government Association, Care and support Green Paper (2009) in Gheera, M., *Shaping the Future of Care together : the 2009 Social Care Green Paper*, House of Commons Library, p. 10.
10) 『ディルノット報告』でも,ポストコード・ロッタリーを問題視しており,サービスの資格を決める認定基準はイングランド全域で一貫性と公平性を改善するために国基準が設けられるべきであると述べている。
11) 例えば施設ケアの場合,改正案では,週230ポンドの定額料金が提案されている。上限額に達した際,食費や宿泊費用は支払うことになる。8人に1人が上限額に達すると推計されている。上限額に達する前の利用者負担の援助は,貯蓄や資産の額で決定され,資産が11万8,000ポンド未満の場合,ケアホームの入居者は援助を得ることができる。この数字は,自宅の価値を含んでいる。
12) 一部の者は,質の良いサービスと設備を備えたケアホームで暮らすことを希望しており,そのために多額の料金を支払う。これはトップアップの料金で,カウンシルのレートよりも多くの額を支払うケースでは上限額の設定はつかない。上限額に到達すると,

追加的なコストへの支払いはセルフファンドとなる。
13) このモデルは，2つの意味で関連している。第1には，長期的ケアのコストは公共セクターと営利セクターに分けて配分されることから，CARESIM が算出する利用者負担では PSSRU モデルが使われる。第2に，PSSRU モデルではケアホームの入居者と在宅ケアの利用者が高齢者人口の無作為な部分集合ではないことを踏まえて，CARESIM から出された結果は加重を設けて調整される。どちらのモデルも，情報に基づく予測ではなく，特定の仮説に基づいた見通しである。詳細は，(Hancock et al. 2007) にある。また，在宅ケアパッケージの内容によって変動する障がい関係経費については，定額手当 (flat rate allowances) として障がい手当を費用徴収の対象に含めている。
14) 個人出費額控除とは，介護費用の拠出に際して，文具，洗面用品，友人や親戚へのプレゼントなどの項目を費用負担から除外する制度のこと。
15) ノン・アフェクタシオンについては（神野 2007：94）を参照されたい。

第10章 高齢者福祉の社会的企業化

　この20年間における社会的企業（social enterprise）の台頭は，英国の社会政策において最も顕著で重要な動向の1つである。市民社会セクターで生じている変化，中央政府および地方自治体と市民社会との関係を考察する場合，社会的企業は興味深い研究分野である。一方，最近，地方自治体は業務を外部委託する動きがあり，ランベス（Lambeth）成人社会的ケア部門からスピンアウトしたトパーズもその1つである。ランベスはトパーズに社会福祉予算の節減につながる予防サービスの効果を生み出す活動を期待している。現行の厳しい予算状況をにらんで，同区は2012年からトパーズと契約をかわしており，行政とは異なる民間独自のソーシャルワーク実践をテストしている。トパーズは国のパイロット事業に採択されており，その活動目的はソーシャルワークによる早期介入，予防活動，住民の自立とウェルビーイングの促進である。

　本章では，福祉ガヴァナンスの変容という視点から，高齢者福祉を担う社会的企業の機能とその効果性を考察していきたい。

1　研究目的と研究方法

　地方自治体からスピンアウトした高齢者福祉の「社会的企業化」について，その特徴であるソーシャル・イノベーション，ソーシャルワーカーの独立開業に焦点を当てて，福祉国家の再編プロセス，福祉ガヴァナンス，委託契約の課題を考察する。日本では介護保険制度の改正で，すべての地方自治体が2017年4月までに「新しい総合事業」を始めることになったが，高齢者福祉の「社会的企業化」は先行事例として意義を持つ[1]。今日の事象の底流には政府の緊縮財政があり，その影響を受けた地方自治体の対抗戦略をみておく必要がある。地方自治体から独立した社会的企業はイノベーションの創発を目指すが，その手法やソーシャル・インパクトは未知数である。本章はそれらの課題を明らかに

する。本研究の目的は，①社会的企業の台頭に関連する福祉国家再編プロセスの検証，②地方自治体と社会的企業の公私関係の検証，③高齢者福祉の社会的企業化が利用者や地域社会に与える影響の検証である。

　研究方法は文献研究および英国の関係者や研究者のインタビュー調査・資料分析である。第1に，2次データとして文献研究で扱うのは福祉国家と財政，国家とガヴァナンス，国家と民営化に関するもので，あわせて地方自治体および社会的企業のドキュメント分析を行っている。第2に，福祉国家再編に伴う自治体戦略および高齢者福祉の社会的企業化に関する1次データの収集方法として，半構造化されたインタビュー調査を実施し，その手法はあらかじめ示した質問票に被調査者が自由に回答する聞き取り調査を採用している。

　分析方法は文献資料の研究および英国の関係者や研究者のインタビュー調査である。

1．文献研究

　国家論およびガヴァナンス論に関する参考文献は以下の通りである。
- Gough,I. (1979) *The Political Economy of the Welfare State*, Macmillan 邦訳：小谷義次・荒岡作之・向井喜典・福島利夫訳『福祉国家の経済学』大月書店，1992
- Davies, J. S. (2011) *Challenging Governance Theory: From Networks to Hegemony*, Bristol and Chicago：The Policy Press
- Raco, M. (2013) *State-led Privatisation and the Demise of the Democratic State: Welfare Reform and Localism in an Era of Regulatory Capitalism*, Ashgate

　地方自治体の経営論に関するドキュメントは以下の通りである。
- London Borough of Lambeth (2010) The Co-operative Council Sharing power：A new settlement between citizens and the state
- London Borough of Lambeth (2013) *Lambeth Council's Community Plan 2013-16*
- London Borough of Lambeth (2014) The Co-operative Council Sharing：A new settlement between citizens and public services A new approach to pub-

lic service delivery

2．インタビュー調査

　現地調査の方法はインタビュー調査と資料分析で，その概要は以下の通りである。

・ランベス政策担当者のインタビュー調査：日時は2015年8月20日午前11時から午後1時までの約2時間，場所はランベス区役所内フェニックス・ホール (Phoenix House, 10 Wandsworth Rd, London) で，対応者はドリアン・グレイ氏 (Dorian Gray ランベスコーポレート事業開発部) である。

・トパーズ経営者のディー・ケンプ氏 (Dee Kemp) のインタビュー調査：日時は2015年8月23日午後2時から4時までの約2時間，場所はロンドンにある会館アイビー (the Ivy, 1a Henrietta Street) である。

　また，彼女がイーメールを通じて提供した資料は以下の通りである。

・Qualitative research Questionnaire（2014年6月28日閲覧）
・Features of living conditions and social care for the elderly in Lambeth（2015年6月14日閲覧）
・Topaz New Elderly Care in the UK — Partnership between the council and TOPAZ（2015年9月12日閲覧）

2　ケース研究——社会的企業トパーズの事例分析

1．ランベスでの高齢者の生活問題

　ランベスの概況を説明しておく。同区はインナーロンドンの南部にあり，人口は約31万人である（2013年現在）。政府の貧困調査によれば，ロンドンで5番目に貧困度が深刻であり，イングランド全体では14番目に位置する（2010年度）。区内の事業所の4分の3以上が従業員5人未満，大半の被用者はサービス産業（公共セクターや教育，医療関係）に従事している。労働年齢人口の就業率は67％で，ロンドン全体の69％，全国の74％よりも低く，17％が福祉受給者である（2006/07年）。人口の約36％がエスニック・マイノリティで，60歳以上人口は10.9％, 20歳未満は22.6％（2011年国勢調査）である。区内では130の言語

が使用されている（Lambeth Council http://www.lambeth.gov.uk/home.htm）。

ランベス文書 *State of the Borough 2014* が地域住民の生活状況を伝えている。社会的孤立のリスクが最も高いのは低所得の高齢者である。彼らは交通費やレジャー活動の費用を支払えないために孤立している。65歳以上人口は2万3,000人で，高齢化率は7.6％と相対的に低いが，65歳以上の高齢者の一人暮らし世帯が9,208世帯で，世帯数全体の7.1％を占めている。障がいや長期的な健康問題（複数）を持つ高齢者は多く，ランベスで鬱病を持つ高齢者は2,000人にのぼる。[2]

65歳以上のケアラー（介護者）は2,300人おり，うち半分が1週間20時間以上の介護を営んでいる。彼らは介護への金銭的，精神的なサポートを求めている。問題は移民の高齢者が多く，言語の障壁がサービスの利用や地域活動への妨げになっていることである。注意を要するのはサウス・ランベスで，一人暮らし，85歳以上の高齢者，65歳以上のケアラーを含む高齢者の数が最も多い。また約3,000人が認知症を患っている。[3]

2．自治体戦略としてのコーポラティブ・カウンシル

注目したいのは，ランベスはコーポラティブ・カウンシル（Cooperative Council）を標榜していることである。コーポラティブとは，行政と住民の協同活動を意味し，サービス提供の過程で住民や利用者の参画を推し進めることをねらいとしている。住民自治を前面に押し出しており，行政・住民・地域団体・民間組織との新たなパートナーシップの実現に努めている。この戦略には，市民を「受動的なサービス受益者」から「積極的なサービス形成者」へと転換するねらいがある。[4] そして住民とのコ・プロダクション（co-production）の一環として，ソーシャルワーク・社会福祉の社会的企業化を推進しているのである。

戦略文書 Lambeth Council's Community Plan において，カウンシル・リーダーの言葉が序文で掲載されている。

> 予算の50％削減に対して，どう削減するかではなく，住民にとって真の効果を生み出せるようどう使うか。（London Borough of Lambeth 2013：2）

そこでランベスは，3つの優先分野として「雇用の創出」，「安全で強固なコミュニティ」，「きれいな通りと緑あふれる近隣地域」を挙げている。高齢者関

連では，住民の健康維持，立場の弱い子どもや成人へのサポートと保護，高齢者や障がい者，立場の弱い人たちの自立生活への援助，住民の環境面での持続可能生活，よりよい住宅で暮らす機会が目標になっている。

3．トパーズの組織と活動

　トパーズの組織について，ケンプ氏がまとめた Topaz New Elderly Care in the UK-Partnership between the council and TOPAZ からファクトを拾い上げてみたい。トパーズはソーシャルワークコミュニティ利益会社という形態をとっており，独立したソーシャルワークサービス（Independent Social Work Service, ISWS）として2012年に創業した。イングランドで5つあるソーシャルワーク実践パイロット事業の1つで，ロンドンでは唯一の事業体である。起業に要する費用として9万1,300ポンドを保健省から資金として受けている。行政から独立した社会的企業として設立され，所属するソーシャルワーカーが運営責任を担っている。コミュニティ利益会社（community interest company, CIC）として2011年11月に会社登記所に登録しているが，CICという形態は株式を保有する有限会社で，会社の目的と「コミュニティの利益に関する声明文」を点検するCIC監査人に登録することになっている。経営者ケンプ氏が運営責任を負っている。会社取締役会はチームのメンバーである株主で構成されており，ケンプ氏の他3人が名を連ねている。

　次に，労務関係や契約関係について，Features of living conditions and social care for the elderly in Lambeth からファクトを拾い上げてみたい。トパーズのメンバーは6人である。契約期間は2年で，給与は時給制で支払われ

表10-1　トパーズの主な活動

▶レビュー：電話相談と自宅訪問
▶セルフファンドの者（self-funder）への専門的サポート
▶ケアラーへのサポート
▶脳卒中患者へのサービスと集団処遇
▶少数派民族グループへのアウトリーチ
▶サービスの連携：医療ケアと社会的ケアの連携，宗教系グループ，サードセクターとの提携

ディー・ケンプ氏提供の資料（2014年6月28日イーメール受信）

ている。ソーシャルワーカーと作業療法士は1時間当たり25ポンド，資格を持たないワーカーは1時間当たり18ポンドを受け取っている。チームは，1人のソーシャルワーク・マネージャー，2人のソーシャルワーカー，1人の資格を持たないワーカー，2人の作業療法士で構成されている。無給のボランティアも1人いる（Features of living conditions and social care for the elderly in Lambeth）。

　トパーズの活動について，チームはサービスをセルフファンドの者（最低2万3,250ポンドの貯蓄を持ち，在宅または施設で暮らしている者は利用したサービスを自己負担する），社会的ケアのニーズを持つ介護者と成人に対してサポートを提供している。事業の中心に自立とウェルビーイングの促進を据えており，可能な限り虚弱な高齢者が自宅で生活できるように支援している。またチームは，コミュニティが地域力を保持できるように配慮している。そのため，高齢者が初期の段階でケアサービスへの依存を減らし，自立の悪化を鈍らせ遅らせるように努めている。この方針はLambeth Council's Community Planと一致するものである。特にチームのコアとなる目的は早期介入で，予防サービス，アセスメント，情報やアドバイスの体系的なサービス提供を通じて達成される。

　このようにトパーズは，社会的なケアとサポートの提供を通じて，サービス利用者，介護者の生活の質（QOL）を向上させることを目的としている。特に2014年介護法に則して，社会的ケアの提供に向けて，自治体サービスとは異なる枠組みでアプローチしている（TOPAZ New Elderly Care in the UK）。

　役割分担については，チームは毎月最低40件のレビューをする。最低22人がコミュニティ・サージェリー，4人が介護施設でサージェリーを行う。脳卒中のアドバイザー（作業療法士）は，毎月20人をレビューする[5]。

4．行政委託契約

　ランベスとの契約の内容は以下の通りである。

- クライアントとケアラーの満足度の向上。方法：ヴォランタリー組織や予防的保健サービスの知識を増やすことで対応する。
- GP（一般医）への不要な訪問の縮小。方法：コミュニティに向けたサービスを改善することで対応する。

- ケアとサポートに積極的なアプローチの採用。方法：危機を回避し，2次的ケアサービスを活用することで対応する。
- 社会参加の推進。
- 自立の促進。
- 高齢者の安全の保障と関連サービスのアクセスの向上。
- 詳細なデータ収集と地域のニーズに関する理解。[6]

　目指す成果について，トパーズのクライアントは900人にのぼり，利用料金は徴収していない。利用者の8％がランベスの社会的ケアのサービスも受けている。サービス利用の重複を避けるために，委託者であるランベスは，トパーズの利用者のうち，行政サービスを重複して受ける者の割合を15％以下に設定している。

　以下の活動を通じた予防サービスは，自立，ウェルビーイング，選択という政府の目標にそった革新的なサービスであり，地域にイノベーションをもたらしている。

- 早期介入…自立の悪化を遅らせ，不要な入院を減らすため。
- 予防…危機的状況を回避する。
- 結束力あるコミュニティの創造とケアサービスへの依存を減らすための支援。
- ケアラーおよびセルフファンダーへの支援チームづくり。
- 地域社会へのリーチアウト…市民を参画させるため。
- 軽度者への支援…それによって社会的ケアに対する全体支出を削減する。
- 長期的な施設利用の縮小。
- 複合的な診断／ニーズを持つ者への専門的サポートの提供。
- 住民の孤立を防ぐためのボランティア活動，体操，社会参加の推進。
- ニーズの重度化を防ぐためのサービスの活用。
- ケアやサポートを選択する際の有益な情報の活用。
- 評判の良い介護事業者の選択。
- 経済的なアドバイスの活用法の周知。
- ニーズを持つ人の安全やウェルビーイングへの関心を高める方法の周知。[7]

（Features of living conditions and social care for the elderly in Lambeth）

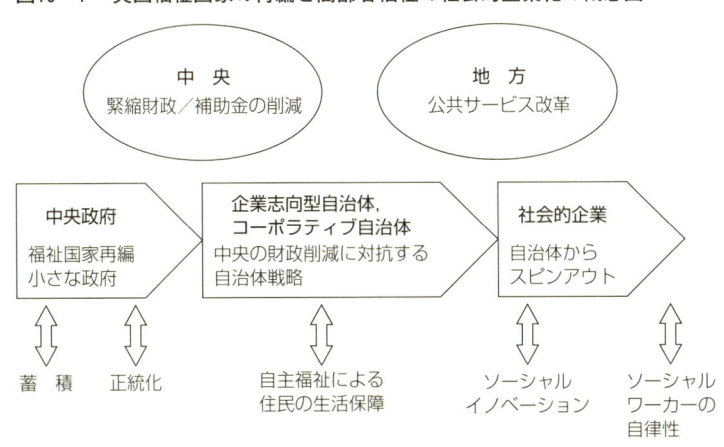

図10-1　英国福祉国家の再編と高齢者福祉の社会的企業化の概念図

(筆者作成)

3　考　察

1．福祉国家再編と高齢者福祉

　本研究のテーマを分析するには，上位と下位の2つの概念に整理する必要がある。前者は福祉国家をめぐる法律と財政に関連し，それは国と地方との政府間関係に及ぶ。後者は地方自治体が提供する高齢者福祉がアウトソーシングされるプロセスを解明することに関連する。図10-1はその概念図である。上位の概念として，政府は緊縮財政を断行し，補助金削減を行うことで，公共サービスの再構築を地方自治体に要請している点に注目している。これに対し，下位の概念として，予算逼迫に直面する地方自治体が一部の機構をスピンアウトすることでサービスを維持している点を捉えている。

　まず法制の視点から分析してみたい。英国ではローカリズム法（Localism Act, 地域主義）が社会的企業に活動の範囲を与えている。政府は「ローカリズム法案の基本方針」を打ち出しており，2011年に「ローカリズム法のためのイングランドの簡潔な指針（A Plain English Guide the Localism Act）」を公表している。同法の制定以降，地域貢献・地域再生を目的とした社会的企業が急速に

拡大している。

　同法はコミュニティの権利をうたっている。すなわち，①資産価値に関するコミュニティの権利，②地元の組織や集団がサービス供給に取り組むことを認めるコミュニティの権利，③建設することに関するコミュニティの権利である。特に地元組織や集団がサービス供給に取り組むことを認めるコミュニティの権利は，地元関係者の方がより効率的にサービス供給を行うことができるという考え方をとっている。同法は近隣地域の計画に住民が参加することにより，地元コミュニティが地域の発展に影響力を及ぼせるものと期待されている(A Plain English Guide the Localism Act 2011)。

　同法より以前の2010年になるが，保守党が政権に就くと，「大きな社会（Big Society)」を推進し始めた。「大きな社会」の政策は分権化を促進し，参加型コミュニティを発展させることをねらいにしていたのである。政府はこの路線に沿って，社会的企業やヴォランタリー団体が公共サービス改革でその役割を高めるように配慮しており，そうした意図を2011年ローカリズム法に反映させている。同法は地域住民が自らの生活圏で影響力を拡大させることを想定した。しかしながら政府は，ローカリズムを重視したにもかかわらず，自治体補助金を大幅に削減したために，社会的企業を巻き込んだ福祉国家再編の様相をつくり出している[8]。

　緊縮財政の下での自治体機構の合理化についても分析してみたい。大規模なリストラクチャリングの結果，医療ケアや社会的ケア部門は一部閉鎖され，代わってかつて，公共セクターで従事していた専門職者が民間組織を起業している。一部では，元自治体部門に所属した専門者がサービス運営を引き継いでいる。これらの組織はミューチュアル（Mutual）と呼ばれ，社会的企業または協同組合の形態を採用することがある。公共セクターも，連携のよさから社会的企業などとのパートナーシップに期待を寄せているが，トパーズがその一例である。社会的企業の台頭の背景に，福祉国家の再編があることをみておく必要がある。

2．福祉国家再編下のランベスの政治環境

　ランベスの政治環境も他の地方自治体と同様に厳しい。その実情を知る上

で,「ランベス・カウンシル・コミュニティ・プラン2013-2016（Lambeth Council's Community Plan 2013-16）」が補助金削減とその対抗策としての自治体戦略を述べている。そこでは予算削減への措置を最大の課題に据えており，将来像としてイノベーションの促進，効率性の向上，支出削減を描いている。アウトソーシングを行い，そのアウトカム達成に最良の方法を見出せるように，市民と協働するという「コーポラティブ・カウンシル」という政策を標榜している。

同文書では,「コーポラティブ・コミッショニング」という言葉も打ち出している。これは従来の専門職主導のコミッショニング（計画的調達）ではなく，地方議員・公務員・市民が相互の意思決定の下で，サービスの生産を共同で進めていくものである。「コーポラティブ・コミッショニング」はコ・プロダクションそのものであり，サービス利用者と提供者がどの段階でも協働する。この営みを通じて，アウトカムの設定，達成の方法，資源配分の方法を決定する仕組みを計画している。喫緊の課題である予算削減に対しては，先に触れたように,「雇用の創出」,「安全で強固なコミュニティ」,「きれいな通りと緑あふれる近隣地域」の3つのアジェンダを構想している（London Borough of Lambeth 2013：4-5）。

分析作業として，同計画書から高齢者福祉関連の事業を広く列挙しておきたい。その要点は以下の通りである。

- 「安全で強固なコミュニティ」：弱い立場の成人へのサポートと保護を表明しており，高齢者や障がい者，弱い立場の人たちが自立して生活ができることを目指す。
- 「きれいな通りと緑あふれる近隣地域」：地域コミュニティにおいて住民はすべて意義ある存在であり，近隣地域の一員であることをうたっている。
- 「平等と優先順位」：すべての住民が公正な対応を受け，高齢者，障がい者，弱い立場の人，子ども，失業者，福祉受給者，移民などへの丁寧な対応を強調している。　　　　　　　　　　　（London Borought of Lambeth 2013：4-23）

3．委託契約書の分析

社会的企業は独立した事業体ではあるが，経営的にみて不安定な要素を抱え

ている。その意味で，行政と社会的企業の関係は非常に重要である。ランベス区コミッショニング部は2015年7月16日付で，トパーズとの再契約を承認している。契約書 Lambeth Officer Delegated Decision Report-Procurement によれば，最大延長での契約推定額は43万4,834ポンドとしている。採択理由は，地方自治体が2014年介護法を履行する責任態勢の確立にある。トパーズがこれまで特定の住民のニーズに応えてきたことへの評価と，脳卒中後遺症を持つ者へのアドバイスとサポートサービスを継続強化したいという意向が再契約の決め手になった。現在の委託コストは年間21万7,417ポンドで，脳卒中コストは年間3万8,840ポンドである。アセスメントおよびケアとサポート計画に17万8,577ポンド（2016年7月までの12か月）を充てるとし，介護法関連の自治体予算から費用を捻出している。

2014年介護法は2015年から施行されているが，ランベスを含む地方自治体は介護政策をことのほか重視している。地方自治体には同法の下での法的責任が強まっているからである。成人社会的ケア部門にはこの新たな義務を履行するために，新たな効果的方法を見出す義務が生じており，トパーズがその役割の担い手として選ばれた。つまり，公的サービスの対象とならない高齢者とそのケアラーに対応する政策課題が社会的企業の必要性と結びつき，両者の利害が一致しているのである。まさにこの政策アジェンダがサービス仕様書と契約に盛り込まれている。

契約書に盛り込まれたサービス規定は，「ランベス・カウンシル・コミュニティ・プラン2013-2016」に準拠している。提案の根拠は2014年介護法と脳卒中国家戦略にある。以下はその要点である。

- ケアラーとセルフファンダーに対応する。2014年介護法の下で，アドバイスとサポートを提供する。
- 65歳未満の者で，軽度のニーズを持つ者に対応し，セーフガードを履行する。軽い障がいや虐待，セルフ・ネグレクトの危険性のある65歳未満の者にも必要な場合にはアセスメントを行う。
- 脳卒中国家戦略の一環として，脳卒中後遺症を持つ者とケアラーにアドバイスとサポートを提供する。

(London Borough of Lambeth 2013：4-23)

表10-2 トパーズの事業分析

項　目	事業活動の内容
ミッション	健康，ウェルビーイング，生活の質の改善，社会的孤立を削減
ビジネスモデル	・制度の網から漏れた高齢者のケアとサポート ・接近困難な（hard to reach）高齢者へのサービス提供 ・顧客に焦点を当てたサービスの開発
プロダクト（商品）orサービス	予防サービス
公私関係／ガヴァナンス（行政との関係，企業との関係，市民との関係に注目する）	・ランベスとの契約関係 ・コミュニティ利益会社の形態をとり，契約で規定された制度外のサービスを開発し，利用者を増やす ・地域住民とはアウトリーチ型で接触し，レビューを行う
人権尊重の認識	・地域住民の声を受容し，ニーズを把握した後で，権利を実現できるように送致する ・移民が多く，言語の壁があることから，住民の孤立を解消するために，居場所を提供して，生活支援のアドバイスをしている
リーダーシップ／人間関係／チームワーク	定期的会議やペアによる活動を通じて，チームワークづくりに努めている
イノベーション	・早期介入 ・予防 ・人々が孤立しないようにヴォランティア活動，体操，社会参加をプログラム化している
アウトカム測定	・住民グループの組織率 ・プログラムへの参加率

（筆者作成）

4．高齢者福祉の社会的企業化

　社会的企業は非営利と営利の経済体のハイブリッドという特徴を持ち，この融合形態を活かして社会的目的を達成しようとする。中間的な位置づけにある活動範囲は，行政−市場−市民社会からなるベクトルのどこかで重なり合う（山本 2014：28）。ランベスの高齢者福祉の場合では，地方自治体の提供するサービス枠組みとは別に，トパーズが制度対象外の利用者のニーズに応え，個々のきめ細かな革新的なサービスを生産し供給する組織となっている。ただし，トパーズは運営費のすべてを委託費で賄っているため，市場原理はまったく働いていない。トパーズのビジネスモデルは**表10-2**の通りにまとめること

ができる。すなわち，ビジネスモデルは制度の網から漏れた孤立した高齢者のケアとサポートで，主力サービスは予防活動である。公私関係／ガヴァナンスはコミュニティ利益会社の形態をとりながら，独自の民間サービスを利用者に提供している。イノベーションは接近困難な (hard to reach) 高齢者へのサービス，顧客に焦点を当てたサービス，早期介入，予防に現れている。

4　考察から得られた知見

　本研究の分析を通じて，社会的企業の台頭に関連する福祉国家再編プロセス，地方自治体と社会的企業の公私関係，高齢者福祉の社会的企業化が利用者や地域社会に与える影響について，考察をまとめてみたい。
①社会的企業の台頭に関連する福祉国家再編について
　緊縮財政の下で，地方自治体はもちろんのこと，社会的企業をはじめとする民間セクターは厳しい財政困難に直面している。国家は公共サービス改革を進める中で公私関係を再規定しようとしているが，その際，対象者をめぐる普遍性と選別性，税投入の妥当性，料金制といった視点から，行政と民間の活動分野の基本を再定義する必要がある。
②地方自治体と社会的企業の公私関係について
　ランベスは行政・社会的企業・地域住民の新たな協働を通じて，ソーシャルワーク・社会福祉の社会的企業化を進めている。社会的企業が公共サービスに参入する理由は，利用者視点に立ち，臨機応変に危機状況に対応できるからである。トパーズの活動はすべて契約で規定されているが，その内容は2014年介護法に沿ったもので，国の政策を反映している。今後もトパーズが提供するサービスへの需要は高まり，その存在はスケールアップするものと考えられる。
　ただし契約における隘路として，トパーズはサービス提供に要した経費を契約ですべてカバーできているのか，今後短期契約で優秀なスタッフを確保できるのか，大手の組織が参入した場合に契約を勝ち取れるのかなどといった課題がある。
③高齢者福祉の社会的企業化が利用者や地域社会に与える影響について

英国で最も貧困とされるランベス区域で，トパーズは社会的に孤立している住民の居場所づくりを実践してきた。権利擁護，排除されたコミュニティやグループのニーズの掘り起こし，サービス改革への貢献といった点が評価できる。そのアウトカムは孤立防止と脳卒中後遺症を持つ高齢者へのプログラムに現れている。トパーズが提供するサービスは権利保障と絡むことが多いが，行政の下請け機関であってはならず，むしろ行政を先導する役割を進めていくことが望まれる。

【小 括】

本章の要点をまとめると以下の通りとなる。

第1に，トパーズは貧困な地域で存在感を示しており，援助の届きにくいグループや社会的に排除されている人たちに手を差し伸べる能力を発揮している。公共サービスを補完する側面を持ち合わせているが，社会的価値法によって地域コミュニティへの積極的な取り組みを展開し，より広い課題に焦点を当てている。

第2に，ランベスとの契約は，医療機関への不要な利用を減らし，高齢者の社会参加を推進し，自立を推進することを規定している[9]。国の医療費の節減対策，NHSランベス（NHS Lambeth）との共同体制では医療サイドがイニシャティブをとることが予想される中で，トパーズは主体性を発揮できる範囲を拡張していく工夫が求められる。

第3に，将来，国の財政事情の悪化，自治体福祉の行き詰まりの中で，トパーズの自由度や工夫がどこまで発揮できるかは，まさにこの組織の試金石である。今後さらなるパフォーマンスの向上が期待されるが，予防事業の効果性を可視化し，エビデンス・ベースで成果を表示できる能力が求められる。

補論1　事例紹介[10]

以下の3つの事例で，クライアントはいずれも65歳以上である。

事例1 A氏は脳卒中を患ったが，3人の娘と持ち家で同居している。一般的なアドバイスを与え，利用可能なサービスを用いてサポートし，娘を支援する

目的で脳卒中ケアアドバイザーに送致された。娘のうち2人はケアラー（介護者）として正式なアセスメントを受けた。

援助活動

明らかにされた問題	介　入	アウトカム
社会活動	様々な活動に関する情報が与えられた。 ・脳卒中患者会 ・エイジUKグループ ・南ロンドンケアラーズ ・コンタクト（Contact）	社会参加の意識を高める。
交通手段	・タクシーチケット ・車の電話申し込み（Dial A Ride）	クライアントは望めばサービスを利用できることを承知している。娘は母をサポートできる情報を持っている。
給付を最大限に利用する	・エブリ・ポンド・カウント（Every Pound Count）チーム＊現金給付の助言をする取り組み	利用できる給付と，どれに資格があるのかをしっかりと認識してもらうこと。
ケアラーのサポート	・2人のケアラーのアセスメントがそれぞれ行われた。 ・セルフ・ネグレクトなどのセーフガードへの懸念が娘から表明された。	2人のケアラーにガイダンスとサポートが与えられた。
作業療法士のアドバイス	浴室の滑らないタイプのマットを勧めた。	転倒防止のアドバイス。
精神面でのサポート	・シルバー電話（Silver line） ・サマリタン ・カウンセリング ・GP（一般医）	望むようにサービスを利用できることをクライアントは承知している。娘もこれらのサービスを利用できる。
話し合われた他の情報	・弁護士の権限 ・遺言書の作成 ・快眠 ・ペンダント・アラーム	クライアントは利用できるサービスを承知しており，継続的なアドバイスとサポートを求めてトパーズ脳卒中ケアアドバイザーに連絡をとることが可能である。

事例2 B氏は孫娘と暮らしている。彼女は手配されたケアパッケージを利用しており，現在は家に閉じこもっている。姪は彼女の生活に深く関わっており，支援している。

援助活動

明らかにされた問題	介　入	アウトカム
車いす	車いすは壊れており，しかも家族は車いすの使い方を知らなかった。脳卒中ケアのアドバイザーが訪問して，車いすサービスの手配をした。	車いすは修理され，家族はその使い方を理解している。
社会的交流の欠如	・南ロンドンの「友人をつくる」サービス（befriending service）の送致をした。 ・脳卒中患者会 ・補助人付きの休暇 ・友人や親族と連絡をとるために，彼女の電話を使うことを話し合った。電話のタイプをOTが選択することを話し合った。電話回線を再度つなぐことにした。	「友人をつくる」サービスの訪問がなされた。しかし，クライアントはこのサービスの継続を望まなかった。
交通手段	「車の電話申し込み」は姪がする。	姪に問題が生じたとき，彼女がトパーズに連絡をする。
失禁パッド	失禁パッドが小さく，新しいネットパンツが必要だとする孫娘の報告が届いている。この手配をするという申し伝えが地区看護婦に届けられた。	地区看護婦が行動する。
移民（孫娘）	クライアントはもう1人の孫娘に，自宅でケアラーになってもらうように，彼女の出身国から呼び寄せたがっている。区の法律センターとアドバイジング・ロンドンから法的アドバイスに関連する情報が提供された。	クライアントの姪は，この作業をサポートしてくれる。家族の話し合いが行われる予定。
クライアントの姉（妹）のサポート	自宅訪問をした際，クライアントの姉がいた。望めばアセスメントを行い，彼女がトパーズに連絡すると思われる。クライアントが姉に会うために，タクシーチケットを使える情報を与えた。	姉が正式なアセスメントを希望すれば，トパーズに連絡することになっている。
作業療法士のアドバイス	浴室の壊れたバスボードは危険で，取り除くように勧めた。新しいバスボードが必要な場合援助を行い，他のオプションも検討する。	新しいバスボードが必要な場合は援助を行い，家族がバスボードを取り除く予定。
福祉給付を最大化する	エブリ・ポンド・カウントに送致された。付添手当の申請をしても	エブリ・ポンド・カウントのフォローアップ。

	らうように，ワーカーが訪問する手配をしている。	姪が直接連絡先を知っている。
苦痛緩和の対応	右手と脚に違和感があり，GPと相談し，医療的手段と理学療法を検討するように促した。	心配で悩むクライアントに，家族がサポートをしてもらう。

事例3 C氏は脳卒中を患い，6か月間のレビュー・サービスを通じて連絡を受けた。妻と住み，過去3年間ヘイトクライムを経験していた。ヘイトクライムの中身は，つばを吐きかけられ，無断で写真を撮られてユー・チューブにアップロードされ，庭と車の損壊を被った。彼は隣人の恐怖に怯えて暮らし，安心できなかった。虚弱感と体重減少により病院に再入院していたことを伝えてきた。このような状況は，彼と妻に大変なストレスを引き起こしていると報告した。心配をかけまいと，そのことを家族には告げていない。問題の中身，適切な介入と成果を検討するために，C氏に徹底したレビューを行った。

援助活動

明らかにされた問題	介　入	結　果
ヘイトクライム 隣人からの嫌がらせがあり，つばを吐かれ，無断で写真を撮られてユー・チューブに掲載された。庭や車を損壊された。	・弱い立場の者が被害を受けているということで送致あり。 ・安全保護の送致。 ・ヘイトクライム担当コーディネーターから詳細な反社会的行動に関する情報提供あり。 ・電話危機回線の提供あり。シルバー電話＋サマリタン（ボランティア組織）。 ・被害者サポートサービス─送致あり。 ・安全保護。 ・危機状況。 ・犠牲になっている。	・8月に立場の弱い被害者対策会議でケース検討。 ・成人社会的ケアのソーシャルワーカーが調査し，警察と連携。 ・安全近隣チームからサポートを受けるため，立場の弱い被害者対策チームによりケースがモニターされている。
金銭面での問題	・エブリ・ポンド・カウントへの送致。 ・給付リーフレットの配布。	さらなる問題は発生せず。
社会的孤立へのサポート	・社会的企業アスパイア（Aspire），教育グループ，脳卒中患者会との連携。 ・エイジUKなどとの連携。	6週間のフォローアップ・レビューで得られた効果的なフィードバック。

O.T（作業療法士）へのニーズ	・6週間のレビューでどのようにしてC氏が階段を上り下りできるかを検討した。 ・C氏が6週間のレビューで検討された状況を何とかしのいでいるとの報告あり。今後も，アドバイスやサポートが必要とされるかを見極める。 ・C氏の心配はヘイトクライムの状況に対するもの。	さらなる問題は発生せず。
その他	歯科治療費の心配。歯科ケア・ランベスと連絡をとる。費用免除リストの提供。	クライアントにサービス利用の手配をさせる。
ケアラーへの支援	ケアラーハブの情報を提供。	ケアラーがトパーズのレビューを希望するかどうかを見極めるために，その後完了。サポートの提供。連絡先の詳細が提供された。

ディー・ケンプ氏提供の資料

【事例に対するコメント】

事例研究では3例を紹介したが，それぞれにコメントしておきたい。事例1はクライアントが典型的なセルフファンダーである事例で，自己所有の物件を持っている。介護態勢を維持する上では，ケアラーである娘へのサポートが基本になる。本人の脳卒中後遺症を緩和するために物理的なサポートが重要になり，浴室，室内移動時の安全面で細心の注意を払う必要がある。また，ふさぎこむ可能性があるため，精神的なサポートも必要で，本人の意欲，嗜好を活かす工夫がより求められる。

事例2は閉じこもりの事例で，支援者はクライアントとケアラーの良好な関係を維持し調整する必要がある。キーパーソンは姪であり，彼女をサポートすることが基本になる。また，付添手当も含めて生活費を保障していく方向を示すことも大切である。本人が弱気になる可能性があり，その場合には心理的な側面も合わせてエンパワーしていくことが将来プランとなる。孫娘を呼び寄せる希望では，英国が幾分移民の受け入れには消極的であることから，彼女が入国し定住するには一定の時間を要する可能性がある。このことは慎重にクライアントに理解させていく工夫が求められる。

事例3は社会的排除と暴力の事例である。クライアントはトラウマを抱いて

おり，何よりも本人に安心感を与えることが重要である。支援者は安らぎの言葉を与える必要がある。安全面では定期的な見守りが求められ，支援者は近隣関係を慎重に配慮して社会環境を整備していくことが求められる。

以上，3つの事例で重要なのは支援者間の密接な連携であり，医療・福祉等の社会資源の削減があっては地域の支援ネットワークは成立しない。

補論2　社会的企業の評価とその手法

1．社会的企業の評価

社会的企業は，事業を通じて社会問題の解決をアピールする組織である。この組織体はどのような成果を上げているのだろうか。その評価は，支援者にとって，その理念や活動の目的，目標に共感できるかどうかの判断材料となる。

2．なぜ評価をするのか

社会的企業は，寄付者を多く募ったり，自治体からの業務委託が増えるのに伴い，その事業方針を状況に応じて変えるかもしれない[11]。内部環境や外部環境の変化に応じて，組織は変化するものである。ただし，寄付者やボランティア，資金の支援者の目線からすれば，組織運営の健全性と実績の確実さを目に見える形で公表してほしいとの希望がある。組織自身にとっても，自己点検は必要であり，起業時の過去から，現在の運営状況，そして将来戦略への道のりを確認したいと思うであろう。

なぜ評価を必要とするのか。その答えは，組織の活動や事業の改善を導くためである。評価は支援者などのステークホルダーと社会的企業とのコミュニケーションを図る上で大きな意義を持つものである。

3．SROIの試み

(a) 直線論理モデルと非直線論理モデル

実績の評価手法を開発するという点で，英米において，直線論理モデルと非直線論理モデルがある。最もシンプルな評価モデルが直線論理モデル（linear

図10-2　直線型モデルにおける評価作業の流れ

インプット　➡　アウトプット　➡　アウトカム―インパクト

出典：Westall 2012

logic model) である。これは，活動がもたらしたアウトカムを数字で表すもので（**図10-2**参照），インプットからアウトプット，アウトカム，インパクトへという因果関係は直線的に捉えられている。

このアプローチの一種がSROI（社会的投資収益率）である。SROIは最近普及しつつある。「社会的価値」を提示する方法として推奨されており，社会的経済的アウトカムを組み込んだ費用対効果分析が特徴となっている。

一方，非直線論理モデルは，コミュニティに帰着する環境的，社会的，経済的便益を捉えようとするものである。社会的企業の活動において異なる構成要素や他の組織や活動との関係といったものが複雑に絡みあうことから，多面的な捉え方をしている。この点について，アラゴン（Aragon, A.O.）は，「社会変革の固有の複雑さ，その現われ方，柔軟性，順応性，イノベーションを考慮に入れるためには」，直線論理モデルを克服する必要があると指摘している（Westall 2012）。例えば，犯罪の削減，地域社会の結束の強化，非就業者が就労職業能力をつけることを想定している。

(b) SROIの試み

SROIの仕組みは，「社会，環境，経済のアウトカムを測定することによって，どれほどの変化が生じているかを伝えるもので，アウトカムを表すために金銭的価値を活用するものである」（2009年ガイド）。その試算プロセスは次の通りである。

- 評価の範囲を確定し，ステークホルダーを特定すること
- アウトカムのマッピングをし，"変化の法則"を活用すること
- アウトカムを立証し，価値の付与をすること
- 死荷重，置換，帰属を伴ったインパクトを確立すること
- 可能であれば金銭的近似値を用いたSROIの計算をすること

表10-3　SROIによるインパクト分析

インプット	諸活動	アウトプット	アウトカム	インパクト
・サービス契約 ・補助金 ・販売収益 ・ボランティアの時間	・職業訓練 ・就職斡旋 ・仕事	・職業訓練に参加した人数 ・獲得した資格の数やレベル	・獲得した職業スキル ・獲得したソフトなスキル ・ウェルビーイング，社会的かつパーソナルな発展と成長 ・生活の満足 ・所得の増大 ・給付金への依存の減少 ・違法行為や犯罪の減少	・インパクトを評価することで生じる予測を調整すること ・ミッションを達成することにつながる各項目のチェック

（Ridley-Duff and Bull 2011）に基づいて筆者作成

- 報告し，活用し，埋め込みを図ること

また，SROIは「価値の計算」の原則から，以下の結果が導き出される。

- ステークホルダーを参画できること
- どのような変化が生じているかを理解できること
- 重要な事項を評価できること
- 過大申告をしないこと
- 透明性を持たせること
- 結果を検証できること

　他のアウトカム測定との違いは，「SROI比率」であろう。SROI比率では，金銭的価値は利用された資源や初期投資の量で合計し割り出される。表10-3は，SROIによるインパクト分析を示したものである。"アウトカム"は，具体的には獲得した職業スキル，ウェルビーイングの向上，社会と個人レベルの発達，生活の満足，所得の増大，社会保障給付への依存の減少，違法行為や犯罪の減少である。これに対し，"インパクト"は，ミッションを達成することにつながる事業項目をチェックし，社会への影響度を確実なものにする。

　SROIは，非営利セクター，政府，資金の拠出者，投資家などから関心を呼んでいる。それは社会的企業のアウトカムを測定するための枠組みであること

表10-4　SROIのメリットとデメリット

〈メリット〉
・社会的価値を金銭的価値に結びつけて説明しているのは，ステークホルダーにわかりやすい。
・業務委託を増やし，投資家からの融資を呼び込める。
・一貫性があり，共有可能な原則がステークホルダーとのコミュニケーションを円滑なものにする。

〈デメリット〉
・アウトカムを金銭化するため，その妥当性には無理がある。
・データやモニタリングのシステムが欠如しており，また複雑な作業であるために，外部の専門家に評価を依頼することになる。
・生じた社会的変化への分析は不十分になりがちとなる。
・アウトカムがどの程度低下するのかという低下率の算出は難しい。
・社会的価値の測定が容易な分野，またはその判断に異論がない分野にミッションが流れる可能性がある。

出典：(Westall 2012) を筆者修正

から，社会的・経済的・環境的といったすべてのアウトカムを包括することが可能だからである。アウトカムを評価する際，ステークホルダーの参加が基礎となることは論をまたない。なお，イギリスの自治体の53％が，戦略的コミッショニング計画の実施のためにSROIモデルの活用を計画している（Ridley-Duff and Bull 2011）。

SROIのメリットとデメリットをまとめると，**表10-4**になる。メリットはステークホルダーにわかりやすいことである。他方，デメリットはアウトカムの金銭化には無理が伴うことである。

4. 社会的価値を評価する―非金銭的価値の追求

(a) 社会的価値とは

イギリスでは，公共サービス（社会的価値）法が施行されている。地方自治体が提供する公共サービスの入札において，価格やサービスの質だけでなく「社会的な影響」も考慮すべきとするのが公共サービス法の趣旨で，社会的企業が入札において有利になる環境を整えている。

他の章で指摘されたように，イギリスでは最近になり，政府が「供給権 (the right to provide)」の考え方を取り入れたことによって，公共セクターの現場職員が共済組織をつくることで，サービス供給を継承しやすくなっている。

これは、住民の望むサービスを従来の自治体機構の枠組みだけでなく、自由な発想とアクセスを容易にするために、自治体職員がスピンアウトする新しいサービスの創造である。

さらには、自治体や地域コミュニティへの分権を進める「ローカリズム法」が制定されており、「コミュニティの権利」を重視する内容となっている。コミュニティの利益のために活動することが社会的企業のミッションであることから、ローカリズム法は社会的企業に有利に働いている。地域の絆を強化し、社会的包摂を進める社会的企業が、今後どのように行政と関わるかがポイントとなっている。

(b) 非金銭的価値を追求するユア・バリュー！(Your Value!)

ユア・バリュー！という自己評価システムは、「社会的価値は金銭的価値の形態では計算できない」という考えに基づいて、地域福祉団体のコミュニティ・マターズ（Community Matters）が開発したものである。ヴォランタリー団体やコミュニティ団体が社会的価値を示すことができるようにこのツールを考案した。

その特徴は、住民と組織との地域関係、ソーシャル・キャピタル（社会関係資本）と社会的連帯の構築、地域経済への貢献や環境へのインパクトに焦点を合わせて、組織のインパクトを測定しようとしているところにある。自己評価表の記入後には、「批判的友人（critical friend）」という名の監査人が、信頼性を高めるために外部測定を行う。

ユア・バリュー！は「地域との関係」、「社会的インパクト」、「経済的インパクト」、「環境への影響」という4つの分野から社会的価値を評価する仕組みになっている。文書に入力し、活動の書き込みをするが、活動の規模や内容に関する質問事項が設けられている。

【地域との関係】では、どの程度広範で強い地域との関係を結んでいるかを尋ねられる。様々な団体や地域住民、自治体、警察、保健機関のような重要な地元の関係機関との協働を想定した質問になっている。とりわけ「支援の届きにくい（hard to reach）」困窮する人々に力点を置いている。

【社会的インパクト】では、どの程度ソーシャル・キャピタルやコミュニティ

表10-5　ユア・バリュー！の質問票

【地域との関係】
・地域の様々なグループや住民，またその人たちのニーズや利害を意識している
・交通網，地域開発や計画をめぐる課題など，地域住民に影響を与える問題を認識している
・地域住民が必要とするサービスを受けられるように，別の地域団体と協働している
・他の組織が見逃しているような非常に小規模な団体をサポートしている
・様々な地元組織と良好な関係を築いており，情報を共有し，密接にコミュニケーションをとれるように一役かっている
・地方自治体と良好な関係を築いている
・他の公的機関と良好な関係を築いている（例：警察，保健医療機関，ハローワーク，地元の学校・大学）
・地元の民間団体と良好な関係を築いている
・地域住民が自分たちの考えを地元有力者に伝えるために，声を上げるよう奨励し，支援している

【社会的インパクト】
・地元のヴォランティアによって組織が統治され，民主的に運営されている
・活動の大半は，多様で異質なコミュニティおよび世代間を架橋することを目的としている
・地域にセルフヘルプの文化を促し，ヴォランティア団体が活動やサービスの多くを運営できるように働きかけている
・活動の大半は，コミュニティをより参加型へと促し，住民の孤立防止を目的としている
・活動の大半は，住民間の信頼と協力を築き，近隣意識，友人関係を改善することを目的としている
・活動の大半は，地域への帰属感や誇りを促すことを目的としている
・住民が地域を変えていくような協働を促している
・地域内にある様々な団体のニーズすべてを満たせるように，幅広いサービスや活動を提供し一体化をしている。他のサービス提供者が休みをとる場合でも活動をしている

【経済的インパクト】
・地域内で地元資金を再循環させることに役立ち，住民のスキルを向上させるために地域住民を雇用している
・地元ヴォランティアなどがスキルを伸ばし，雇用の見込みを改善できるよう手助けしている
・補助金や事業契約を通じて，新しい資金を地域にとりこんでいる
・地域経済を支えるために，地元事業者を活用している
・企業活動を実践し，可能な限り収益の大半を生み出している。地域経済に役立ち，地方の財政負担を緩和させようとしている
・活動やイベントを行うことで，地域内でお金を使う人を広範な地域から呼び寄せている
・地域のサービス提供において，高いコストパフォーマンスを達成している
・組織的に自立することで，地域のサービス効率を改善している。迅速に反応し，適応し，意思決定を行うことができている
・より小規模で人間性が感じられる規模でサービスを提供し，地域住民のニーズにサービスを合せることで，地域のサービスを改善させている

【環境へのインパクト】
・炭素排出やエネルギー消費を削減している

> ・無駄な移動距離を減らしている
> ・可能な限り倫理的商品または地元商品を購入している
> ・資源のリサイクルや節約をしている
> ・地域の世話をしていくことで役立っている
> ・食品の調達や生産で他の団体と協働している
> ・環境問題でキャンペーン活動を行い，個人レベルの環境活動を地域住民に奨励している
> ・地域の緑地を維持管理し，可能な限り緑地や他の広場の拡大を求めるキャンペーン活動で役立っている

出典：Community Matters 2011

との絆を築けるように協同的な活動を支援しているかを尋ねられる。住民が地域で活気ある生活を送れるように貢献できるかを点検される。

【経済的インパクト】では，小地域の単位で資金を調達し，お金が地域で再循環し，地域経済に貢献できるかを点検される。ここでの質問は，住民のスキルの向上や非就業の取り組みへの貢献を視野に入れたものになっている。

【環境へのインパクト】では，地域環境への悪い影響をどの程度抑制できるか，また地域の環境改善に努める事業を支援できているかを尋ねられる。

インパクトや社会的価値の達成度については，「非常に強い（very strong）」，「良い（good）」，「妥当（reasonable）」，「緒についたところ（emerging）」という4段階で行われる（Community Matters 2011）。

このように，ユア・バリュー！は，社会的価値やコミュニティの利益を立証する試作モデルであるが，他の異なるアプローチと組み合わせることも可能である。中間支援組織などを通じて地域開発の過程を検証し，地域の公的団体との連携の下で社会的価値やコミュニティの利益を検証する議論が求められる。そこで重要な視点は，社会的価値の測定方法を開発するに際して，対話と交渉を通じて行う意義を基調とすることである。

社会的価値やコミュニティの利益を検証する方法について，明確で客観的な基準を設けることは重要な課題である。ただし，安易な方法で社会的価値を測定できるツールを求めたり，開発することは望ましいことではない。また，社会的価値は金銭的価値だけでは計算できない。社会的企業と住民との地域関係，ソーシャル・キャピタルと社会的連帯の構築，地域経済への貢献や環境へのインパクトを考慮する必要がある。

評価の主体は中間支援組織などが想定される。評価の作業では，地域において社会的価値を立証し，それを住民に明示できるように，社会的企業自身も評価の議論に参加することが重要である。社会的価値またはコミュニティの利益が地域で根づくように，事業計画の段階で評価を意識することも有効である。私たちが評価を目にする時，政府や行政が支出を削減しようとした場合に，公共サービスのアウトソーシングを進める意図や，資金節減で社会的企業を利用しようとする政策的なねらいに留意する必要がある。

1) 「社会的企業化」とは，起業家精神と社会問題意識を兼ね備える社会的企業に対して，公共サービスが外部委託される状態を意味している。
2) 2015年8月23日，ロンドンで，トパーズのディレクターであるディー・ケンプ氏のヒアリングを行った。その際に彼女が提示した資料に基づく。
3) 2015年8月23日のディー・ケンプ氏のヒアリングで，彼女が提示した資料に基づく。
4) 2010年4月，コミュニティ利益会社への投資を活発化させるために，株の配当金の上限引き上げがあった。上限の範囲は，これまでのイングランド銀行の基準金利を超える5％から，別個に払込済みの株価の20％にまで引き上げられている。配当の上限は35％に据え置かれたままであるが，少なくとも利益の65％は会社に再投資させることが規定されている。この制度変更により，保証有限責任会社との比較から，コミュニティ利益会社として登録された有限責任株式会社が増加している。
5) サージェリーは「相談支援」を意味する。コミュニティ・サージェリーは地域住民にアプローチし，相談支援を行うことを指す。
6) 2014年8月27日，ロンドンで，ディー・ケンプ氏のヒアリングを行ったが，その際に彼女が提示した資料に基づいている。
7) 2015年8月23日のディー・ケンプ氏のヒアリングで，彼女が提示した資料に基づく。
8) 民間セクターの重視は前の労働党政権の時代でも追求されていた。ブレア政権時代の1998年に，「イングランドにおける政府とヴォランタリーおよびコミュニティセクターとの関係についてのコンパクト」が公表されたが，これは政府とヴォランタリーセクターやコミュニティセクターとのパートナーシップに新たなアプローチを取り入れることをねらったものであった。さらに中央の府省で注目すべきは，内務省傘下のコミュニティ地方自治省（Department for Community and Local Governments, DCLG）の役割と権限である。DCLGはイングランドを中心に，地方自治，住宅，都市再生，コミュニティの絆，人種の平等，地方分権といった政策を担当しており，これらの分野が社会的企業の活動と重なりあっている。
9) 英国の医療保障制度は「National Health Service（国民保健サービス，NHS）」と呼ばれており，疾病予防やリハビリテーションを含めた包括的な保健医療サービスが公共サービスとして原則無料で全国民に供給されている（健康保険組合連合会（2012）「NHS改革と医療供給体制に関する調査研究報告書」参照）。
10) 2015年8月7日にディー・ケンプ氏が筆者にイーメール送信をした資料に基づく。
11) 2010年の日本人の年間寄付総額は4,874億円。また，寄付を行った人は3,733万人で，

これは2010年の日本の15歳以上人口の約33.7％。また日本の企業の年間寄付総額は5,467億円（2009年度）で，法人所得に占める割合は1.8％に至る。寄付金支出法人数は総法人数の16.1％。『寄付白書　2011』日本ファンドレイジング協会。

終章 福祉の市場化を乗り越えて

1 福祉の市場化に関する議論の整理

1. 福祉の市場化はどのように広がったのか

　英国は世界でいち早く福祉国家を目指した国で，戦後「揺りかごから墓場まで」と呼ばれる福祉制度を整備しようと努めてきた。異なる福祉イデオロギーをめぐって労働党と保守党の二大政党の間で政策的な綱引きが展開されたが，福祉国家路線を変える政策変更はなかった。しかし次第に，国家の財政負担が重荷になってきた。いわゆる「英国病（English Disease）」に悩むこととなり，1980年代に入ると経済の停滞が深刻化したことで決定的な転換期を迎えることとなった。すなわち，「小さな政府」を掲げたサッチャー政権が福祉を切り下げ，民営化を断行したのである。福祉の場面では，これまでの行政機関による直営の形態から，サービス提供は民間に委託され，財源保障を含むサービス調達は行政が維持する形で公民の提携方式を打ち立てるコミッショニングの時代へと様変わりした。その後登場したブレア政権は，「第三の道」を掲げて先の政権の市場原理の路線を修正しようとした。市場の機能を活かして経済と福祉の活性化を図ると同時に，規制を活かして公共サービスの改善に取り組んだ。

　日本と同様に英国においても，資源が逼迫する時代に高齢者ケアの需要は大幅に増えていった。このような時期に，市場化は国民からも求められた。公共サービスの市場化は，英国では住宅の分野で進んできた点に注意する必要がある。資産所有は国民の1つの夢であったと言える。この高齢者住宅という分野で，市場化されたコミュニティケアをみておくのは考察の鍵となる。1980年代の住宅の市場化も福祉の市場化の要因の1つとみてよい。

　1988年住宅法（Housing Act 1988）の下で，主に社会保障制度に基づいた特別住宅手当を通じて，国は社会住宅の入居者に補助金を与えてきたが，入居者は複数の供給者から家主を選択することができるようになった。社会住宅の新た

な供給者として住宅協会が台頭していくのも重要な点である。財源の担い手として国は，従来の補助金から，社会保障制度を通じたミーンズテストを伴う補助金へと手法を変えた。

　教育の分野はどうであろうか。教育でも市場化は着実に進んだのである。第1の改革は，1988年教育改革法（Education Reform Act 1988）の一部として導入された，初等，中等学校教育への一連の改革があった。それはオプトアウト（opt-out），開かれた入学システム，公的な財源，地方での学校運営といった施策である。オプトアウトの下で，地方自治体が財源を付与すべきか，または中央政府によって財源を与えるべきかという選択に対しては，学校が選ぶ権利を持った。

　そして市場化は医療ケアと社会的ケアへと波及していった。まずは1990年NHSおよびコミュニティケア法の下でNHS改革が行われ，地方保健当局は購入者と供給者とに分割され，内部市場をつくるために，GPに対して購入者として医療業務を行う資金保有者（fund-holding）の役割を与えた。一方，保健当局の場合と同様に，地方自治体社会福祉部は供給者としての役割を縮小させ，代わって主として購入者または条件整備者となって，独立セクターからサービスを購入することとなった。この点は繰り返し説明してきた。

　医療におけるGPの資金保有と同じように，コミュニティケアのサービスを購入する予算はケアマネージャーに割り当てられた。これはソーシャルワークの視点から非常に重要で，ソーシャルワーカーが兼務するケアマネージャーの仕事は，クライアントのためにケアパッケージを作成することとなっている。ケアパッケージを作成するに当たっては，ケアマネージャーは公的，民間営利・非営利の機関を含めて，競合する組織から入札を行う。この作業は当時のソーシャルワーカーには未体験の事務作業で，経営管理のスキルを学ぶ必要性が出てきた。ケアマネージメントという仕組みは，基本的にはヴァウチャー制とみることができ，ケアマネージャーがクライアントのために予算を各サービスに割り当て，クライアントの選択行為を代行する。

　振り返れば，市場化前の時代においては，地方自治体はほとんどの学校や他の教育機関を所有管理し，直接財政を支えてきた。また，社会住宅の多大なストックを所有管理し，安い家賃で借家人に提供した。同様に，福祉関係でも，

施設を所有管理し,高齢者,児童,身体・精神に障がいをもつ人々の施設を供給した。国の管轄である医療では,中央政府が病院や他の医療施設を所有管理し,GPに資金を出した。この公的な所有システムが大きな変化を遂げたのである。

　では,なぜ高齢者ケアの市場化は急速に進んだのか。市場の活用は,1980年代～90年代の保守派(New Right)の政策から始まったものである。多くの地方自治体は社会的ケアの供給を外部委託する決定を行ったが,実はこの動きに国民からの批判はあまり起こらなかった。その理由は,公的財源に支えられた長期的ケアは医療ケアと区別され,地方自治体の責任とされたが,コミュニティケア改革を機に地方自治体はコストを抑えることができると判断したからである。戦後の福祉国家,特に西欧諸国においては国家の支配は圧倒的で,その後国家への反発が渦巻いていった(Forder and Allen 2011：3)。

　社会福祉における準市場の導入状況を他の分野と比較すると,国家レベルで医療,広域自治体レベルで教育,そして基礎自治体レベルで社会福祉が位置づけられるが,住民に近い社会福祉行政の分野では市場化アプローチは比較的スムーズに受け入れられたとみられる。コミュニティケアの市場化を受け入れた理由は,やはり高齢化の進展とニーズの増加にある。加えて,一般の人々の高齢者施設のイメージが救貧施設に関わっており,旧いイメージを払拭したかったという事情もあった。このような背景を考えれば,準市場は社会福祉への適用がより可能であったと言えよう。

　コミュニティケア改革から二十数年を経て,現況をどのように総括できるだろうか。自治体社会福祉部はこれまでのように福祉財源は確保するものの,サービスの大部分を民間セクターから購入するという機能に大きく変わった。この「購入主体／供給主体の分離」は準市場のシステムからつくり出されたもので,ソーシャルワーカーは資源管理の専門家へと変貌していった。

　コミュニティケア改革後の高齢者福祉の変化について,著者なりに以下のようにまとめてみたい。
• 地方自治体の主な役割はコミュニティのニーズを把握し,サービスの計画的な調達とサービス運営へと変化した。
• コミュニティケア改革の最大の特徴は購入者／供給者の分離にあり,地方自

治体はサービスの直接的な供給を抑制し,同時に,営利および非営利事業者による供給を最大限利用するようになった。
- 準市場の形成は,補助金の交付を通じて財政面から支えられた。
- コミュニティケア改革後の高齢者福祉は,コミュニティケア計画の策定とその実施,介護サービスの購入を通じて民間セクターの供給を最大限に活用するようになった。
- 地方自治体の主たる役割は,サービス購入に伴う費用対効果の監視,ターゲット(目標値)の追求へと変わっている。

準市場の機能は,供給者間の競争を前提にして,制度の効率性を高め,サービスの選択肢を広げるという想定に立っていた。しかしノーマン・ジョンソンによれば,競争は期待ほどには生まれず,選択肢の幅もあまり広がることはなかった。その理由は,グローバルな企業が英国に進出し,介護市場をコントロールしたからである。結果的に,施設分野では大手企業が優位に位置し,最近では介護事業者が大手不動産企業に資産を売却して,そのような企業から土地建物をレンタルするという動きもみられる[1]。

2. 市場化論の展開

振り返れば,福祉国家の成立期の1940年代において,労働党の社会立法が福祉国家を形成し,福祉国家の建設は国家の役割を大きくしていった。その後政権を継いだ保守党は基本的に福祉国家政策を変更することはしなかった。ただし,国家支配のあり方については様々な議論があり,批判も生まれていった。国家支配への批判には,権威主義,制度の硬直性,人々のニーズへの対応のまずさ,ニーズの変化に対する対応の遅さがあった。

1980年代に,福祉国家は大きな転換期を迎えることとなった。政府は福祉における選択と競争を重視するようになったのである。市場化の議論を牽引したのはシンクタンクの経済問題研究所(the Institute of Economic Affairs)であった。同研究所は市場の役割を重視する「自由な社会」論を展開していた。では,「自由な社会」とは何か。それは政治家や国家からの介入のない自由を意味し,思想的なリーダーはミルトン・フリードマン(Friedman, M.)とセルドンであった。特にフリードマンの2冊の著書,『選択の自由(*Free to*

Choose)』,『専制の現状(The Tyranny of the Status Quo)』は多くの国民に思想的な影響を与えていた。

　市場化の擁護論は,ハイエクの後継者でもあるフリードマンが始めた議論である。彼は国の介入に徹底して異を唱える経済学者で,シカゴ大学を拠点にして「小さな政府論」を説いてきた。フリードマンは規制を嫌い,人の自由な行動や発意を制限するものとして批判した。彼が小さな政府を主張した背景には,政府こそが人を拘束する最大の害悪とみていたことがある。民主主義国家において政策は全知全能の権力者が決するものではなく,政策決定に関わる多くの人々の間で錯綜する様々な利害こそが,講じる政策の内容に影響を与えるという信念を持っていた。

　著書『資本主義と自由(Capitalism and Freedom)』では,自由の前の平等は何もなさず,平等の前の自由は両方を手にすることができるという考えを示している。また同書では,公的年金制度,公営住宅,公営有料道路,農産品の買い取り保証価格制度などを彼一流の経済学の論理で批判し,公共サービスは廃止すべきだと主張した。政府の過剰な介入は,結果的に政策目的(例えば,格差是正や産業保護)の実現を阻む皮肉な結果を招くという論拠から「最小国家」を合理化したのである(フリードマン 2008)。

　フリードマンは,公共と市場との関わりについて,自立した個人と企業を主役とした市場を舞台とする経済システムを理想像とする中で,市場への全幅の信頼を示し,政府への懐疑を貫いた。生活困窮者に対しては,低所得層を配慮した「負の所得税」や私立校への学費を補助する教育ヴァウチャー制度で市場化論を補強した。むしろ彼が否定したかったのは,弱者保護の名の下に政府が裁量や管理を強めることで,この時期に「選択の自由」,「政府からの自由」が叫ばれて,最小国家の理念は英国やヨーロッパの国々に浸透していた。

　政治の場面では,サッチャー政権時代の1981年に,ウォルターズ(Walters, A.)[2]が経済顧問に指名されたことに注目したい。ウォルターズは市場,競争,消費者の選択という政策原理を重視し,政府の役割を極力小さなものにして,規制をなくすことで,民間の自発性を引き出す経済運営を導いた。彼は成人社会的ケアの市場化も例外ではないことを示唆していた。

　セルドンは,第9章でも触れたように,古典的な自由主義経済の立場から民

営化を唱え，サッチャー政権の経済政策に影響を与えた人物である。彼の持論は，公共財 (public goods) は経済学的に明確に定義できるが，「公共」サービス ('public' services) は政治的なものであるという政治と経済の分離論である。公共サービスは政治家の判断によって左右されるゆえに曖昧な性格を持ち，これが第二次世界大戦後になし崩し的な公共サービスの拡大を招いたと述べている。さらに，公共サービスに分類されるものの中には，民間で提供できるものがあり，それらを国家が無料で供給することは問題であると非難している。セルドンらの古典的な自由主義経済学派にとって，公共サービスの民営化は断行すべき課題であり，公共サービスの供給主体がどの組織であるかはまったく問題ではない。

セルドンは，政治家は有権者の人気とりに走るとして，代表制デモクラシーに限界を感じていた。ゆえに，政治による市場への規制を問題視し，福祉サービスの民営化を一貫して主張したが，この点はフリードマンと同じ立ち位置にいる。

ただし，この立論には矛盾がある。民営化は政治主導で行うものであり，自由化に伴う問題解決も政治に委ねざるを得ない。サッチャー政権以降，セルドンの主張に沿う形で公共サービスでは民営化が進展した。

ガルブレイス (Galbraith, J.K.) は，彼の著書『満足の文化 (*the Culture of Content*)』において，セルドンらの新保守主義とは異なる，制度学派の思潮を展開している。英米では，国家介入が常に反対される背景に，快適な暮らしを送る満ち足りた人々の存在があるという。

満ち足りた人々のための新しいデモクラシーがあり，満ち足りた階層は「選挙多数派」として意思決定を行使する。そこでは，自由放任という名の神学を信奉している。彼らは国家の存在を忌避し，所得格差は社会的に容認されたものと判断するために，良心の回避と自己満足が跋扈するとガルブレイスはみている。そうではあるが，下層階級なしに社会は機能しないという。下層階級は単純労働の担い手であり，産業構造の底辺で必要とされるのである。

課税と公共サービスとの関係では，再分配機能が定着しないために，税を支払う人と便益を受け取る人との間に非対称性が広がっていく。その結果，課税に対する抵抗は政府活動を制限し，満ち足りた人々をめぐる経済学の核心は自

由放任へと傾斜していく。さらに満足の政治（the politics of content）は，貧困者にとって投票を無意味なものにしてしまう。イギリスでも，満足の政治はみられる現象で，イングランド中部や北部における失業問題と貧困者の差別的排除は遅々としてその解決が進まない。

満足の文化は永遠のものなのか。それを変えるのには，人々に新しい社会観を抱かせる道筋が求められてくる。短期的視点の政策は下層階級の暴力的反応を生み出す可能性を秘めており，その状況で満ち足りた人々はどのように反応するのか。何か2011年の英国における暴動を彷彿とさせる議論である。安定した社会を築くには，国家の介入は必須であるというのがガルブレイスの見方である。課税の規制的な役割は安定した社会にとって依然として有効であると説く（ガルブレイス 1993）。

3．高齢者福祉における準市場の評価

準市場について，ルグランは『準市場　もう一つの見えざる手――選択と競争による公共サービス』で，良質の公共サービスに言及している。良質の公共サービスの基本要素は，質，効率性，応答性とアカウンタビリティ，公平性である。ただし，これらの要素はトレードオフの関係を持つとも指摘している。これを踏まえれば，準市場とは複数のサービス供給者が顧客を獲得するために競争する状態を指す。

サービスの支払いについては，国家の支出である。国家による，使途が指定された予算こそが準市場の財源を支えるとされる（Le Grand 2007：7-14）。医療の場合では料金表を使ったり，ブロック契約や出来高払い（payment by result）で支払いをする。一方，社会福祉の場合ではユニットコストを利用する。これが公共サービスの価格付けをなしている。

ルグランの準市場論で留意すべきは，準市場が民営化そのものとは異なることで，民間営利企業の参入がなくても，非営利組織の参入で機能する。必ずしも民間営利企業の参入は基本要件とはならず，公共サービスの供給に'競争'が存在することが準市場の成立に不可欠となる。

要するに，ルグランの準市場論は，国または地方自治体が財源を保障し，価格を決定する考え方に基づいている。ただし，公共サービスと準市場の関係は

説明できているかもしれないが,純粋な市場と準市場との関係は明らかとはなっていない。

多くの経済学者は理想的な競争市場を理論上のものと考えてきた。問題は,現実の市場はどのような環境で失敗し,どのようにすればその失敗の影響を低減できるのかという点である。競争的市場の特性に鑑みて,ルグランの競争論はサービスの質の向上をねらいとしているが,実際には供給者間でコストを引き下げる競争も生じ得る。供給者は利潤を求めて無理にコストダウンを図り,介護労働者の働く条件を押し下げ,その結果サービスの質を悪化させることも想定できる。ルグランに見落としがあるとすれば,市場で競争原理が作用しない事態を厳密に予想していないことである。競争が生じない場合,コストを引き下げる圧力はかからない。逆にサービスの質を上げようとすれば,追加的コストを要するため価格を引き上げることになる。

また市場化の結果を考える際,ケアの質や地域差に注意は払われていない。利用者にとって重要なことは,自分が住んでいる地域で何が利用できるのかということである。利用者のサービスを受ける権利,国のサービスを保障する責任のあり方が問われている。

2 英国高齢者福祉の到達点

英国の高齢者福祉について,国際比較の視点から確認をしておきたい。家族,市場,国家の視点から,英国の「福祉の混合経済」をヨーロッパの国々と比べてみると,英国の位置づけがわかる。国家が充実した公的なサービスを提供する国はスウェーデン,デンマークなどの北欧諸国で,エスピン-アンデルセンの言う「脱商品化」や「脱家族化」が貫徹されている。一方,家族ケアが優位な国はイタリア,スペインといった主に南欧の国々である。エスピン-アンデルセンはこれらの国々に'保守主義'のカテゴリーをつけている。

表終-1は,ヨーロッパの制度について,ヒル (Hill, M.) が比較したものである。国別にみてみると,スウェーデンは福祉大国で,GDPに対する高齢者福祉への公共支出割合は最も高い (3.8%)。また,公共と民間を含むフォーマルなサービスを受けている65歳以上の割合も高いグループに属している

表終-1 ヨーロッパにおけるケア形態の比較

国	GDPに対する高齢者ケアの公共支出の割合（％）	公共・民間を含む公式なサービスを受けている65歳以上の割合（％）	配偶者除く他人と生活する65歳以上の割合（％）
スウェーデン	3.8	19.9	2
デンマーク	3.1	27.3	2
フィンランド	1.6	20.5 (est.)	14
フランス	0.7	12.6	6
ドイツ	0.7	16.4	5
英国	0.6	10.6	8
オーストリア	0.5	28.9	17
オランダ	0.4	20.8	3
ベルギー	0.4	11.5	14
イタリア	0.2	6.7	14
スペイン	0.3	4.5	18

出典：Hill 2007：182

（19.9％）。その反面，配偶者を除く他人と生活する65歳以上の割合は最も低い（2％）。一方，英国では，GDPに対する高齢者福祉への公共支出割合はきわめて低い（0.6％）。公私のフォーマルなサービスを受けている65歳以上の割合は，南欧の国々を除いて最も低い（10.6％）。配偶者を除く他人と生活する65歳以上の割合は8％となっており，これは中位に位置する（Hill 2007）。

英国の高齢者福祉は複雑な要素で構成されている。国は集権性を持ち，制度には市場の要素が色濃く，同時にインフォーマルケアに強く依存する傾向がある。例えば公的保育所は，未整備な状態にあり，働く家族をインフォーマルな保育が支えている。英国が高齢者福祉制度の限界を超えるためには，福祉レジームの移行は不可欠である。

表終-2は高齢者に占める施設・在宅サービス利用者比率の国際比較を示したものである。先と同様に，スウェーデンと英国を比べてみると，施設を利用する65歳以上人口の比率では，スウェーデンが8％（2001年），英国が5％（2003年）となっている。明らかに英国は低いグループに属している。施設の利用について両国で大きな差はないようにみえるが，スウェーデンが脱施設化を

表 終-2　高齢者に占める施設・在宅サービス利用者比率の国際比較

国	出典年度	施設を利用する65歳以上人口の割合（％）	在宅で公式の援助を受けている65歳以上人口の割合（％）
オーストラリア	2003	6	21
オーストリア	1998	5	24
ベルギー	1998	6	5
カナダ	1993	6	17
デンマーク	2001	9	25
フィンランド	1997	5	14
フランス	1997	7	6
ドイツ	2000	4	7
イスラエル	2000	5	12
日本	2003	3～6	8
オランダ	2003	9	13
ノルウェー	2001	12	16
スウェーデン	2001	8	8
英国	2003	5	4
アメリカ	2000	4	9

資料：Gibson et. al. 2003
出典：Wanless 2006：53

志向して高齢者住宅を拡充しているのに対し，英国は費用節減のために施設利用を抑制している．次に，在宅で公的な援助を受けている65歳以上人口の比率では，スウェーデンが8％（2001年），英国が4％（2003年）となっている．在宅項目では英国が最も低い位置にある．ちなみに，日本は介護保険制度によって介護給付費を大きく増やしてきた．英国でも財源調達の工夫と努力が急務になっている．

　これまで英国では高齢者福祉に関する包括的な法制を欠いており，このことが高齢者のニーズに応えるのを困難にしてきた．児童福祉の場合では，成人になるまでに何らかのサービスとサポートを必要とするのに対し，高齢者すべてがサービスを必ず必要とするというわけではない．さらにはサービスとサポートの範囲も個人によって様々である．高齢者への権利性が弱い現行の法体系か

らして，アクセスに制限がかからないような法整備が不可欠になっている。そこで2014介護法が施行された。同法の主な項目は以下の通りである。
・施設入所の利用　　・費用の後払い制度　・ケアと支援計画
・個人予算（パーソナル・バジェット）　　　・ダイレクト・ペイメント
・ケアラーに対する支援　・セーフガード
・統合，協力，パートナーシップ　　　　・地方自治体の機能の移譲
・ケアの継続性

　英国政府は最近になり，ディルノット提案（ケアコストの上限案）を少なくとも2020年まで実施しないと発表した。しかも，それ以上に引き延ばすと言われている。実際のところ，介護の費用負担は地域によって事情は異なる。裕福な地域では，住民の約70％が地方自治体からの財政的支援を得ることなく自己負担している。他の裕福でない地域では，状況は逆転する。

　かつてブラウン元首相は，ナショナル・ケア・サービスがケアをめぐる国民的議論（Big Care Debate）で支持されたと判断して，普遍的な介護制度を国民に提案した。残念ながら彼は総選挙で敗北したが，ナショナル・ケア・サービスの提案そのものが否定されたわけではない。このような社会民主主義的レジームを基礎にした政策を英国で実現していくには，国の政治体制が中道左派にシフトする必要がある。財政においては，政治的困難を乗り越えて，基礎自治体がニーズ本位の原則に則り，介護費用を賄える自主財源を獲得する必要がある。

3　憂慮すべき緊縮政治

　緊縮財政は2010年の保守党・自民党の連立政権から始まった。とりわけ地方自治体の大きな収入源である，中央から地方に配分される交付金（formula grants）の削減が地方財政に大きな影響を与えている。緊縮財政を政策化し，実施している財務相オズボーン（Osborne, G.）は各省に40％の予算節減を求めている。自治体の予算と支出の財政ギャップは広がる一方で，その額は年間25億ポンドにも達する。2014年3月から2015/16年度末には財政ギャップは58億ポンドに拡大すると推計されている。[3)]

政府は赤字削減を最優先課題とし，経済的事情を好転させる目的で緊縮財政を決定している。しかし，労働党の新たな党首コービン（Corbyn, J.）と影の財務相マクドネル（McDonnell, J.）は，緊縮財政は経済的必要性からではなく，政治判断から生まれていると反論している。

福祉の歳出では，2017/18年度には12億ポンドの削減が発表されている。以下はAge UKの福祉財政逼迫を懸念するコメントである。

> 今のイングランドでは社会的ケアの制度は危機に瀕している。何年もの間，福祉制度は厳しい財源不足に陥っている。……人々が長生きをすればするほど，介護サービスの需要は年々増加する。最近の自治体予算の削減は介護制度に甚大な影響を及ぼしている。まさに私たちは拡大し続ける財政ギャップの壊滅的な影響を目の当たりにしている。　（Age UK 2014：2）

過去5年間で，公的な財源に支えられた社会的ケアのサービス利用者数は25％減少した。この憂慮すべき事態は要介護認定の締め付けにより生じたものである。介護ニーズには，最重度（危機的）・重度・中度・軽度の4つのレベルが設けられている。現在地方自治体の90％は，最重度・重度の要介護者のみに公的財源を当てている。この数字は2010/11年には70％超にすぎなかった。その結果，このように地方自治体は最重度または重度のニーズを持つ者に援助の対象を制限し，軽度のニーズへのサービスを制限している[4]。同時に，利用料も引き上げている。

他にも深刻な打撃を受けている2つのグループがある。それはケアワーカーと家族等のケアラーである。緊縮財政により委託事業への財政支援が減額されており，ヴォランタリー組織やコミュニティ組織の人員整理につながっている。その結果，介護補助職員の賃金は減り，場合によっては違法に最低賃金を下回って，介護事業はブラック化している（低賃金改善委員会）。残念ながら，政府は労働者のトレーニングや規制にあまり注意を払っていない。賃金や労働条件の低さによりケアワーカーの離職率が高くなっており，ケアの継続性が脅かされている。このような状況の悪化は，明らかに介護市場に暗い影を投げかけている。この事態を緩和するために，医療と福祉の統合強化が広く行われている[5]。

同時に，公共サービスのアウトソーシングの拡大も顕著である。この政策を

理解するには1990年代初頭に戻る必要がある。サッチャー元首相は地方自治体が公共サービスの供給を独占している事態を打破しようとし，供給主体を営利と非営利の民間団体に託して福祉の契約システムを確立した。その後，ベストバリューという新しいアプローチが取り入れられた。これは12の原則からなるが，1997年の中頃に最初のものが発表された。37パイロット事業の成果を経て，ベストバリューは2002年に全面的に施行された。ベストバリューの原則は，経済的かつ効率的・効果的なサービスを調達する義務について地方自治体に課すものであった。

ベストバリューは施行されているが，現在は社会的価値法（2012）が注目されている。同法は，価格，サービスの質ばかりでなく，広く社会的インパクトを考慮するように，地方の公共サービス当局に競争入札の決定権限を持たせている。指摘するまでもなく，これは個々の利用者のサービス便益を保障するという次元を超えている。事業者は住民の生活を改善し，社会的経済的環境に与えるインパクトを配慮しなければならない。

いずれにしても財政節減を強いられる中で，地方自治体は安易な発想で外部事業者に公共サービスを委ねている。このように政府の緊縮財政は直接的間接的に高齢者福祉に大きな圧力を加えている。

4　福祉国家の変容と新たな福祉多元主義

1．福祉国家と民営化・市場化

では，私たちは何から始めるべきなのか。まずは権利保障の追求であり，そのための国民的運動の高揚，福祉レジームの転換，福祉財政の充実が求められてくる。福祉多元主義では，以下のように2つの特徴を指摘できる。第1は，インフォーマルケアへの依存である。コミュニティケア改革の実施でサービスが拡充したにもかかわらず，高齢者介護は依然として家族によって営まれており，女性がその役割を担っている。国が十分な財源を保障しなければ，家族介護への依存とジェンダー問題を解消することはできない。第2に，地方自治体はサービスを調達するために民間の事業者と契約をかわして，自治体機能として特有のコミッショニングを実施している。コミッショニングは，地方自治体

の権限の発露となっている。ただし中央 - 地方関係からみれば，国の指示と地方の実践との間に準市場が機能している構図がみてとれる。現状では，市場に偏重した福祉多元主義は民間事業者を介護の分野に呼び込んでいる。英国の高齢者福祉政策では，政府は供給者間の競争を重視してきた。介護市場で営利セクターが飛躍的に拡大したが，営利の介護施設で虐待がスキャンダルになることがある。

　福祉多元主義について，国家の視点から捉えてみたい。ジェームズ・オコンナー（O'Connor, J.R.）が指摘したように，国家の機能は「蓄積」と「正統化」にある（オコンナー 1981）。オコンナー以降，この原理に変化はあるのだろうか。ここ数十年はガヴァナンス革命が叫ばれ，かつてのように国民は国家のクライアントなどではなく，市民も権限を得た存在であるとされている。ラコ（Raco, M.）は「国家主導型民営化（state-led privatisation）」という視点から市場化を批判的にみている。市民のエンパワメントが時代の精神となる一方で，国家のコントロールは巧みに拡大しているという。ネオリベラルの言うように，国家の規模は縮小しているのではない。むしろ国家のコントロールは拡大しており，「規制型ガヴァナンス（regulatory governance）」を通じて権力を保持している。新しいガヴァナンスは規制，再規制，第三者の監視であり，問題は民主政治からの離脱にあるとラコは洞察する。彼は「規制型資本主義」という用語も使い，それは国家と非国家主体の双方があらゆる技術を駆使して市場行動に影響力を行使する資本主義の秩序を意味している。政府規模は小さくなることによって，市民は政策に介入できない事態に陥っている（Raco 2013）。

　筆者がこの批判的見解に注目するのは，国家の市場化誘導の手法が精妙になっているという指摘である。世界中でグッド・ガヴァナンス，権限委譲，自由化といった言説が広まっており，政策分野では「コ・プロダクション」や「パートナーシップ」といったレトリックが使われている。資産やサービスを民主的なコントロールから切り離し，それらを譲渡する根拠としてグッド・ガヴァナンスのレトリックが利用されているという。規制型資本主義の下で，民間企業が躍進できる環境は整備され，国家のエージェンシーはゲートキーパーの役割を担っている。ラコはこのような動向に批判の目を向けている（Raco 2013）。

2．新しい福祉多元主義―注目されるミューチュアルと社会的企業

　労働党政権の時代に，NHSの分野で，従業員の運営によるミューチュアル（共済組織）を育成する政策が注目された。当時誕生した組織の多くは，協同組合方式に沿ったもの，または社会的企業として現在も運営されている。その後を継いだ保守党連立政権もミューチュアルを重視した。連立政権時代で重要なのは，「要求する権利（right to request）」の条項をNHSから他分野にも広げて，2010年12月に，「要求する権利」から「供給する権利（right to provide）」へと住民の権限が拡大したことである。この新しい取り決めは公共部門全体に及ぶように配慮されている。

　ミューチュアルを育成するため，内閣府はいくつかの措置を講じている。2010年には，pathfinder mutualsという共済の推進プログラムをつくり，共済の抱える課題も明らかにしている。このプログラムには，経験知を持つ専門家集団を支援グループとして配置しており，ジョン・ルイス・パートナーシップの会長がメンターになっている。同年に，内閣府はホットラインおよび専用ウェブサイトを立ち上げて，共済組織に関する情報サービスを開始している。翌2011年には新たな情報サービスを本格的に開始している。2011年には，内閣府は駆け出しの企業を支援するために，1,000万ポンドを投入するとしたミューチュアル支援事業（Mutual Support Programme）を発表している。これは2012年に始まったミューチュアル・アンバサダー事業（Mutual Ambassadors Programme）を支援するために事前に政策化されたものである。各分野の指導者から選ばれた15人のアンバサダーは，単に事例紹介をするだけではなく，直接的なハンズオン（現場指導）を提供する。

　このようにミューチュアルを拡張させようとする政策世界の中で，ルグランも一役買っている。2011年にミューチュアル・タスクフォースが設立されているが，ルグランが議長を務めて，最終報告書（2012）をまとめている。報告書においては，以下の引用フレーズがある。

> 共済事業は変革の要素を秘めている。つまり，利用者に幸福と満足感を
> 与え，従業員には働きがいをもたらす。　　　　　　（Le Grand 2012：4）

幾分楽観的な見方ではあるが，準市場を説いたルグランが，今や非営利系の組織に傾倒しているのである（A Mutuals Taskforce Report 2012）。

その後，ミューチュアルの専門家からなる6つのコンソーシアムが創設されており，そこにはもちろん英国協同組合UK（Co-operatives UK）とソーシャルエンタープライズUK（Social Enterprise UK）が参加している。政府によれば，ミューチュアル支援事業は消防，保護観察サービス，地方自治体の児童および成人ケアサービスを優先させるという。2015年には，目標として，ミューチュアルで働く人々が100万人に到達することを目指している。将来，成人社会的ケアの市場に参入する大きな供給主体になることは明らかである。

ミューチュアルの台頭の背景には，ローカリズム法（2011）の制定が重要である。そこに盛り込まれている「チャレンジするコミュニティの権利（Community Right to Challenge）」は，より効率的で効果的にサービスを提供できると認定されれば，地域組織やコミュニティグループは公共サービスを担う機会が与えられる。またより広い脈絡では，社会的経済（social economy）という経済体がある。それは連帯に基づく市場とは異なる交換システムである。先駆者には協同組合の父であるロバート・オーウェン（Owen, R.）がいる[6]。

新しい福祉多元主義の担い手として共済組織ならびに社会的企業も加わってくる。社会的企業には，以下のように3つの重要な点があるとリドリー＝ダフは指摘している。

その1は，経済は社会化し得るということである。住民の利益を生み出すように，社会的目的・ミッションを表明し，メンバーが所有し，参加型マネージメントの下で運営され，経営者はメンバーが選出した理事会に説明責任を持つ組織である。利益の大半は配当や基金を通じてメンバーに直接間接に分配される。持続的発展を支える価値システムを支持し，社会関係資本の発展に貢献する。

その2は，起業家精神は社会化し得るということである。起業または企業の成長にとどまらず，また単に利益の拡大にとどまらず，アイディアを創発する力動的なプロセスを持ち合わせている。

その3は，従業員所有型ビジネスは起業家的にもなり得るということである。社会起業家精神とは，アイディアを考えつき，社会的目的に合致した社会経済的利益を生み出すプロセスである。これは，従業員所有型企業による持続可能な富の創出を通じて達成される。この組織は生み出した富の大半が，コ

ミュニティの発展に資するように参加型マネージメントや民主的ガヴァナンスを備えたものである。

社会的企業よりも広義の社会的経済に関する説明はEUが示している。社会的経済は公的に組織された民間の事業体であり，意思決定における自律性やメンバーの自主性を重視する。財やサービスの生産，保険や金融により市場を通じて組織のメンバーのニーズを満たすために設立されるが，意思決定やメンバー間での利益または剰余金の配分はメンバーからの資本や会費に直接左右されず，一人一票である。また，家庭向けの非市場サービスを生産する意思決定の自律性やメンバーの自主性を持つ公的に組織された民間の事業体も含まれる。剰余金が生まれた場合，事業体を設立，運営，出資する経済主体が独占することはできない（Ridley-Duff 2014年1月11日の講演資料，関西学院大学梅田キャンパス）。

繰り返される金融危機が示すように，新自由主義型経済は市場を荒廃させ，社会的不平等を拡大させてきた。一方，公共セクターにおいても市場規律の欠如により資源の活用が非効率となり，経営体質に無駄が多い。そして非営利セクターに目を向けてみると，補助金や寄付金が減少している。社会的経済は小規模ながらも，社会的アウトカムを向上させるのに最適なモデルになり得るかもしれない。上記の3つの異なる交換システムを結びつけるものとして期待したい。

結語：福祉の市場化を乗り越えて

神野直彦は，福祉国家の危機を克服するヴィジョンとして，地方政府，社会保障基金政府，中央政府の3つの政府を創出する必要性を指摘している。神野は以下のように述べている。

> 危機に陥った福祉国家を克服するシナリオは，……福祉国家が社会システムで営まれる生活を保障するために張り巡らした福祉を，新しい状況のもとで福祉を再認識しようとする動きが登場してくる。……地方政府の現物給付についても，最低限の保障が中央政府の任務となる。地方政府には財政力格差があるため，現物給付がミニマム保障に値しない場合が存在する。そうした場合には最低限を保障する責任は中央政府にある。財政力格

差を是正して，現物給付のミニマム保障をするのが財政調整制度となる。

(神野 2011：5-10)

神野が問うのは，富と豊かさを国民の間で再配分する国および地方の仕組みと，それを実現させる国民の理解と運動である。

英国は社会民主主義的な政治レジームへと移行しない限り，社会福祉の充実は見込めない。労働党も幅広く有権者に社会福祉政策のヴィジョンを訴えていく必要がある。英国民は現状の限界を超えるために，レジーム移行を可能にする政治判断を問われている。人々に新しい社会観を抱かせる連帯経済への道筋が求められている。

1) 介護施設の倒産については，次の情報を参照されたい。BBC News (2011) Care homes: Southern Cross failure 'may be repeated' http://www.bbc.com/news/health-160350111/10/ 2015年11月3日　閲　覧。Chloe Stothart (2014) Study for Care Quality Commission warns that high provider debts, local authority fees and pay rises could lead to "financial crisis", Community Care http://www.communitycare.co.uk/2014/08/01/southern-cross-style-collapse-care-home-market-ruled-warns-study/, 2015年11月3日閲覧。

2) アラン・ウォルターズは1967年からロンドン・スクール・オブ・エコノミクス教授，ジョンズ・ホプキンス大学教授を務めた。The Guardian (2009) Sir Alan Walters Obituary, http://www.theguardian.com/politics/2009/jan/06/sir-alan-walters-obituary, 2011年11月14日閲覧。

3) The Guardian George Osborne calls emergency July budget to reveal next wave of austerity16 May 2015
http://www.theguardian.com/politics/2015/may/16/george-osborne-july-budget-austerity-conservatives-deficit 11/13/ 2015年11月13日閲覧　AFP Corbyn slams austerity as 'political choice'*September 15, 2015,* http://news.yahoo.com/corbyn-slams-austerity-political-choice-154343640.html 11/13/, 2015年11月13日閲覧

4) 2010/11年にはカウンシルの72％が制限を課しており，2013/14年では89％にも達している。

5) 介護労働者の賃金の実態については次の文献が詳しい。Bessa, I., Chris Forde C., Sian Moore, S. and Stuart, S. (2013) *The National Minimum Wage, earnings and hours in the domiciliary care sector,* University of Leeds. 介護労働者の低賃金については，新聞でも取り上げられている。The Guardian, Low pay commission talks to UK workers to advise on minimum wage,29 November 2013. Council funding cuts force care firms to pay less than the minimum wage22 October 2013.
http://www.theguardian.com/society/2013/oct/22/council-funding-cuts-care-homes-minimum-wage，2015年11月3日閲覧。

6) 現在では，社会的企業が社会的経済を担おうとしている。ソーシャル・エンタープラ

イズ・ヨーロッパの定義では,「社会的企業は民間企業とは根本的に異なる。社会的企業は利益を追求するが,以下のような企業規律をなしている。①自社の倫理や価値を優先すること,②主たる目的として検証可能な社会的目的の実現を掲げること,③民主的かつ社会化された企業として管理,所有,運営されること。このように社会的企業は,社会的目標を実現する,社会化された企業であり,このことを公言する起業家活動」とされている。これらの知見は,Ridley-Duff 2014年1月11日の講演資料に基づいている。

参考文献

〈欧　文〉

ACEVO, *An Introduction to Commissioning and Tendering*, 2014
Age UK, *Care in Crisis: causes and solutions*, Age UK, 2011
——, *Later Life in the United Kingdom*, Age UK, 2014
——, *Care in Crisis 2014*, Age UK, 2014
——, *Later Life in the United Kingdom*, 2015
Allot, M. and Robb, M.(ed.), *Understanding Health and Social Care An Introductory Reader*, Sage Publications, 1998
Arnstein, S.R., 'A Ladder of Citizen Participation', in *Journal of the American Planning Association*, Vol. 35, No. 4, 216-224, 1969
Audit Commission, *Making a Reality of Community Care*, HMSO, 1986
——, *Governing Partnerships Bridging the accountability gap*, 2005
——, *Briefing on the Audit Commission's Comprehensive Performance Assessment frameworks*, 2006
Avebury, K., *Home Life: A Code of Practice for Residential Care*, Centre for Policy, 1984
Bartlett, W., 'Quasi-markets and Contracts: A Market and Hiearachies Perspective in NHS Reform', in *Bristol:School for Advanced Urban Studies*,1-8., 1991
Baumol, W. J., *The Free Market Innovation Machine analyzing the growth miracle of capitalism*, Princeton University Press, 2002. ボウモル（足立英之監訳）『自由市場とイノベーション—資本主義の成長の軌跡』勁草書房，2010
BBC News, How the cap on care costs works, 22 July 2015
　　http://www.bbc.com/news/health-30922484，2015年6月25日閲覧
Beresford, P., 'Service-user Involvement in Evaluation and Research: Issues, Dilemmas and Destination', in Taylor, D. and Balloch, S. (eds.), *The Politics of Evaluation Participation and Policy Implementation*, the Policy Press, 2005
——, *What Future for Care?*, Joseph Rowntree Foundation, 2008
——, 'The Price of Independence', in *The Guardian*, 13 February 2013
Beveridge, W. H., *Social Insurance and Allied Services*, 1942. ベヴァリッジ（一圓光彌監訳）『ベヴァリッジ報告—社会保険および関連サービス』法律文化社，2014
——, *Voluntary Action A Report on Methods of Social Advance*, Macmillan, 1948
Bruce, M., *The Coming of the Welfare State*, B. T. Beresford, London, 1961. ブルース（秋田成就訳）『福祉国家への歩み—イギリスの辿った途』法政大学出版局，1984
Care Quality Commission, *Annual report and accounts 2013/14*, 2014a
——, *The state of health care and adult social care in England 2013/14*, 2014b

Chester, H., Hughes, J. and Challis, D., 'Patterns of Commissioning, Contracting and Care Management in Social Care Services for Older People in England', in *British Journal of Social Work*, 40, 2523-2537, 2010

Chhotray, V. and Stoker, G., *Governance Theory and Practice: A Cross-Disciplinary Approach*, New York: Palgrave Macmillan, 2009

Cipfa, *Pooled Budgets A Practical Guide for Local and Health Authorities*, 2001

――, *An Introductory Guide to Social Services Finance In England And Wales*, 2004

Commission on funding of care and support, *Fairer Care Funding: the report of commission on funding of care and support*, 2011

Community Care, 'Rebuilding trust: How the CQC plans to transform adult social care inspections', 2014 http://www.communitycare.co.uk/2014/05/19/rebuilding-trust-cqc-plans-transform-adult-social-care-inspections/

Community Matters, 'A Report on Horndean Community Association's Social Value', 2011 http://www.google.co.jp/url?sa=t&rct=j&q=&esrc=s&source=web&cd=1&ved=0ahUKEwig3p6U4u_KAhXhN6YKHb51C3AQFggeMAA&url=http%3A%2F%2Fwww.communitymatters.org.uk%2Ffile_download.aspx%3Fid%3D8202&usg=AFQjCNFpakBWOfDloUeAZy0vYnFOoMyaIA

CSCI, Audit Commission, Healthcare Commission, 'Good Practice in Services for Older People', in *Living Well in Later Life a review of progress against the national service framework for older people*, 2006

Cutler, T. and Waine, B., *Managing the Welfare State the politics of public sector management*, BERG, 1994

――, *Managing the Welfare State text and sourcebook*, BERG, 1997

Davies, J. S., 'Regeneration partnerships under New Labour: a case of creeping centralization', in Caroline Glendinning et. al., *Partnerships, New Labour and the Governance of Welfare*, the Policy Press, 167-198, 2002

――, *Challenging Governance Theory: From Networks to Hegemony*, 2011

Davies, B., 'Securing Good Care for Older People: taking a long term view', in *Ageing Horizons*, No.6, 12-27, 2007a

――, 'Public Spending Levels for Social Care of Older People: why we must call in the debt', in *Policy & Politics*, vol. 35, no. 4, 719-726, 2007b

Deloitte and Touche, Mapping of Older People: Analysis of England's long-term care markets, LLP, 2008

Denney, D., *Social Policy and Social Work*, Clarendon Press, 1998

Department for Community and Local Governments, *Area Agreements Research: Round2 negotiations and early progress in Round 1*, 2006a

――, *Strong and Prosperous Communities The Local Government White Paper*, 2006b

——, *A Plain English Guide the Localism Act*, 2011a
——, *The Local Government Finance Report (England) 2011/2012*, HC748 London the Stationary Office, 2011b
——, *Local Government Financial Statistics England* No.24, 2014
——, *Local Government Financial Statistics England* No.25, 2015
Department for Educations, *Children's Services Inspection*, 2005
   http://www.dfes.gov.uk/everychildmatters/strategy/inspection
——, *Social Work Practices: Report of the National Evaluation*, 2012
   http://www.education.gov.uk/publications/eOrderingDownload/DFE-RR233.pdf(accessed 13/ 1 /2013)
Department for Environment, Transport and the Region, *Modern local government: in touch with the people*, TSO, 1998
Department of Health (DoH), *Community Care: Agenda for Action*, HMSO, 1988
——, *Caring for People Community Care in the Next Decade and Beyond*, HMSO, 1989
——, *National Health Service and Community Care Act 1990*, HMSO, 1990
——, *Purchase of service: Practice guidance and practice materials*, 1991
——, *Health and Personal Social Services Statistics for England*, 1996
——, *The new NHS*, Cm 3807, London: HMSO, 1997
——, *Partnership in Action: Discussion Document*, HMSO, 1998a
——, *Partnership in Action: New Opportunities for Joint Working between Health and Social Services*, 1998b
——, *Health Act 1999 Partnership Arrangements*, 1999a
——, *Long Term Care, The Government's Response to the Health Committee's Report on Long Term Care*, TSO, 1999b
——, *With Respect To Old Age: Long Term Care-Rights and Responsibilities A Report by The Royal Commission on Long Term Care*, Cm 4192- Ⅰ, TSO, 1999c
——, *The NHS Plan: The Government's Response to the Royal Commission on Long Term Care*, TSO, 2000
——, *Health and Social Care Act 2001*, TSO, 2001a
——, *National Service Framework for Older People modern standards and service models*, TSO, 2001b
——, *Care Homes for Older People National Minimum Standards*, TSO, 2002
——, *Health and Social Care(Community Health and Standards) Act 2003*, TSO, 2003a
——, *Domiciliary Care National Minimum Standards Regulations, Care Standards Act*, TSO, 2003b
——, *Care Homes for Older People: National Minimum Standards and the Care Homes Regulations 2001*, 3rd edition, TSO, 2003c
——, *Independence, Well-being and Choice*, Green Paper on Adult Social Care Policy,

2005a
―, *Health and Social Care Statistics*, 2005b
―, *Practical Advice: Pooled Budgets for Urgent Care*, 2007 http://www.dh.gov.uk/en/Policyandguidance/Organisationpolicy/Primarycare/Urgentcare/DH_4119576.
―, *Equity and Excellence: Liberating the NHS*, TSO, 2010a
―, A Vision for Adult Social Care: *Capable Communities and Active Citizens*, TSO, 2010b
―, *Recognised, Valued and Supported: The Next Steps for the Carers Strategy*, TSO, 2010c
―, *Fairer Care Funding the report of the commission on funding of care and support*, 2011a
―, The Law Commission, *Adult Social Care*, No. 326, TSO, 2011b
―, *Market Oversight in Adult Social Care*, TSO, 2012
―, *Adult Social Care Outcomes Framework 2014-2015*, TSO, 2013
Department of Health and Social Security (DHSS), *Prevention and Health: everybody's business*, HMSO, 1976
―, *Priorities in the Health and Social Services: the way forward*, HMSO, 1977
―, *The Respective Roles of the General Acute and Geriatric Sectors in the Care of the Elderly Hospital Patient*, HMSO, 1981a
―, *The Report of a Study on the Acute Hospital Sector*, HMSO, 1981b
―, *Health Service Development: Care in the Community and Joint Finance*, 1983
Evandrou, M. and Falkingham, J.,'The personal social services', in Glennerster, H. and Hills, J. (eds.), *The State of Welfare the economics of social spending*, 2nd edition, Oxford University Press, 1998
Fishkin, J., D*emocracy and Deliberation: new directions for democratic reform*, Yale University Press, 1991
Forder, J. and Allan, S., 'Competition in the Care Homes Market: a report for office of health economics commission on competition, in *the NHS*, 2011
Foster, C.D., Jackman, R. and Perlman, M., *Local Government Finance in a Unitary State*, Allen & Unwin, 1980
Friedman, M., *Capitalism and Freedom*, the University of Chicago, 1962. フリードマン（村井章子訳）『資本主義と自由』日経 BP 社, 2008
Galbraith, J.K., *The Culture of Contentment*, Houghton Mifflin, 1992. ガルブレイス（中村達也訳）『満足の文化』新潮社, 1993
Gheera, M., Shaping the Future of Care Together: the 2009 social care green paper, House of Commons Library, 2009
Giddens, A., *Modernity and Self-Identity*, Polity Press, 1991. ギデンズ（秋吉美都・安藤

太郎・筒井淳也訳)『モダニティと自己アイデンティティ―後期近代における自己と社会』ハーベスト社, 2005
――, *The Third Way*, the Polity Press, 1998.(佐和隆光訳)『第三の道―効率と公正の新たな同盟』日本経済新聞社, 1999
――, *The Third Way and its Critics*, the Polity Press, 2000(今枝法之・千川剛史訳)『第三の道とその批判』晃洋書房, 2003
Glennerster, H., *Paying for Welfare toward 2000*, 3rd edition, Prentice Hall Harvester Wheatsheaf, 1997
――, *Understanding The Finance Of Welfare What welfare costs and how to pay for it*, The Policy Press, 2003
Gough, I., *The Political Economy of the Welfare State*, Macmillan, 1979. ゴフ(小谷義次・荒岡作之・向井喜典・福島利夫訳)『福祉国家の経済学』大月書店, 1992
Goss, S., *Making Local Governance Work*, Palgrave, 2001
Hall, P., *Reforming the Welfare*, London: Heinemann, 1976
Ham, C., *Public, Private or Community: what next for NHS?*, London Demos, 1996
Hancock, R., Juarez-Garcia, A., Comas-Herrera, A., Derek King, D., Malley, J., Pickard, L. and Wittenberg, R., 'Winners and Losers: Assessing the Distributional Effects of Long-Term Care Funding Regimes', in *Social Policy & Society*, 6: 3, 379–395, 2007
Health and Social Care Information Centre, *Personal Social Services: expenditure and unit costs, England 2013-14 Final Release*, 2014
Heenan, D. and Birrel, D., 'The Integration of Health and Social Care: The Lessons from Northern Ireland', in *Social Policy & Administration*, Vol. 40, No. 1, February, 2006
Hill, M. (ed.), *Local Authority Social Services*, Oxford: Blackwell, 2000
――, *Understanding Social Policy*, 7th edition, Blackwell, 2003
――, *Social Policy In The Modern World a comparative text*, Blackwell, 2006
――, 'The Mixed Economy of Welfare: A Comparative Perspective', in Powell , M. (ed.), *Understanding the Mixed Economy of Welfare*, the Policy Press, 2007
Hills, J. (ed.), *The State of Welfare*, Oxford University Press, 1990
Hirschman, A. O., *Exit, Voice, and Loyalty: Responses to Decline in Firms, Organizations and States*, Harvard University Press, 1970. ハーシュマン(矢野修一訳)『離脱・発言・忠誠―企業・組織・国家における衰退への反応』ミネルヴァ書房, 2005
Hirst, P., *Associative Democracy: New Forms of Economic and Social Governance*, the Polity Press, 1994
HM Government, *Shaping the Future of Care Together*, Cm 7673, TSO, 2009
――, *Building the National Care Service*, Cm7854, TSO, 2010
――, *Caring for Our Future: reforming care and support*, Cm8378, 2012
Hog, E. and Baines, S., 'Changing Responsibilities and Roles of the Voluntary and Com-

munity Sector in the Welfare Mix: A Review', in *Social Policy & Society*, 10: 3, 341-352, 2011

Hoggett, P. and Hambleton, R. (eds.), 'Decentralisation and Democracy', in Occasional Paper 28, Bristol: *School for Advanced Urban Studies*, University of Bristol, 1988

Hudson, B., 'Joint Commissioning across the Primary Health care Social Care Boundary: Can It Work?', in *Health and Social Care in the Community*, 7(5), Blackwell, 1999

Hultberg, E., Glendinning, C., Allebeck, P. and Lönnroth, K., 'Using Pooled Budgets to Integrate Health and Welfare Services: A Comparison of Experiments in England and Sweden', in *Health and Social Care in the Community*, 13(6), Blackwell, 2005

Humphries, R., *Paying for Social Care beyond Dilnot*, the King's Fund, 2013

Jessop, B., *The Future of the Capitalist State*, the Polity Press, 2002. ジェソップ（中谷義和監訳）『資本主義国家の未来』御茶の水書房, 2005

Johnson, N., *Mixed Economies of Welfare a comparative perspective*, Prentice Hall Europe, 1999. ジョンソン（青木郁夫・山本隆監訳／山本惠子他訳）『グローバリゼーションと福祉国家の変容』法律文化社, 2002

Judge, K., *Rationing Social Services*, Heinemann London, 1978

――, (ed.), *Pricing Social Services*, Macmillan, 1980

Karlsson, M., 'Distributional Effects of Reform in Long-term Care', in *Ageing Horizons*, No.6, 33-41, 2007

Kendall,J.,Knapp, M.,Forder,J.,Hardy, B.,Matosevic,T. and Ware,P., *The State of Residential Care Supply in England: Lessons from PSSRU'S Mixed Economy of Care(Commissioning and Performance) Research*, in LSE Health and Social Care Discussion Paper, Number 6, 2002

King's Fund, *Securing Good Care for Older People, Taking a Long-term View*, 2006

Laing and Buisson, *Care of Elderly People Market Survey*, 1992

――, *Care of Elderly People Market Survey*, 1994

――, *Introduction to Statistics & Information*, 2003a
http://www.laingbuisson.co.uk/#

――, *Concerning Loss of Elderly Care Places* (Press Release), 2003b
http://www.laingbuisson.co.uk/#

Le Grand, J., *Motivation, Agency, and Public Policy ― of knights & knaves, pawns & Queens*, Oxford University Press, 2003. ルグラン（郡司篤晃監訳）『公共政策と人間―社会保障制度の準市場改革』聖学院大学出版会, 2008

――, *Models of Public Services Provision: Command and Control, Networks or Quasi Markets?*, Policy Network, 2003
http://www.progressive-governance.net/php/article.php?aid=113&sid=10

――, *The Other Invisible Hand Delivering Public Services through Choice and Compe-*

tition, Princeton University Press, 2007.（後房雄訳）『準市場 もう一つの見えざる手──選択と競争による公共サービス』法律文化社, 2010
───, *PUBLIC SERVICE MUTUALS: The Next Steps*, Cabinet office, Mutuals Taskforce, 2012
─── and Bartlett, W., *Quasi-Markets and Social Policy*, Macmillan, 1993
Leach, R. and Percy-Smith, J., *Local Governance in Britain*, Palgrave, 2001
Levi-Faur, D. (ed.), *Handbook on the Politics of Regulation*, Edward Elgar Publishing Limited, 2011
Lewis, J., *What Price Community Medicine?*, Brighton: Wheatsheaf, 1986
─── and Glennerster, H., *Implementing the New Community Care*, Open University Press, 1996
─── and West, A., 'Re-shaping Social Care Services for Older: People in England: Policy Development and the Problem of Achieving Good Care', in *Journal of Social Policy*, Vol. 43, Part 1, 1-18, 2014
Liddle, J., 'Reflections on the Development of Local Strategic Partnerships: Key Emerging Issues', in *Local Governance*, 29(1), 37-54, 2003
Lodge, M., 'From Varieties of the Welfare State to Convergence of the Regulatory State?: The 'Europeanisation' of Regulatory Transparency', in working paper, Economic and Social Research Council, 2001
London Borough of Camden, *Camden Community Care Plan*, 1995
London Borough of Hackney, *Team Hackney putting Hackney first, local area agreement 2007-2010*, 2007
London Borough of Hammersmith & Fulham, *Borough Profile*, 2006・2014
───, *Revenue Estimates 2006/2007*, 2006a
───, *Performance Plan for Adult Social Services (Community Services Department) "Access, Independence and Empowerment" 2005/2006*, 2006b
───, *Engaging Our Community: A Public and Service User Involvement Policy*, 2006c
London Borough of Lambeth, *The Co-operative Council sharing power: a new settlement between citizens and the state*, 2010
───, *Lambeth, Council's Community Plan 2013-16*, 2013
───, *The Co-operative Council Sharing: A new settlement between citizens and public services A new approach to public service delivery*, 2014a
https://archive.org/stream/fp_Cooperative_Council_White_Paper/Cooperative_Council_White_Paper_djvu.txt
───, *State of the Borough 2014*, 2014b
───, Lambeth Officer Delegated Decision Report-Procurement, 2014c
http://www.lambeth.gov.uk/home.htm (accessed 15/ 2 /2013)
London Borough of Newham, *Local Area Agreement 2007-2010*, 2007

―――, London Local economic assessment 2010 to 2027, 2010
―――, NHS Newham, Joint Strategic Needs Assessment 2010, 2011
Lupton, R., *Poverty Street*, the Policy Press, 2003
Marsh, A., *Local Governance: the relevance of transaction cost economics*, Local Government Study,1-18, 1998
Maud Committee, *The Committee on the Management of Local Government*, London: HMSO, 1967
Mabbett, D., 'The Regulatory State and the Welfare State', in *Handbook on the Politics of Regulation*, 2011
http://www.google.co.jp/url?sa=t&rct=j&q=&esrc=s&source=web&cd=4&ved=0CDoQFjAD&url=http%3A%2F%2Fwww.bbk.ac.uk%2Fpolitics%2Fourstaff%2Facademic%2Fdeborah-mabbett%2Fdocuments%2FRegulatory-state-welfare-state&ei=roR1VIJCwviYBZv5grAH&usg=AFQjCNHqsEN2u_0teQwADgW8ituM8NVChA
Majone, G., 'The Rise of the Regulatory State in Europe', in *West European Politics*, Vol.17, 77-101, 1994
―――, 'From the Positive to the Regulatory State - Causes and Consequences from Changes in the Modes of Governance', in *Journal of Public Policy*, 17(2): 139-67, 1997
―――, 'The Regulatory State and its Legitimacy Problems', in *West European Politics*, Vol.22, 1-24, 1999
Means, R. and Smith, R., *Community Care: policy and practice*, Macmillan, 1994
Means, R., Morby, H. and Smith, R., *From Community Care To Market Care? the development of welfare services for older people*, The Policy Press, 2002
Means, R., Richards, S. and Smith, R., *Community Care: Policy and Practice*, Basingstoke: Palgrave, 2003
Milburn, A., 'Reforming Social Services' speech to the Annual Social Services Conference, 2002
http://www.doh.gov.uk/speeches/ann-soc-serv-con-2002.htm.
MoH, *Welfare of Old People*, Circular 11/50, 1950
―――, *Home Help Service*, Circular 25/65, 1963
Moran, M., *The British Regulatory State:high modernism and hyper-innovation*, Oxford University Press, 2003
National Audit Office, *Getting Citizens Involved; community participation in neighbourhood renewal*, 2004
Neighbourhood Renewal Unit, *Single Community Programme Guidance*, 2003
Netten, A., Bebbington, A., Darton, R., Forder, J. and Miles, K., *Survey of Care Homes for Elderly People, Final Report*, PSSRU discussion paper, Personal Social Servic-

es Research Unit, University of Kent, Canterbury, 1996
Netten, A., Dennett. J., and Knight, J., *Unit Costs of Health and Social Care 1998*,Personal Social Services Research Unit, University of Kent, 1998
O'Connor, J. R., *The fiscal crisis of the state*, St. Martin's Press, 1973. オコンナー（池上淳・横尾邦夫監訳）『国家の財政危機』御茶の水書房, 1981
Offe, C., *Contradictions of the Welfare State*, Huchinson, 1984
Office of the Deputy Prime Minister, *Local Area Agreements; a prospectus*, 2004
――, *A process evaluation of the negotiation of pilot Local Area Agreements*, 2005
――, *Research Report 15 Making Connections: An evaluation of the Community Participation Programmes*, 2005
Pateman, C., *Participation and Democratic Theory*, Cambridge University Press, 1973
Peters, B.,G., 'Governance and the Welfare State', in Ellison, N. and Pierson, C.(eds.), *Developments in British Social Policy 2*,Palgrave Macmillan, 2003
Powell, M.(ed.), *Understanding The Mixed Economy Of Welfare*, The Policy Press, 2007
Pollock, A. M., *NHS plc: the privatisation of our health care*, Verso, 2004
Raco, M., *State-led Privatisation and the Demise of the Democratic State: Welfare Reform and Localism in an Era of Regulatory capitalism*, Ashgate, 2013
Rhodes, R. A. W., 'Research into Central-Local Relations :a framework for analysis', in *Central-local Government Relationships*, Social Science Research Council, 1979
――, *Understanding Governance; policy networks, governance, reflexivity and accountability*, Open University Press, 1997
Ridley-Duff, R. and Bull, M., *Understanding Social Enterprise theory and practice*, SAGE, 2011
Rothwell-Murray, C., *Commissioning Domiciliary Care*, Radcilffe Medical Press, 2000
Russell, H., *Local Strategic Partnerships; Lessons from New Commitment to Regeneration*, the Policy Press, 2001
Sass, B. and Beresford, P., *User-driven Commissioning*, London, Disability Rights UK, 2012
Schweppenstedde D., Hinrichs,S., Ogbu,U.C., Schneider,E.C., Kringos,D.S., Klazinga,N.S., Healy, J., Vuorenkoski, L., Busse, R., Guerin, B., Pitchforth, E. and Nolte, E., *Regulating quality and safety of health and social care International experiences*, the research paper prepared for the Department of Health, 2014
Seebolm, F., *Report of the Committee on Local Authority and Allied Personal Social Services*, cmnd 3703, H.M. Stationery Office, 1968. シーボーム（小田兼三監訳）『地方自治体と対人福祉サービス―英国シーボーム委員会報告』相川書房, 1989
Seldon, A., *Introducing Market Forces into "Public", Services*, Liberty Fund, 2005
Skills for Care, *Adult Social Care in England*, 2013

Slasberg, C. and Beresford, P., 'Government guidance for the Care Act: undermining ambitions for change?', in *Disability & Society*, 2014 http://dx.doi.org/10.1080/09687599.2014.954785
Smith, D. M., *On the margins of inclusion*, the Policy Press, 2005
Social Care Institute for Excellence, *Co-production in Social Care: What it is and How to do it*, SCIE, 2013
Social Exclusion Unit, *Bringing British together: a National Strategy for Neighbourhood Renewal*, 1998
——, *New Commitment to Neighbourhood Renewal; National Strategy Action Plan*, 2001
——, *The Neighbourhood Renewal Fund Grant Determination 2006 NO31/243*, 2006
Social Services Inspectorate and Audit Commission, *Making Ends Meet*, 2004
Stewart, J., 'A Future for Local Authorities as Community Government', in Stewart, J. and Stoker, G. (eds.), *Local Government in the 1990s*, Palgrave, 1995
——, *Modernising British Local Government, An Assessment of Labour's Reform Programme*, Palgrave Macmillan, 2003
Stoker, G., *The Politics of Local Government*, Macmillan, 1991
——, 'Local Political Participation', in Hambleton et al., *New Perspectives on Local Governance*, Joseph Rowntree Foundation, 1997
—— (ed.), *The New Management of British Local Governance*, Macmillan, 1999
——, *Transforming Local Governance*, Palgrave Macmillan, 2004
——, 'Joined-Up Government for Local and Regional Institutions', in Bogdanor,V.(ed.), *Joined-Up Government*, Oxford University Press, 2005
Stoker, G. and Wilson, D., *British Local Government Into The 21st Century*, Palgrave Macmillan, 2004
Sunley, P. et al., *Putting Workfare in Place*, Blackwell Publishing, 2006
Taylor, D. and Balloch, S. (eds.), *The Politics Of Evaluation participation and policy implementation*, The Policy Press, 2005
Taylor, M., 'Unleashing the Potential: Bringing Residents to the Centre of Regeneration' in *Housing Summary*, No. 12, Joseph Rowntree Foundation, 1995
——, 'Partnership: Insiders and Outsiders,' in Harris M. and Rochester C., *Voluntary Organisations and Social Policy in Britain*, Palgrave, 94–107, 2001
——, *Public Policy in the Community*, Palgrave, 2003
The Secretary of State for the Home Department, *Compact on Relations between Government and the Voluntary and Community Sector in England*, 1998
Tiebout, C., 'A Pure Theory of Local Expenditure', in *Journal of Political Economy*, 64, No. 5, 1956
Tinker, A., *Older People in Modern Society*, Longman, 1997

Townsend, P., *The Last Refuge*, Routledge and Kegan Paul, 1962
Toynbee, P., *Hard Work*, Rogers, Coleridge and White, 2003 トインビー（椋田直子訳）『ハードワーク　低賃金で働くということ』東洋経済新報社, 2005
Walsh,K., *Public Services and Market Mechanism competition, contractiong and the new public management*, Macmillan, 1995
Wanless, D., *Securing Good Care for Older People, Taking a Long—term View*, King's Fund, 2006
Webb, A.L., 'Co-ordination between Health and Social Services: a question of quality', unpublished seminar paper. Curtis Committee, 1946
――, and Wistow, G., 'The Personal Social Services: incrementalism, expediency or systematic social planning?', in Walker, A.(ed.), *Public Expenditure & Social Policy*, Heinemann, 1982
――, *Planning, Need and Scarcity essays on the personal social services*, Allen and Unwin, 1986
Westall, A., Measuring social value, social outcomes and impact, NAVCA, 2012
http://www.navca.org.uk/downloads/generate/3004.
Williamson, O.,E., *Markets and Hierarchies: Analysis and Antitrust Implications*, the Free Press, 1975
――, *The Economic Institutions of Capitalism, Firms, Markets, Relational Contracting*, the Free Press, 1985
William, F., 'Social relations, welfare and the post-Fordism debate', in Burrows, R. and Loader, B., *Towards a Post-Fordist Welfare State*, Routledge, 49-73, 1994
Wilson, D., 'The United Kingdom: an Increasingly Differentiated Polity?', in Denters, B. and Rose LE (eds.), *Comparing Local Governance-Trends and Developments.*, Palgrave, 2005
Wilson, D. and Game, C., *Local Government in the United Kingdom*, 4th edition, Palgrave and Macmillan, 2006
Wistow, G., 'Joint Finance and Community Care: have the incentives worked ?', in *Public Money*, September, 1983
――, et al., 'From Providing to Enabling: local authorities and the mixed economy of social care', in *Public Administration*, Vol. 70, No. 1, 1992
Wittenberg, R. and Malley, J., 'Financing Long-term Care for Older People in England', in *Ageing Horizons*, No.6, 28-32, 2007
Wiseman, D. A., *'Four Nations' Perspective on Rights, Responsibilities, Risk and Regulation in Adult Social Care*, Joseph Rowntree Foundation, 2011
Young, K., 'Local Public Service Agreements and Performance Incentives for Local Government', in *Local Government Studies*, 31(1), 3-20, 2005

＜和文＞
青木郁夫「イングランドにおける健康の不平等に関する取り組み」『日本医療経済学会会報』No.70，2006
伊藤善典『ブレア政権の医療福祉改革—市場機能の活用と社会的排除への取り組み』ミネルヴァ書房，2006
大住莊四郎『パブリックマネジメント—戦略行政への理論と実践』日本評論社，2002
大前朔朗『社会保障とナショナルミニマム』ミネルヴァ書房，1975
小川喜道『障害者の自立支援とパーソナル・アシスタンス，ダイレクト・ペイメント—英国障害者福祉の変革』明石書店，2005
郡司篤晃「英国における医療と介護の機能分担と連携」『海外社会保障研究』No.156，2006
小谷義次『現代福祉国家論』筑摩書房，1977
児島美都子『英国における中間ケア政策—病院から地域へ』学術出版会，2007
自治体国際化協会『英国のコミュニティケアと高齢者福祉』自治体国際化協会，1996
——『英国におけるベストバリュー— From CCT to Best Value』No.206，自治体国際化協会，2000
——『イングランドの地域再生政策』自治体国際化協会，2004
——『イングランドの包括的業績評価制度』自治体国際化協会，2006
——『英国の地方自治（概要版）—2010年改訂版』自治体国際化協会，2010
神野直彦『地域再生の経済学—豊かさを問い直す』中央公論社，2002
——・澤井安勇共編『ソーシャルガバナンス』東洋経済新聞社，2004
——『財政学〔改訂版〕』有斐閣，2007
篠原一『市民の政治学—討議デモクラシーとは何か』岩波書店，2005
白石克孝「パートナーシップと住民参加」室井力編『住民参加のシステム改革—自治と民主主義のリニューアル』日本評論社，2003
——「イギリスにおける地域政策の変遷とパートナーシップの意味変容」岡田章宏・自治体問題研究所編『NPM の検証—日本とヨーロッパ』自治体研究社，2005
武川正吾『福祉国家と市民社会Ⅲ—地域福祉の主流化』法律文化社，2006
槌田洋「NPM の新段階—ニューレイバー政権の自治体統制とコミュニティ戦略」『大阪自治体問題研究所研究年報』第7号，2004
テイラー，M.「イギリスにおける社会民主主義と第三セクター—第三の道か？」山口二郎ほか編著『ポスト福祉国家とソーシャル・ガヴァナンス』ミネルヴァ書房，2005
長澤紀美子「ブレア労働党政権以降のコミュニティケア改革—高齢者ケアに係わる連携・協働と擬似市場における消費者選択—」『海外社会保障研究』No.169，2010
西尾勝『行政学』有斐閣，1997
船場正富・齋藤香織『介護財政の国際的展開—英国・ドイツ・日本の現状と課題』ミネルヴァ書房，2003
平岡公一『英国の社会福祉と政策研究—英国モデルの持続と変化』ミネルヴァ書房，

2003
ベヴァン（山川菊栄訳）『恐怖に代えて』岩波書店，1953
堀真奈美『平成23年度海外行政実態調査報告書　保健医療分野における VFM とアカウンタビリティの確保に関する研究　イギリスの NHS・ソーシャルケア改革を事例として』東海大学調査課，2011
松田亮三「欧州における健康の不平等に関する政策的対応」『日本医療経済学会会報』No.70，2006
山口定『市民社会論―歴史的遺産と新展開』有斐閣，2005
山本惠子『行財政からみた高齢者福祉―措置制度から介護保険へ』法律文化社，2002
―――「中央－地方関係からみた地方エリア協約（LAA）の考察―イングランドにおける地域再生の取り組みの新展開」『日本医療経済学会会報』第26巻第1号，2007a
―――「英国における擬似市場の展開と高齢者福祉政策」『社会福祉学』第48巻第2号，2007b
―――「イングランドにおける医療と福祉の財政的連携・統合に関する考察―共同財政とプール予算の比較を通して」『日本医療経済学会会報』第27巻第2号，2008
―――「イギリスにおける貧困対策と地域再生　貧困とデプリベーション―複合的デプリベーション指数を手がかりにして」『月刊福祉』96巻2号，2013
―――「イギリスにおける貧困対策と地域再生―貧困に立ち向かう社会的企業」『月刊福祉』96巻3号，2013
―――「英国における高齢者ケア政策の動向―市場化・規制・福祉財政の視点から」『地域福祉情報』通巻272，2015
―――・山本隆「イギリス福祉政策の新展開」『賃金と社会保障』1119号，1993
―――・山本隆「イングランドにおける高齢者ケア政策と規制に関する研究」『Human Welfare』第7巻第1号，2015
―――「英国における高齢者福祉の費用負担　その1」『ヒューマンサービス研究5 Journal of Human Services 2015』神奈川県立保健福祉大学ヒューマンサービス研究会，2015
―――「英国の多問題家族と自立支援制度―予備的考察」『賃金と社会保障』1652号，2016
―――「英国福祉国家再編と高齢者ケアの社会的企業化に関する研究」『神奈川県立保健福祉大学誌』第13巻第1号，2016
山本隆『英国の福祉行財政　政府間関係の視点』法律文化社，2003
―――『ローカル・ガバナンス　福祉政策と協治の戦略』ミネルヴァ書房，2009
―――編著『社会的企業論　もうひとつの経済』法律文化社，2014

あとがき

　1988年に初めて渡英した時を思い出す。その時代はサッチャー政権下の不況の真只中であった。ロンドンのビル街には'to let（テナント募集）'の看板が並び，公共機関のストライキが頻発していた頃であった。その時期から30年近くにも及ぶ英国研究をここに何とかまとめることができた。

　英国への関心といえば，やはり産業革命が最初に発生した国で，工場労働が一般化して労働者階級が形成されたことである。大量生産システムが構築されて，単純労働が増えることによって非熟練工でも可能な労働環境がつくり出された。現代でいう非正規労働者の先駆である。労働問題，都市のスラム，衛生の問題，そして高齢者の貧困などの社会問題は今に通ずる。拙著は，英国の階級社会から垣間見える高齢者福祉の姿も意識してみた。

　なぜ，英国研究なのか。私はこの研究を始めた頃から，繰り返し自問してきた。言うまでもないが，英国は1601年のプアロー（Poor Law）による国家的な貧困対策を考えた国である。その後，産業革命による労働者の貧困状態を測定する社会調査が行われ，社会活動も盛んに行われるようになった。2015年夏にヨーク市を訪れたが，ジョセフ・ラウントリー財団による社会調査機関は今も社会科学研究を牽引している。産業革命後は英国流社会主義も広がるようになり，飴と鞭の政策は社会政策学の学問的基本をなすものである。それらが福祉国家として結実する英国の姿は，社会科学を学ぶ者にとって教科書的存在である。

　現在に至っては社会的企業が奨励され，日本や他の国々でその方向性を追求しようとしている。福祉先進国のトップではないが，福祉思想や政策の道筋が私たちに多くのことを示唆している。戦勝国であったことの負の遺産が，依然として内示的に階級社会を残し，「階級社会」「福祉国家」「揺り籠から墓場まで」「社会的企業の台頭」といったキーワードは興味深い。

　本書のテーマである高齢者福祉政策については，英国では高齢者福祉に関する包括的な法制を欠いてきた。それが，2014年に介護法が制定され，2015年から施行されている。同法により，高齢者のニーズに応えるのが容易になることを

期待している。現行の緊縮財政の下，高齢者への権利性が弱かった法体系から脱して，アクセスに制限がかからないような財政の仕組みが不可欠になっている。

拙著は，2008年に立命館大学大学院社会学研究科において博士号（社会学）を授与された「英国における高齢者福祉政策とローカル・ガヴァナンス」と題する論文を加筆修正したものである。論文の執筆に当たっては，立命館大学津止正敏教授，小川栄二教授，芝田英昭教授（現在，立教大学所属）にご指導いただいた。深くお礼申し上げる。またポーツマス大学名誉教授ノーマン・ジョンソン先生から重要なご教示をいただいた。ここに，尊敬と感謝の気持ちを捧げるものである。渡英の際には，ご自宅に何度もお招きいただいた。2009年の来日の際には，ルース夫人とともに京都の拙宅にお越しいただいた。優しいお人柄と教養あふれるルース夫人との美術や文学，映画の語らいは大変楽しいひと時であった。

また，研究会等で助言をいただいた先生方や，貴重な時間を割いてヒアリング調査をお引き受けいただいた各機関の方々にも感謝申し上げたい。

本書の執筆に当たり，以下の科学研究費補助金からの助成を得ることができた。科学研究費補助金（基盤研究C）2007年度～9年度「英国都市再生とネイバーフッド・ガバナンスインクルージョン」研究分担者，2010年度～12年度「都市における貧困とネイバーフッド・ガバナンスに関する日英研究」研究分担者，2011年度～13年度「英国の都市ホームレス問題における社会的企業の評価枠組みの研究」研究代表者，2013年度～15年度「英国福祉国家再編とソーシャルワークの社会的企業化に関する研究」研究分担者，2014年度～16年度「英国における孤立無業者（SNEP）と社会的企業の役割」研究代表者。記して謝意を表したい。

そしてこの出版に当たっては，法律文化社の田靡純子氏にお世話になったことをお礼申し上げる。

最後に，夫，山本隆には原稿チェック等献身的に支えてもらった。心から感謝している。

平成28年1月7日

山本　惠子

索　引

あ　行

アーンスタイン（Arnstein, S.R.）……172
アウトソーシング……244
新しい福祉多元主義……247
後払い……184, 191
　　──方式……190
「安全で強いコミュニティ」……116
一般医（GP）……136, 234
医療委員会……179
医療および社会的ケア法（2003年）……70
「医療ケアとパーソナルケア」……66
医療法（1999年）……145
インフォーマルケアへの依存……245
ウイストウ（Wistow, G.）……29
ウィンターボーンビュー病院……83
ウェイン（Waine, B.）……91
ウェルビーイング……90, 98, 112, 211
ヴォランタリー・アクション……1
ウォルターズ（Walters, A.）……237
英国病……233
エージェンシー……57
　　──モデル……46
エスピン－アンデルセン（Esping-Andersen, G.）……240
NHSおよびコミュニティケア法（1990年）……27, 234
エンパワメント……246
王立婦人ヴォランタリー・サービス……15
オーウェン（Owen, R.）……248
大きな社会……214
大住荘四郎……89
オールド・ディーナリー・ケアホーム……83
オコンナー（O'Connor, J.R.）……246
オズボーン（Osborne, G.）……243
オプトアウト……234

か　行

介護基準法（2000年）……178
介護施設の倒産……105
介護法（2014年）……106, 188
介助手当……181
ガヴァナンス……161
　　規制型──……246
　　ネットワーク・──……130
　　マルチレベルの──……115
ガヴァナンス革命……246
カウンシル税……40, 45, 49, 52
価格づけ……193
学習組織……169
格付け評価システム……70
家計資産調査（FRS）……197
カトラー（Cutler, T.）……91
ガルブレイス（Galbraith, J.K.）……238
関係性……99
看護ケア……178
監査委員会……48, 147
患者協議会……78
関連ニーズフォーミュラ……54
規制国家……57
規制のピラミッド……82
ギデンズ（Giddens, A.）……162
虐待事件……83
キャッシュリミット……39
キャムデン……33
給配食（meals on wheels）……18
教育改革法（1988年）……234
供給する権利……247
強制競争入札……26
業績指標……60
業績評価フレームワーク……38, 168
業績報奨補助金……115
競争モデル……46
共同戦略ニーズアセスメント……156

キングズ財団……179
緊縮政治……243
「苦情手続きと利用者保護」……67
クリームスキミング……90
グリフィス卿（Sir Griffith）……23
グリフィス報告……136
グレナースター（Glennerster, H.）……46
ケアの質査察員会（CQC）……75
ケアパッケージ……36
ケアホーム……76, 106, 188
ケアマネージメント……28, 29
ケアマネージャー……29, 36, 234
ケアラー（介護者）……5, 209, 244
CARESIM（ケアリズム）……197
ケアワーカー……244
　　――の離職率……244
「経済開発」……116
経済問題研究所……193, 236
契約レジーム……102
『現代的地方政府　住民と連携して』……60
ケンドール（Kendall, J.）……95
権利保障の追求……245
権利擁護……219
コ・プロダクション……209, 215
公共サービス改革……218
公共サービス協約……112
公私関係……218
合同財政……134, 135, 138, 143
合同プランニング……140
購入者／供給者の分離（サービスの）……28, 136, 235
高齢者協議会……74
高齢者ケアホームに関する国の最低基準（全国最低基準，NMS）……66, 83
『高齢者サービスの優れた取り組み』……73
高齢者福祉……18
高齢者ホーム……16
コービン（Corbyn, J.）……244
コーポラティブ・カウンシル……209
コーポラティブ・コミッショニング……215
顧客優先アプローチ……171

国民扶助（改正）法（1962年）……17, 18
国民保健サービス（NHS）……12
国民保健サービス法……16
国家主導型民営化……246
コミッショナー……98
コミッショニング……7, 32, 90, 145, 245
　　――・グループ……36
　　――と契約……95
コミッショニング部……216
コミュニティケア改革……20, 29, 97, 137
コミュニティケア計画……27, 36
『コミュニティケアの実現』……23
コミュニティ戦略……168
コミュニティの権利……214, 248
コミュニティ利益会社（CIC）……210
コンテスタビリティ……91
コンフリクトモデル……46

さ　行

サービス利用者フォーラム……164
最小国家……237
財政ギャップ……243
在宅ケアに関する国の最低基準規則……63
在宅ケアの最低基準……63
最低賃金……244
歳入援助補助金（RSG）……32, 45, 52
サザーランド報告……176
サザンクロス……106
サッチャー（Thatcher, M.）……193, 245
参加アプローチ……171
3割自治……51
シーボーム委員会報告……18
シーボーム改革……19, 20
事業者の格付け……79
資金保有者……234
資源移転アプローチ……141
資源主義……31
自己規制・自主規制……82
自己調整的市場……108
市場の監視……79
市場メカニズム……82

「施設環境」……67
施設ケアの最低基準……66
「施設の選択」……66
質の保証……35,59
「児童と若者」……116
『資本主義と自由』……237
社会サービス査察庁……98
『社会サービスの現代化』……31
社会住宅……234
社会的企業……7,247
　　　──化……206
社会的ケア……51,59,95,102
　　　──市場……96
　　　──の査察……70
社会的ケア査察委員会……70,75,179
社会的経済……248
社会福祉部（SSD）……18
社会保障補足給付……22
社会民主主義的レジーム……243
集合的責任……194
『収支の合わせ方』……100
住宅法（1988年）……233
準市場……20,89,97,239
『準市場　もう一つの見えざる手』……239
ジョイント・ワーキング……135
条件整備者……98
消費者主義的アプローチ……165
ショップ・イン・ア・ボックス……73
ジョン・ルイス・パートナーシップ……247
審査委員会……101
新自由主義……193
信頼モデル……93
数値目標・業績管理モデル……93
スキルズ・フォー・ケア……102
スコットランド……178
ストーカー（Stoker, G.）……161
スピンアウト……206
生活の質（QOL）……114
生産市場……96
「成人社会的ケアにおける市場概観」……104
『成人社会的ケアのヴィジョン』……187

政府広域事務局……116
セーフガード……191
セルドン（Seldon, A.）……193,236
セルフアドボカシー……165
セルフファンド……178,182,191,211
セルフヘルプ……131
全国介護基準委員会……179
全国ケア基準委員会……63
全国サービス枠組み……71
全国職業資格……83
『専制の現状』……237
選択と競争モデル……92,93
『選択の自由』……236
戦略的保健局……114,136
送　致……135
ソーシャル・イノベーション……206
ソーシャルエンタープライズUK……248
ソーシャルワーカー……234
ソーシャルワークコミュニティ利益会社……210
措置委託……90

た　行

第三の道……31,233
対人社会サービス……18
代表性……172
ダイレクト・ペイメント……3,37,40,121,170
タウンゼント（Townsend, P.）……18
脱家族化……240
脱商品化……240
地域エリア協約（LAA）……62,112,163
地域再生……112
地域戦略パートナーシップ（LSP）……116
地域民主主義……51
小さな政府……20,233
　　　──論……237
チーム・ハックニー……120
地区監査人……38
地方公共サービス協約……114
中間ケア……178
長期的ケア……103

定期査察……77
ティブー（Tiebout, C.)……50
ディルノット提案……243
ディルノット報告……187
デービス（Davies, J.)……130
出来高払い……239
デニー（Denny, D.)……29
デプリベーション指数……113
トインビー（Toynbee, P.)……92
特定交付金（AEF）……49
特別移行補助金（STG）……27
独立セクター……101, 103, 197
トップ－アップ（top-up）……53
トパーズ……206
『ともにつくるケアの将来』……181
トラスト化……136

な　行

ナーシングホーム……22, 28
ナイス（NICE）……75
ナショナル・ケア・サービス……194, 243
『ナショナル・ケア・サービスの構築』……185
ナショナルミニマム……16, 62
ナップ（Knapp, M.)……95
ニーズ主導……29
ニュー・パブリック・マネージメント（NPM）……26, 89
ニューハム……125
ネオリベラリズム……58
ねじれたインセンティブ……140
ネッテン（Netten, A.)……197
ノン・アフェクタシオン……202

は　行

パーソナライゼーション……3, 83, 182
パーソナルケア……178
パーソナル・ソーシャル・サービス研究所（PSSRU）……197
パートナーシップ……113
パートナーシップモデル……46, 181

バートレット（Bartlett, W.)……89, 90
『ハードワーク』……92
ハイエク（Hayk, F.)……237
パイロット事業……210
パウエル（Powel, E.)……17
85％ルール……30
ハックニー……119
発言モデル……93
ハム（Ham, C.)……91
ハンコック（Hancock, R.)……196
PFI……89
非資源的インプット……97
ビジネスレイト……39
『人々のケア』……21, 23
病院計画……17
費用効果性……98
標準支出査定額……52
費用徴収……196
ヒル（Hill, M.)……240
貧困調査……208
ファンドホールダー……136
プール予算……144
フォーダー（Forder, J.)……95, 102
フォーミュラ……53
フォーミュラ・グラント……109
福祉国家……15
　──再編……213
　──の危機……19
福祉の混合経済……24, 30
福祉の市場化……233
福祉レジーム……241
負の所得税……193, 237
プライバティズム……130
プライマリー・ケア・トラスト……118, 136
ブラウン（Brown, G.)……194
フリードマン（Friedman, M.)……236
フル・コスト・リカバリー……99
ブレア（Blair, T.)……31, 38
ブロック契約……35, 239
ベヴァリッジ（Beveridge, W.)……1
ベヴァリッジ報告……134

ベストバリュー……33,38,59,60,98,113,245
ベター・ケア基金……157
ベッド・ブロッキング……137
ヘルスウォッチ……78
ベルリンの壁……136
ベレスフォード……164
包括的業績評価……113,167
　　──制度……61
包括的権能……112
包括的地域評価制度……62
ボウモル（Baumol, W.J.）……91
ホームヘルパー……36
保健委員会……75
保健福祉10か年計画……17
星印格付け……62
ポストコード・ロッタリー……195
ホテルコスト……178
本人を中心としたケア……137

ま 行

マクドネル（McDonnell, J.）……244
マヨーネ（Majone, G.）……58
慢性疾患者および障害者法（1970年）……19
『満足の文化』……238
ミーンズ（Means, R.）……16,22
ミーンズテスト……178,190,191,197,198
ミューチュアル……214,247
民主主義的アプローチ……165
命令・統制……82
メタ規制……82

モニター……75

や 行

ユニットコスト……36,54,98,239
揺りかごから墓場まで……233
要求する権利……247
要素市場……96
呼び水型補助金……115
「より健康なコミュニティと高齢者」……116

ら 行

ラコ（Raco, M.）……59,246
ランベス・カウンシル・コミュニティ・
　プラン……215
ランベス……206
リーチアウト……212
利用料……193
ルイス（Lewis, J.）……83
ルグラン（Le Grand, J.）……90,92,239
『Later Life in the United Kingdom』……4
レーン（Laing, W.）とビュイッソン社……104
レジデンシャルホーム……18,22,28
ローカリズム……214
ローカリズム法……213,248
ローカル・ガヴァナンス……4,46,161
ローズ（Rhodes, R.A.W.）……48,137,161

わ 行

『われわれの将来に向けてのケア』……156
ワンレス報告……179

〈著者紹介〉

山本　惠子（やまもと　けいこ）

1982年　同志社大学文学部社会学科社会福祉学専攻卒業
1985年　同志社大学大学院文学研究科社会福祉学専攻修了（文学修士）
2008年　立命館大学大学院社会学研究科応用社会学専攻修了（博士「社会学」）
現在，神奈川県立保健福祉大学保健福祉学部教授，および大学院保健福祉学研究科
　　　保健福祉学専攻教授
主な著書：
　『行財政から見た高齢者福祉』（単著）法律文化社，2002年
　『よくわかる福祉財政』（共編著）ミネルヴァ書房，2010年
　『社会福祉行財政計画論』（共編著）法律文化社，2011年
　『社会的企業論―もうひとつの経済』（共著）法律文化社，2014年
主な翻訳書：
　ビル・ジョーダン『英国の福祉―ソーシャルワークにおけるジレンマの克服と
　　展望』（共訳）啓文社，1992年
　ノーマン・ジョンソン『グローバリゼーションと福祉国家の変容』（共訳）法律
　　文化社，2002年

Horitsu Bunka Sha

英国高齢者福祉政策研究
―― 福祉の市場化を乗り越えて

2016年3月25日　初版第1刷発行

著　者　山　本　惠　子
発行者　田　靡　純　子
発行所　㈱株式会社　法律文化社

〒603-8053
京都市北区上賀茂岩ヶ垣内町71
電話 075(791)7131　FAX 075(721)8400
http://www.hou-bun.com/

＊乱丁など不良本がありましたら，ご連絡ください。
　お取り替えいたします。

印刷：中村印刷㈱／製本：㈱藤沢製本
装幀：石井きよ子
ISBN 978-4-589-03770-1

©2016 Keiko Yamamoto Printed in Japan

JCOPY　〈(社)出版者著作権管理機構　委託出版物〉
本書の無断複写は著作権法上での例外を除き禁じられています。複写される
場合は，そのつど事前に，(社)出版者著作権管理機構（電話 03-3513-6969,
FAX 03-3513-6979, e-mail: info@jcopy.or.jp）の許諾を得てください。

ウィリアム・ベヴァリッジ著／一圓光彌監訳
ベヴァリッジ報告
―社会保険および関連サービス―

A5判・310頁・4200円

日本の制度構築に大きな影響を与え、社会保険の役割と制度体系を初めて明らかにした「古典」の新訳。原書刊行後70年が経過し旧訳を手にすることができないなか、監訳者による詳細な解題を付し、歴史的・現代的な意義を再考する。

所 道彦著
福祉国家と家族政策
―イギリスの子育て支援策の展開―

A5判・192頁・3200円

子育て支援を軸に、80年以降の英国の家族政策をその概念から説きおこし、背景と歴史をたどる。ブレア政権後の労働党の政策を具体的な資料をもとに分析・考察する。国際比較の視点から日本の問題点と課題にも論究。

ノーマン・ジョンソン著／青木郁夫・山本 隆監訳
山本恵子・村上 真・永井真也訳
グローバリゼーションと福祉国家の変容
―国際比較の視点―

A5判・350頁・3600円

現代福祉が抱える諸問題を理論面、実際面で整理し、その展望を福祉ミックス論の視点から検討する。国家・地方自治・民間の役割と任務、地域住民の参加と意思決定など幅広く取りあげ、福祉社会のあり方を提起する。

圷 洋一著
福 祉 国 家

A5判・228頁・2500円

福祉国家のあり方を原理的・批判的に考えるための知見を、編成・構造・目的という3つのレベルに区別して整理。福祉国家の〈いま〉を理解し〈これから〉を展望するうえで重要な論点にも言及。人文社会科学に必携の書。

山本 隆編著
社 会 的 企 業 論
―もうひとつの経済―

A5判・270頁・3000円

「ソーシャル」と「ビジネス」の接近により、世界中で成長している社会的企業について、その機能を解明する。理論、国際比較、事例研究、実務の4部構成で、社会的企業が誰のために、何を、どのように行う事業体か、その全体像と本質に迫る。

神野直彦・山本 隆・山本恵子編著
社会福祉行財政計画論

A5判・256頁・2600円

危機の福祉をいかに立て直すか。「3つの政府」体系構想を軸に福祉サービスと財政を考える。福祉行財政の実施体制や実際を概観し、計画を支える理念や目的を解説。領域別の具体事例を参考に政策力・計画力を養う。

―法律文化社―

表示価格は本体(税別)価格です